P. Huerre M. Pagan-Reymond J.M. Reymond

L'ADOLESCENCE N'EXISTE PAS

Histoire des tribulations d'un artifice

Préface du Professeur Jean Bernard
de l'Académie française

Collection « ADOLESCENCES »
dirigée par
Michèle THIRIET & le Dr Alain BRACONNIER

Editions Universitaires

Ouvrages des mêmes auteurs

Martine CAUREL-PAGAN	*De l'humour et de l'angoisse* dans « Un certain Plume » d'Henri MICHAUX. Paris IV — Sorbonne, 1973.
Olivier DEBRE, Patrice HUERRE	*Perocco le perroquet* Ecole des Loisirs, Paris, 1989.
Alain BIRON, Patrice HUERRE, Jean-Michel REYMOND	*Drogues. Toxicomanes et toxicomanie* Hermann, Paris, 1979.

ISBN: 2-7113-0400-0
Dépôt légal mars 1990

Pour Antonin
Aubelin
Clélia
Clémentine
Eglantine
François-Xavier
Jean-Cyrille
Thomas

et tous les autres...

Dans la même collection :

Alain BRACONNIER Daniel MARCELLI	*L'adolescence aux mille visages*
Sylvie & Pierre ANGEL	*Familles et toxicomanies*
Odile NAUDIN	*Adolescence :* *la santé au quotidien*
Anne LE BRETON	*L'adolescence illettrée*

PREFACE

Nous vivons entourés par des affirmations qui sont devenues des dogmes ; par des symboles qui sont devenus des vérités. Rien de plus malaisé, rien de plus important aussi que la remise en question de ces dogmes, de ces vérités, plus exactement de ces affirmations, de ces symboles.

L'enfance, l'âge adulte, la vieillesse existent assurément. Mais l'adolescence ? Le thème de ce livre est une contestation. La contestation du concept d'adolescence. A première vue, l'entreprise paraît hardie, téméraire même. La position de l'adolescence paraît forte. Les écrivains ont exalté l'inquiète adolescence ou l'adolescent : « cet être qui blâme, qui s'indigne, qui méprise ». Les médecins ont affirmé l'originalité de la physiologie, de la pathologie de l'adolescent. Des services hospitaliers spécialisés sont, dans de nombreux pays, réservés aux adolescents.

En fait, le concept d'adolescence, d'une période particulière, précise de la vie, située entre l'enfance et l'âge adulte, ce concept est récent. Récent dans l'histoire des êtres vivants. Les sociétés animales ne connaissent pas l'adolescence. On peut certes objecter que l'homme étant — selon l'expression de François JACOB — défini par son aptitude à apprendre, et que l'adolescence étant au premier chef, l'âge où l'on apprend, cette absence d'adolescence dans les sociétés animales n'est pas surprenante.

Mais le concept d'adolescent est récent aussi dans l'histoire des hommes. Non seulement les sociétés primitives ne le connaissaient pas mais il est ignoré par des sociétés très évoluées, par la Grèce, par Rome, par les sociétés françaises du Moyen-Age et des Temps Modernes.

On assistera, au fil de la remarquable étude historique qui nous est ici proposée, à la naissance, aux lents progrès d'abord, puis à l'explosion

du concept d'adolescence qui devient dogme, vérité absolue.

Faut-il cependant l'abandonner complètement? Le lecteur jugera. Ce livre apporte des informations exactes, mises au service d'une pensée forte et loyale. De nouvelles définitions, moins chronologiques, moins systématiques, pourraient ainsi se substituer aux données actuelles.

Déjà Paul VALERY: «Il y a un certain commencement de nous — qui se fait d'ailleurs en deux ou trois fois— ou deux ou trois coups (c'est mon cas). On découvre ce à quoi on est vraiment sensible et quel est son Démon. On reconnaît et l'on forme son Maître et ses Familiers».

Et Marcel PROUST: «C'est avec des adolescents qui durent un assez grand nombre d'années que la vie fait ses vieillards».

Jean BERNARD
de l'Académie Française

le 23 octobre 1989

PREMIERE PARTIE

LA PREHISTOIRE, UNE AFFAIRE D'ANIMAUX

L'adolescence n'existe pas chez l'animal

Que l'animal soit la préhistoire de l'homme ? Thèse contestée, simplissime, un tantinet vieillotte... Peut-être ! Et peut-être pas... Pour qui sait ne pas sombrer dans les parallélismes sommaires, un regard neuf posé sur certains cadres des sociétés animales, s'il ne donne pas des clefs pour s'ouvrir les sociétés des hommes, suscite bien souvent des interrogations salutaires.

Celles qui concernent la puberté et l'équivalent d'une « adolescence » sont à l'évidence porteuses d'analogies qui récompenseront le chercheur impartial et enthousiasmeront celui qui l'est moins !

Pour observer la place réservée aux jeunes pubères chez l'animal, il faut d'abord cerner les conditions de base — en deçà des conditions culturelles ou religieuses propres à l'espèce humaine — qui font apparaître un groupe d'âge délimité de façon particulière, les « juvéniles » [1]. On peut ensuite avec profit distinguer les mécanismes sociaux qui sont mis en place pour « faire avec » ces futurs concurrents ; qu'il s'agisse d'une relation oscillant entre l'exclusion et l'intégration, ou de la place faite au jeu ou bien encore d'un contrôle hiérarchique fondé sur des rapports de force.

On s'aperçoit de surcroît, que non seulement le sort réservé au groupe des juvéniles se modifie d'une espèce à l'autre, mais encore que les fonctions qu'on lui permet d'occuper varient grandement au sein d'une même espèce selon les données écologiques du moment, la zone géographique habitée, les paramètres démographiques locaux.

---

1. Mot utilisé par les spécialistes d'éthologie animale pour désigner les pubères non encore intégrés au groupe adulte.

1

L'« ADOLESCENCE » LEMURIENNE [1]

Tel qu'en lui-même le Lémurien

Deux raisons majeures justifient l'intérêt que les sciences de l'homme portent aux lémuriens. Ce sont, en premier lieu, des primates [2] considérés comme une espèce « cousine » de celle de l'homme. D'autre part, bien qu'ils soient en voie de disparition, leur ancienneté de vie sur la terre les a amenés à une organisation sociale très élaborée au sein de laquelle le « jeune » occupe une place et une fonction précises.

Ils vivaient jusqu'à 50 millions d'années dans toutes les régions du monde. On les trouve actuellement presque uniquement à Madagascar où résident plus de trente espèces. Cette concentration facilite une étude comparative des diverses évolutions respectives aux espèces. Et ce, sur plusieurs dizaines de millions d'années mais toujours en fonction de données écologiques locales fixes.

Parmi les lémuriens, les plus petits, les plus anciens et les moins

---

1. Les informations contenues dans ce chapitre émanent de rencontres avec l'équipe du Professeur J. J. PETTER qui conduit ses recherches au laboratoire d'éthologie animale du Museum d'histoire naturelle de Brunoy (91).
Elles doivent beaucoup également à deux publications de Madame E. PAGES :
Identification, caractérisation et rôle du jeu social chez un prosimien nocturne, Microcebus coquereli. Biology of behaviour, vol 8, 1983.
Jeu et socialisation : aspect descriptif et théorique de l'ontogénèse chez un microcèbe prosimien malgache. Journal de Psychologie, n° 3, 1982.
2. L'ordre des primates se compose des pro-simiens — lémuriens et tarsiens— et des simiens —hommes, singes anthropoïdes et singes—. Tous les primates ont cinq doigts, dont deux opposables, un cerveau relativement gros par rapport à leur poids, des yeux sur la face permettant une vision en relief.

rares sont les microcèbes [3]; cette espèce, omnivore — elle se nourrit d'insectes, de bourgeons, de gommes des arbres, de petits animaux ... — de la taille d'un écureuil pourvu d'une queue longue et duveteuse, vit la nuit et possède une organisation sociale et des possibilités de communication très riches. Notamment un langage vocal et une olfaction très développés. Certaines légendes malgaches en parlent comme de frères, petits hommes que le destin n'aurait pas favorisés.

Dans la nature, les microcèbes ont surtout été observés dans la forêt de la côte ouest de Madagascar à l'aide des micro-émetteurs radio dont ils étaient équipés. Chaque adulte, tout comme les jeunes sevrés qui vivent encore avec leur mère, a un domaine vital particulier, qui chevauche en partie celui du voisin et dans lequel chacun se déplace indépendamment de l'autre. Il comprend une zone centrale d'environ 100 mètres de diamètre où l'individu passe 80 % de son activité nocturne et où il prélève sa nourriture ; cette zone, marquée, surveillée, est défendue et exploitée. Dans l'autre zone, située en périphérie et représentant 60 % du domaine, on assiste à des déplacements sur grandes distances, le reste de la nuit ; c'est la zone des échanges à distance, visuels, auditifs et olfactifs.

Les femelles sont dominantes. Le reste des rapports hiérarchiques dépend de la force et de l'âge. Les moins forts d'entre les mâles se retrouvent en périphérie, plus exposés aux prédateurs.

Bien que tropicaux, ces animaux sont très sensibles aux durées d'éclairement diurne et donc aux saisons qui conditionnent leur sexualité et les périodes de reproduction, de telle sorte que les naissances interviennent annuellement à la saison faste.

En captivité, les conditions de photosensibilité lumineuse ont été reproduites à l'aide d'une alternance d'éclairage blanc le jour, et rouge faible, la nuit. C'est ainsi qu'ont pu être affinées et précisées les observations in vivo concernant cette espèce. D'autant plus aisément d'ailleurs que leur activité en laboratoire est aussi grande et diversifiée que dans la nature.

Durant les deux premières semaines de vie ils ont une activité nidicole. Le père, ayant généralement été chassé par la mère, les petits dépendent étroitement d'elle seule.

De 15 à 25 jours de vie, les contacts avec le père et les adultes se développent ; les petits les subissent sans initiative possible. Certains comportements de base s'élaborent par « contagion ».

Aux alentours du premier mois, la socialisation progresse rapidement par le biais de jeux, de toilettes réciproques, de tentatives d'accouplement de la part des adultes, et de tentatives d'accouplement des jeunes

3. Au laboratoire du Muséum d'histoire naturelle de Brunoy, plusieurs centaines de sujets se reproduisent en captivité selon un rythme annuel lié à la durée du jour et grâce à des conditions de vie tenant compte de leurs exigences naturelles habituelles : la gestation de trois mois donne naissance à deux petits.

mâles avec leur mère ; parents et jeunes dorment ensemble, jouent ensemble ; c'est la période nidifuge et celle de l'intégration sociale.

Vers la sixième semaine de vie, le sevrage est effectué et l'exploration à distance s'étend : le jeune est capable de s'alimenter seul, de construire un nid à la suite de sa mère ; c'est la fin de la période infantile avec l'apparition du comportement sexuel adulte, de la capacité à lutter, à construire...

C'est dire la brièveté de la période —6 à 8 semaines— au cours de laquelle se sont déroulées toutes les étapes, de la naissance à l'âge adulte. Deux semaines environ seulement ont été consacrées à la période pubertaire.

Grandir en jouant

Lorsque l'on observe l'importance que prend le jeu social dans le développement des jeunes lémuriens il est difficile de ne pas s'interroger sur la bien maigre place qui lui est accordée aujourd'hui dans nos sociétés. Les espaces d'échanges entre classes d'âges fonctionneraient-ils chez nous avec prédilection sur le mode de l'affrontement ou de l'exclusion, alors même qu'on les voit harmonieusement cœxister chez les bêtes avec ceux, plus élaborés, du partage, du faire-semblant et du jeu ?

Le jeu, médiation sociale qui s'exerce entre groupes d'âges et entre rivaux, outre qu'il assume un rôle d'apprentissage du savoir-faire et du code social indispensable à l'être mûr, s'organise chez les lémuriens comme le moyen privilégié pour favoriser le « devenir adulte » après le « vivre avec ».

Le jeu paraît être une constante du comportement des microcèbes. Il se poursuit même lorsque les conditions de vie sont les plus difficiles, en particulier durant l'hiver austral, saison sèche où la recherche alimentaire devient prioritaire pour la survie de l'espèce.

Certains estiment que « le jeu ne traduit pas seulement l'existence de liens privilégiés entre certains individus, mais qu'il est peut-être, avec le toilettage mutuel et d'autres échanges tactiles mineurs, l'un des moteurs de leur établissement » [4] ; il aurait alors pour fonction de donner l'envie aux individus de se rechercher en dehors de toute motivation sexuelle ou parentale. En outre, il augmenterait la tolérance mutuelle par sa répétition, en nécessitant une coopération active des partenaires pour la poursuite de l'activité ludique.

Les jeux décrits se caractérisent par un échange de stimulations tactiles et visuelles dans lesquelles les parties du corps concernées ne sont pas les mêmes que dans les comportements agressifs ou sexuels auxquels

4. E. PAGES, Op. Cit.

ils peuvent ressembler. Ces comportements sont acquis rapidement par le jeune dès la sortie du nid.

Les adultes, pour leur part, reprennent, à l'occasion de jeux, des attitudes habituelles et fréquentes chez les jeunes, comme s'étirer en se suspendant par les pattes arrières ou se suspendre tête en bas face au partenaire. Quant à la quantité horaire qui leur est consacrée elle varie selon les conditions de vie saisonnières, et plus particulièrement, selon les périodes de la vie sexuelle et l'état des ressources alimentaires.

Lorsque les conditions alimentaires sont mauvaises, en cas de disette par exemple, les jeux prennent moins d'importance. Ceux qui se poursuivent néanmoins permettent le maintien du minimum de contact entre parents et jeunes de l'année, dans un contexte où la socialisation a diminué et où l'agressivité augmente et s'exprime. De même, durant la période de vie sexuelle, les jeux entre adultes disparaissent.

Il est certain qu'un bon développement et une parfaite socialisation nécessitent des contacts riches et variés toute l'année (même en hiver, quand la recherche alimentaire est l'activité dominante) et que les jeux concourrent à leur établissement.

C'est d'ailleurs durant des périodes de changement dans l'équilibre « animal-milieu », tels que la croissance ou le développement saisonnier de l'activité sexuelle, que le rôle du jeu dans le maintien d'une cohésion sociale est le mieux mis en évidence : le temps qui y est consacré augmente alors beaucoup, permettant la poursuite de relations autres que sexuelles ou agressives.

En dehors de cette fonction de socialisation et lié à elle, le jeu se présente aussi comme un important mécanisme d'apprentissage permettant aux jeunes d'acquérir les moyens nécessaires à leur existence ultérieure d'adulte. Cette acquisition s'effectue avec l'adulte et en partie grâce aux jeux. Il peut s'agir d'expérimenter les comportements moteurs qui sont indispensables aux déplacements dans la région où il vit, aux luttes hiérarchiques internes et à la défense du territoire.

Elle consiste également en l'assimilation des modes de communication, des codes d'échange en usage dans le groupe familial et de ceux à utiliser envers des groupes extérieurs. Il s'agit encore d'apprendre la construction du nid, la recherche alimentaire ou enfin la sexualité future, nécessaire à la reproduction de l'espèce.

La maîtrise progressive des signaux sociaux s'acquiert entre le trentième et le quarantième jour — c'est-à-dire pendant l'équivalent de l'après-puberté dans notre espèce —, signaux « nécessaires à l'établissement et à la poursuite du jeu, elle transforme profondément les conditions de vie du jeune et augmente la tolérance des adultes à son égard. Les échanges parents-jeunes se multiplient et se prolongent. Par ailleurs, l'initiative des contacts et de leur rupture est de plus en plus souvent prise par le jeune » [5]. Dans cette période de vie il est fréquent de voir

5. Ibid.

les membres de la famille ensemble, que ce soit pour le repos, les repas ou les activités variées.

« La mère qui rompait et fuyait les contacts avec ses jeunes au début de leur activité hors du nid, est devenue tolérante à tous ces contacts ; elle se laisse faire, passivement bousculée par deux jeunes qui font, à eux deux, plus des deux tiers de son poids ».

Dès cet âge, des mécanismes particuliers se mettent en place pour éviter les relations agressives. « Un jeune placé avec des adultes inconnus, détourne l'activité de ceux-ci à son égard, évite d'être mordu au cou ou immobilisé en se renversant sous la branche ou en se glissant sous l'adulte, l'incitant ainsi à jouer. Par son comportement répété il diminue l'excitation que tout congénère montre normalement à l'égard d'un nouveau venu et accélère l'établissement des échanges tactiles habituels entre individus familiers ». [6]

On voit combien cette maîtrise du code social, acquise à l'aide du jeu, va permettre au jeune, non seulement de se faire accepter, mais encore d'établir et d'élargir les liens relationnels antérieurs sans que cela nécessite la présence des parents. Il peut alors gagner son propre espace et l'expression « avoir du jeu » prend pour lui toutes ses valeurs.

Du nid à la vie, de branche en branche

Selon leur âge et selon leur sexe, les petits des lémuriens se voient attribuer sur le territoire et au sein du couple, une place qui varie en fonction des attitudes d'intégration ou d'exclusion des adultes.

Après la période durant laquelle la mère rompait tout contact avec ses petits lors de leurs premières aventures hors du nid, apparaît une phase de grande tolérance l'amenant même à subir de la part du jeune mâle des tentatives de chevauchement accompagnées de poussées pelviennes, plusieurs heures par jour.

Cette période d'acquisitions diverses s'accompagne d'exercices ludiques de plus en plus variés qui sont riches de renseignements pour un observateur. En effet, qu'elles se fassent en liberté ou en captivité, leur répartition géographique devient inégale. Certains supports paraissent en particulier avoir un effet attractif. Il s'agit surtout des branches souples, des extrémités de rameaux courts et de faible diamètre, ou de toute autre zone fragile présentant moins de garanties de sécurité. Ces lieux qui exercent un effet stimulant, par le danger qu'ils représentent sont en outre très souvent situés à proximité du nid ou des endroits que la femelle a élus pour se reposer !

Ce regard que la mère pose sur ses jeunes « casse-cou apprentis » ne semble-t-il pas bien différent de celui que nous portons le plus souvent

---

6. Ibid.

sur les risques que peuvent prendre nos jeunes générations? Quelle place accorde-t-on dans notre société au risque qui est inhérent à toute formation? L'interdire ou le contourner n'est-ce pas le meilleur moyen de fabriquer, nous, des «apprentis casse-cou»?

En dehors de ces facteurs attractifs, l'intérêt que présente pour un jeune une région donnée, se trouve largement accentué par la présence de ses contemporains. C'est un phénomène très nettement observé chez les microcèbes. D'autre part, la femelle étant dominante dans cette espèce, pour les jeunes jusqu'à cet âge, les contacts sont rares hors du domaine maternel. La période de reproduction annuelle suivante arrivant, les jeunes mâles devenus adultes et donc concurrents du père, quittent pour leur nouvelle destinée le territoire de leur mère ou en sont chassés. Ils vont former de grands groupes à la recherche d'une femelle et d'un territoire. Les jeunes femelles, quant à elles, mêmes adultes, restent tolérées sur le sol maternel plus tardivement.

Quand il est des trouble-fête

Les répercussions qu'ont les comportements des jeunes lémuriens sur ceux de leurs aînés, se font sentir dans deux domaines étroitement liés: la sexualité et la reproduction d'une part, les conduites agressives d'autre part.

Habituellement, dans la nature, les jeunes se dispersent et quittent leurs parents avant la saison des nouvelles amours. En captivité, ils en sont aussi séparés à la même période afin de respecter ce qui a été observé sur le terrain. Or, cette séparation artificielle ne se contente pas de tenir compte d'un usage, elle a bel et bien révélé une nécessité impérative. En effet, peu avant l'œstrus et l'époque d'une nouvelle gestation, en cas de cohabitation expérimentale avec ses parents, le jeune mâle va continuer de les harceler. Deux phénomènes se produisent alors. On remarque tout d'abord que la tolérance de sa mère reste grande, en particulier à l'égard de ses manifestations sexuelles. Mais il n'en va pas de même pour le mâle adulte dont elle refuse les tentatives d'accouplement. Ce dernier, à l'aide de jeux, de demandes de toilettage, tente de se faire admettre et provoque une ambivalence importante chez la femelle qui hésite entre l'acceptation et l'intolérance.

D'autre part, la rivalité entre adultes mâles et jeunes s'accroît dans le même temps, et se traduit par des comportements agressifs.

La conjugaison de cette rivalité accrue entre le père et les jeunes et de l'ambivalence de la mère, aboutit à un état de stress qui bloque la gestation. Cette expérience prouve l'importance des conséquences qu'entraîne un retard d'autonomisation des jeunes sur la poursuite de la vie sexuelle et la capacité de reproduction du couple parental.

Habituellement, à condition qu'une base relationnelle et affective soit solidement établie pendant l'enfance, ils prendront d'eux-mêmes l'initiative du départ.

Les lémuriens, ces « très vieux petits frères » des hommes semblent ainsi nous rappeler qu'il n'est peut-être pas impossible de grandir sans « crise » (d'adolescence ?). Les deux semaines qu'il a été possible d'isoler, dites de période pubertaire, sont exemplaires d'un temps de détachement négocié en souplesse et sans disharmonie grâce à divers mécanismes de régulation et principalement par le biais de jeux sociaux entre générations. Les renseignements que fournit leur observation sont rendus plus précieux par le fait que les lémuriens ont pu développer un modèle d'organisation fixe, stable, élaboré depuis des millions d'années en raison de leur isolement géographique et donc de l'absence de toute colonisation.

Dans les autres espèces une telle situation ne se retrouve pas, et diverses interinfluences rendent plus difficile l'interprétation. Cette complexité, néanmoins, présente un intérêt dans la mesure où elle permet de repérer quelques-unes des conditions dans lesquelles une société animale a éprouvé la nécessité de laisser se créer à sa frange un groupe d'âge marginalisé.

2

AUTRES ESPECES ANIMALES, AUTRES «ADOLESCENCES»

Animal et néanmoins pubère

Dans toutes les espèces animales, il est possible d'isoler la période au cours de laquelle les organes destinés à permettre la reproduction se mettent en fonction. Par commodité de langage cette période peut-être appelée «puberté».

Le processus de croissance, qui suit une évolution graduelle chez l'homme est habituellement discontinu chez les autres mammifères. La progression s'effectue le plus souvent par à-coups saisonniers, selon des cycles successifs. Le phénomène pubertaire s'y déroule alors par phases, avec de larges périodes intermédiaires calmes, avant d'aboutir à une maturation des organes de reproduction. Un exemple extrême nous est fourni par la daurade, poisson chez lequel la puberté se traduit par des cycles évolutifs durant lesquels alternent, parfois tous les trois mois, un fonctionnement mâle et un fonctionnement femelle.

Si des variations importantes se rencontrent entre espèces différentes, il en va de même au sein d'une même espèce. Ces ruptures avec les normes évolutives du groupe, ces «accidents», ont permis de mieux cerner le rôle respectif d'un certain nombre de constantes dans le déclenchement et l'évolution de la puberté. Constantes que l'on repère dans la genèse des pubertés animales, mais aussi humaines, et qui montrent, ici comme ailleurs, comment les lois biologiques se trouvent soumises à d'autres influences.

C'est en premier lieu à la luminosité qu'est sensible le déclenchement de la puberté chez les mammifères. La photosensibilité détermine les photo-périodes qui sont à l'origine des cycles successifs rythmant la croissance pubertaire animale.

Chez les lémuriens, son importance a été constatée en captivité dans la reproduction expérimentale d'un cycle de vie génital. C'est la mise en œuvre en laboratoire d'une alternance jour-nuit et d'une alternance saisonnière équivalant à celle du milieu de vie tropical habituel qui a permis de la vérifier.

La mixité, elle aussi, est apparue à certains chercheurs comme une condition d'élevage éminemment influente. C'est le cas par exemple de la femelle macaque élevée avec des mâles, qui aura une puberté plus précoce que la femelle isolée [1]. Bien plus, Rémy Chauvin [2] soutient que le simple fait de voir l'autre, même sans contact physique est suffisant ; un miroir pourrait aussi bien faire l'affaire !

Il se trouve dans la génèse pubertaire un autre élément déterminant, l'histoire des mères. C'est encore chez les microcèbes qu'ont été observées des différences dans la date d'apparition de la puberté en fonction d'événements plus lointains ; il s'agissait des stress dont la femelle avait pu être victime avant la conception de l'enfant. L'influence de tels facteurs sur la croissance ultérieure d'un enfant paraissait pourtant jusqu'alors ressortir uniquement de l'imagination psychanalytique de quelques humains ; quant à les évoquer chez les lémuriens !

Restent enfin à évoquer les influences liées à la situation hiérarchique du jeune dans son groupe. L'histoire des gorilles du zoo de Bâle en est une bonne illustration. Le gardien du zoo de Bâle avait décidé d'élever deux bébés gorilles, un mâle et une femelle. Il les entoura des mêmes attentions qu'il aurait prodiguées à ses propres enfants, les alimentant, les câlinant, jouant avec eux de longs moments dans leur cage. Leurs relations tout empreintes de douceur se poursuivaient au fil du temps de croissance des animaux. La jeune femelle devint pubère à l'âge habituel, tandis que le jeune mâle continuait à se présenter avec toutes les caractéristiques de l'infans alors même qu'il en avait depuis longtemps dépassé le terme. Le gardien, prenant sa retraite, doit quitter le zoo. Peu de temps après cet événement, on assiste à une poussée de croissance du gorille mâle qui acquiert rapidement toutes les caractéristiques de l'animal adulte. Le départ de son « papa-chef » laissant vacante la place dominante, il en prend possession à tel point que lorsque le gardien veut, à quelque temps de là, lui prodiguer d'affectueuses attentions, il n'a que le temps de quitter la cage, à présent territoire d'un autre.

Toléré ou exclu ?

Autour de la période particulière où se mettent en place les fonctions de reproduction, le franchissement des âges se trouve géré avec des variantes considérables. Chaque groupe y apporte sa réponse originale.

1. M. GOUSTARD — *Les singes anthropoïdes*. Que sais-je ? PUF, Paris.
2. R. CHAUVIN — *Le comportement social chez les animaux*. PUF, Paris, 1961.

Le maintien des jeunes dans le groupe animal adulte est une situation que l'on retrouve chez un certain nombre d'espèces. Elle ne s'accompagne pas pour autant de la disparition de la dépendance hiérarchique que les jeunes subissent, au même titre que les individus plus faibles du groupe adulte. En outre, cette participation à la vie de la société animale est toujours limitée par l'interdit des relations sexuelles avec la femelle en période de reproduction. C'est chez certains singes que se rencontrent le plus souvent ces intégrations des «juvéniles»; il s'agit généralement d'espèces où l'organisation sociale est mélangée, c'est-à-dire où le groupe est constitué de familles différentes associées durablement en bande. Un individu isolé ne sera pas accepté par une autre bande, tandis qu'il sera reconnu par la sienne.

Ce modèle d'organisation se retrouve chez les éléphants [3] comme chez les chimpanzés [4]: chez ces derniers, ce sont les mâles qui forment le noyau central du groupe unitaire et possèdent entre eux des liens très forts. Ils ne peuvent en revanche établir de relations avec les mâles des autres groupes. Un chimpanzé mâle qui quitterait son groupe natal serait ipso facto rejeté de la société chimpanzé et ne pourrait s'agréger à un autre groupe, ni en créer un. La situation des jeunes mâles en découle, solidement intégrés qu'ils sont au groupe adulte mais sous contrôle hiérarchique. Quant aux femelles, leur migration entre groupes est fréquente. «Lors de la maturité sexuelle, vers 10 ans, il arrive qu'une adolescente quitte son groupe natal et rejoigne un groupe voisin où elle s'accouplera. Mais que l'enfant vienne à mourir, la femelle peut très bien se déplacer à nouveau, chercher un autre groupe ou retrouver son groupe natal». [5] La femelle ne devient un membre stable du groupe que lorsqu'elle a mis au monde plusieurs enfants, renforçant ainsi les liens avec les mâles.

D'autre part, dans certaines espèces, chez les babouins par exemple, comme chez les lémuriens, dans les périodes plus critiques de la croissance, le jeu réaffirme toute son utilité. Lors du développement d'une meilleure coordination motrice, il permet une indépendance relative vis à vis de la mère. Il joue ce même rôle au moment de l'acquisition de la maturité sexuelle et donc de l'établissement de la hiérarchie entre futurs adultes.

L'intégration habituelle et durable des jeunes à la vie sociale n'est pas la plus fréquente chez l'animal. Car, chez d'autres primates, c'est souvent sur le mode de l'exclusion que se règle la question de la place des jeunes. En effet «l'évolution des relations aboutit d'une façon plus ou moins brutale à la prise d'indépendance du jeune. Le problème se pose de savoir quelle est la part prise par chacun des deux partenaires dans ce processus de détachement» [6].

---

3. R. CHAUVIN. Op. cit.
4. J. ITANI — *La vie sociale des grands singes*. La Recherche, n° 134, juin 1982.
5. E. PAGES. Op. cit.
6. J. ALLAROUSSE — *Relations mère-jeunes et interjeunes chez le cobaye — Evolution temporelle et répercussions éventuelles sur le statut social ultérieur*. D.E.A. de Neurobiologie, option éthologie, 1977. Laboratoire d'éthologie expérimentale. Lyon I.

Un certain nombre de chercheurs [7] ont pu mettre en évidence la contribution active de la mère dans l'exclusion de son enfant; certaines, allant même jusqu'à user de sévères punitions [8].

La dyade mère-enfant évolue d'autre part « en fonction de l'environnement dont l'action sur le jeune n'est régulée que très partiellement par la mère » [9]. Dans ces « modifications de l'environnement » on entend par exemple, et de manière constante, l'apparition de la sexualité génitale chez le jeune. Elle est, en particulier lors des périodes de reproduction, à l'origine des scissions dans le groupe. Puisque « la hiérarchie sociale chez les vertébrés aboutit aussi à une interdiction sociale de la sexualité chez les individus de rang « inférieur » [10], cette interdiction s'applique par extension aux juvéniles. Les divisions se produisent dans la mesure où les « adolescents » représentent, à cause de leur sexualité, un danger pour la cohésion sociale hiérarchisée.

Cette exclusion des jeunes à la puberté se retrouve dans de nombreuses espèces. C'est le cas, en particulier, des cervidés tels que les rennes et les bouquetins. Ces animaux vivent en hordes unisexuées, les jeunes, jusqu'à la puberté, faisant partie du groupe des femelles. Les pubères, au moment du rut, sont exclus, marginalisés, interdits de relation sexuelle avec les femelles en dépit de quelques occasions dues au hasard d'un relachement de la vigilance d'un chef adulte. Ils devront attendre, à l'écart, que leur force physique leur permette de prendre la place des mâles dominants.

Chez les gorilles, dont l'organisation sociale diffère totalement de celle des chimpanzés, la cohésion du groupe est due à un grand mâle qui domine les autres et règne sur un harem. Dès leur maturité sexuelle, les jeunes mâles sont rejetés du groupe, ce qui expliquerait l'existence de solitaires dans cette espèce; le fort antagonisme entre mâles qui apparaît chez les gorilles dès la puberté domine la question des rivalités entre classes d'âge et ne laisse aucune place à un particularisme adolescent.

Chez les tarpans, chevaux sauvages de Mongolie, la horde est constituée sur le mode de la polygamie, un étalon pour plusieurs femelles; dès la puberté, les jeunes mâles sont chassés et se regroupent en un troupeau qui suit le groupe adulte.

Les mêmes mécanismes peuvent s'observer chez des vertébrés aussi différents que les oies, les renards, les castors, les blaireaux et les rhinocéros. Pour eux la maturité sexuelle équivaut à l'âge adulte. Tout comme chez les lémuriens pour lesquels l'époque de la séparation correspond à la naissance d'un autre enfant; le nouvel enfant chassant l'ancien enfant — nouvel adulte.

---

7. A propos du singe rhésus: Hinde et Abkonson cités par J. ALLAROUSSE. Op. cit.
8. Harisen, à propos du rhésus
Rosenblum et Kaufman, à propos du macaque.
Tous trois cités par J. ALLAROUSSE. Op. cit.
9. J. ALLAROUSSE. Op. cit.
10. P. CHAUCHARD — *Sociétés animales, sociétés humaines*. Que sais-je? PUF, Paris.

Un certain nombre de circonstances peuvent avoir comme conséquence une exclusion du groupe, de pubères qui y étaient jusqu'alors tolérés. Chez les primates en particulier les exclusions sont plus fréquentes et surtout plus précoces à l'égard du jeune mâle.

La jeune femelle se trouve rarement en compétition hiérarchique avec les mâles adultes. Par ailleurs les femelles adultes tolèrent souvent plus longtemps leur progéniture femelle juvénile à un âge où leurs frères forment déjà des groupes intermâles.

Quelles sont les circonstances d'exclusion qui ont pu être mises en évidence ? Certaines périodes du cycle génital des femelles adultes paraissent en premier lieu provoquer des rejets par les mâles adultes. C'est le cas des otaries, ou encore des taureaux sauvages, qui vivent en groupes composés de femelles rassemblées en harem autour d'un mâle dominant ; lors des périodes de reproduction, les jeunes sont rejetés en périphérie et deviennent des « castrats psychologiques » [11].

Chez les macaques, les jeunes élevés par les femelles, une fois qu'ils ont atteint la maturité sexuelle, sont tolérés même durant l'œstrus ; mais lorsque la période féconde se précise, la femelle n'accepte de relations sexuelles que du chef, les jeunes étant alors exclus par elle.

Chez les babouins d'Afrique du Sud, le mâle est le personnage dominant du groupe ; il est polygame. La fonction du chef est particulière, il régularise le groupe, arrête les combats, modifie les comportements. En outre, fait intéressant, la femelle du chef met au monde des petits qui vont, sauf accident ou faiblesse particulière, devenir chefs à leur tour. Ils bénéficient pour ce faire d'une éducation appropriée et leurs futures fonctions sont précocément reconnues par tous. Cependant les « sub-adultes » peuvent, en dehors de l'œstrus, s'accoupler aux femelles car le chef le tolère alors. Dans le même temps interviennent des paramètres « écologiques », au sens large du terme, et en particulier ceux qui touchent directement aux possibilités alimentaires. C'est ainsi que pour le jeune chimpanzé qui bénéficie d'une intégration habituelle, le tarissement du lait maternel détermine l'acquisition d'une indépendance adulte. Notons que la mère chimpanzé ne punit jamais son rejeton [12].

Les babouins, quant à eux, selon les régions, tolérants ou jaloux, ont des systèmes familiaux variables qui vont de celui du harem à celui du couple. Il semble cependant, qu'une alimentation suffisante aboutisse à la constitution de groupes assez vastes, tandis qu'en période difficile ils adoptent un regroupement strictement familial leur permettant de mieux faire face aux problèmes alimentaires. L'intégration des jeunes dépend pour partie de ce contexte ; leur place dans le groupe adulte étant plus aléatoire en cas de difficultés car ils sont alors « poussés » à subvenir eux-même, et ailleurs, à leurs besoins.

---

11. LAROUSSE — *La Vie des Animaux*. T. 2, avril 1969.
12. Goodall, cité par J. ITANI. Op. cit.

Enfin, c'est la présence ou l'absence des mâles adultes dominants qui, dans certaines espèces, paraît déterminer la place que la femelle réserve aux jeunes mâles. Chez les orangs-outans par exemple, les mâles dominants vivent en solitaires. Les femelles cœxistent avec les autres mâles, des plus faibles aux plus jeunes. Dès que le solitaire s'approche, se manifestant par des cris violents, la femelle arrête les jeux qu'elle pouvait pratiquer jusqu'alors avec les «adolescents» et se laisse conquérir par le mâle dominant. Les autres sont écartés... Pour un temps, la cohabitation est rompue...

Ainsi, lorsque l'on cherche à trouver dans la faune un équivalent de ce qu'il a été convenu d'appeler «adolescence» chez l'humain, on s'aperçoit qu'isoler une phase dans le développement d'un individu se révèle possible, uniquement dans le cas où certaines raisons l'imposent au groupe des sujets mûrs, afin de préserver ses intérêts.

L'une des principales raisons, la sexualité, induit la compétition et la concurrence qui se jouent autour de la fonction de reproduction. La notion de force se substituant d'ailleurs là, bien souvent, à la notion d'âge. Viennent ensuite les mauvaises conditions économiques qui, en modifiant la quantité des jeux, réduisent la tolérance à l'égard des jeunes.

La démographie enfin, joue son rôle. Qu'il s'agisse de surpopulation, d'équilibre écologique local ou de surface territoriale disponible. Autant d'éléments qui favorisent la fabrication de cloisons entre groupes d'âges et provoquent dans les cas extrêmes la formation de bandes marginalisées.

Cependant, et en règle générale, rien de tout cela n'a cours dans des conditions de vie dites normales. Quand on le voit s'installer, ce phénomène de mise à l'écart n'est tout au plus que le résultat d'un raté dans un processus naturel, continu et souple. Il ne se hisse en aucun cas au rôle de fonction permanente.

Même en se défiant de calques simplistes ne pourrait-on pas pressentir dans l'organisation animale une preuve, parmi d'autres, que l'adolescence occupe, quand une société humaine l'engendre, à une époque donnée, pour des raisons conjoncturelles — et donc pour «la bonne cause» — une fonction qui reste à déterminer...

DEUXIEME PARTIE

L'HISTOIRE DU MOT : DES MOTS ANIMÉS

Les avatars des mots « adolescence » et « puberté »

Agréable après-disnée [1] de cette année 1642. Rue Saint-Thomas du Louvre s'anime le somptueux hôtel de Rambouillet. L'alcôve de Catherine de Vivonne, marquise de Rambouillet, «divine Arthénice» de son nom de précieuse, s'emplit de familiers «alcôvistes». Echange de bouts rimés et de madrigaux entre Segrais et Ménage. Défi de Malleville au sonnet. Est-ce le jour où Corneille lira son Polyeucte? Celui plutôt où Voiture organisera le jeu de société qui doit le mettre aux prises, sous l'apparence d'une carpe, avec le Duc d'Enghien transfiguré en brochet? Fusent les mots d'esprit, l'humeur est à la badinerie, voire à la moquerie. On se fait un plaisir d'épingler, à l'occasion, ce bon vieux marquis de Trouville, soupirant atrabilaire, bafoué de son état.

«Et diable! Pourquoi ne ferait-il pas l'amour, ce n'est encore qu'un jeune adolécent?»

Et chacun de rire de cet écart de langage, car «adolécent» est un mot burlesque, un mot de «style bas». Quelle entorse plaisante aux coutumes de ce lieu dont Jean Chapelain écrit à Jean Louis Guez de Balzac en mars 1638:

«On n'y parle point savamment mais on y parle raisonnablement, et il n'y a rien au monde où il n'y ait plus de bon sens».

---

1. Au XVIIè siècle encore, le «disné» désigne le repas du milieu du jour. Il fait suite au «déjeuner», (de *disjejunare:* rompre le jeûne) pris au réveil et précède le «souper» où l'on trempe originellement des tranches de pain, les «soupes», dans du bouillon.

Lorsque Maccius Plautus, alias Plaute, emploie pour la première fois — les dictionnaires en tout cas ne l'attestent que depuis lors — le mot *Adulescentiam* dans sa comédie des *Captivi* [2], ce plaisant faiseur de vers n'imagine pas, sans doute, que le dit vocable est promis à une aussi longue carrière.

«Quin istic ipsut Tyndarus tuus filius
Ut quidem hic argumenta loquitur
Nam is necum a puero puer
Bene pudiceque educatust *usque ad adulescentiam*» [3] (vers 890 et suivants)

«Hé bien! pas de doute, Tyndare est bien certainement ton fils
d'après les preuves qu'il nous donne
car dès l'enfance, et pendant toute son enfance,
il a été élevé avec moi *jusqu'à l'âge adulte* [4], et ce, honnêtement et vertueusement».

Dans cette comédie des *Captivi*, Tyndare, fils d'Hégion, a été donné en pécule à Philocrate à l'âge de 4 ans, il y a de cela vingt ans. La scène dont on extrait cette réplique de Philocrate est celle dite traditionnellement de la «reconnaissance». Hégion y reconnaît son fils alors âgé de 24 ans et donc, pour un Latin, en pleine *adulescentia.* A d'autres moments de la pièce, *adulescens* ou *adulescentulum* se traduisent par «jeune homme» alors que «jeunes gens» renvoie à *juventutes* [5].

Quand le mot «Adolescence» apparaît dans la langue latine, il est le produit de la lente évolution d'une racine indo-européenne signifiant nourrir. *AL* donne naissance à trois types de familles sémantiques:

a) celle de *alere* signifiant nourrir, faire grandir, avec ses dérivés:
Almus: nourricier, bienfaisant
Alimentum: aliment
Alescere: se nourrir, donc grandir
Coalescere: grandir ensemble, s'unir en grandissant, donc se coaliser.

---

2. LINDSAY dans son ouvrage *The Captivi of Plautus* propose 193 avant J.C. comme date de cette comédie.
3. M. PLAUTE — *Captivi*. Tome II. Traduction A. Ernout. Coll. Université de France, Belles Lettres, Paris, 1933.
4. Traduction littérale: «Jusqu'à la fin de sa jeunesse».
5. Recoupements possibles:
V.104.105: «Nulla est spes *juventutes*: sese omnes amant ille demum antiquis est *adulescens* moribus»
«Il n'y a rien à espérer des *jeunes gens* d'aujourd'hui:
ce sont tous des égoïstes
Seul ce *jeune homme* avait conservé les bonnes vieilles mœurs»
V.874: «Illum *adulescentulum* Aleum»
«Ce *jeune homme* d'Elide»

b) celle de *altus* signifiant « qui a fini de grandir »
c) celle enfin de *OL* (variante de *AL*) ayant donné :
Proles : ensemble des enfants
Proletarius : citoyen de la dernière classe qui ne fournit à la cité d'autre ressource que sa progéniture.
Adolescere : signifiant grandir, dont le participe présent est *adolescens* que l'on traduit par « en train de grandir » et le participe passé *adultus* par « qui a fini de grandir ».

Plus avant dans le temps antique, Ciceron [6] emploie *adulescentia* dans une acception qui n'a guère varié depuis l'origine :

« *Adulescentia* senectus, pueritiae *adulescentia* obrepit »
« La vieillesse vient insensiblement à la suite de la jeunesse, la jeunesse à la suite de l'enfance ».

Qu'est-ce qu'un *adulescens* pour les Latins ? Le substantif, masculin ou féminin, désigne un être durant une période de vie qui s'étale sur treize ans au minimum : de 17 à 30 ans, parfois plus. Le terme n'est en réalité, pas utilisé pour les Romaines. Si l'on songe que ce sont les obligations civiles et militaires qui déterminent les étapes de la vie d'un homme, et la non moins noble obligation de se marier et d'avoir des enfants, qui déterminent celles de la vie d'une femme, on ne s'étonnera pas de trouver ainsi répartis à Rome les âges de la vie :

	VIR (homme)	*MULIER (femme)*
de 0 à 7 ans	*infans* petit enfant	*infans* petite enfant
	sur *fari* : qui ne sait pas encore parler	
de 7 à 17 ans	*puer* enfant	*puella* jeune fille
de 17 à 30 ans	*adulescens* jeune homme	*uxor* épouse
de 30 à 46 ans	*juvenis* homme jeune	*matrona* mère de famille
de 46 à 60 ans	*senior* homme mûr	*anus* vieille femme, sorcière (celle qui n'est plus capable d'avoir des enfants)
après 60 ans	*senex* vieillard	*anus*

La terminologie employée pour désigner ces âges successifs met bien en évidence les disparités en usage entre les deux sexes.

A l'âge où le jeune homme est un *adulescens* — de 17 à 30 ans — la jeune fille n'est pas devenue une « jeune femme » mais une « épouse ». Son statut dans la société n'est considéré que par rapport aux liens qui la rendent dépendante de son mari. De même, lorsque le jeune homme devient « homme jeune », ni la jeune fille ni l'épouse ne devient « femme

6. *De Senectute*, 45/44 Avant J.C.

jeune» mais «mère de famille». Là encore, son existence n'est reconnue que dans sa fonction de génitrice de futurs citoyens.

Il est amusant de remarquer également qu'à 46 ans, l'homme est en pleine maturité et ne deviendra «vieux» qu'à 60 ans, alors que dès avant la cinquantaine, la femme est considérée comme «vieille», puisqu'en quelque sorte, seules ses capacités de procréation l'intègrent à la société. En outre, le mot *anus* traduisible à la fois par «vieille femme» et par «sorcière», révèle une parenté sémantique — sociale? — qui a de quoi rendre perplexe...

Quelques siècles vont ainsi s'écouler où l'*adulescens* sera, durant un laps de temps qui s'étire sur une quinzaine d'années, dans le flou de la notion de croissance. C'est celui qui grandit en muscles, en âge et en sagesse, jusqu'à devenir — tardivement somme toute ! — un citoyen responsable et ce, dans certaines conditions rituelles [7].

L'histoire continuant de s'écrire... César envahit la Gaule, drainant soldats, marchands et colons. Les Gaulois se latinisent puis se germanisent... Le choc des civilisations entraîne celui des langues et les évolutions phonétiques se chargent, de bouche à oreille, de modifier notre «Ancien François» [8].

Dans le Haut Moyen-Age cependant, la langue écrite, apanage, et pour longtemps, des clercs érudits reste le latin. On ne connaît alors aucune rigueur pour la désignation des différents âges de la vie [9]. *Infans, puer, adulescens, juvenis, juvenculus,* tout se mêle pour désigner ceux — demandant encore paufinage — qui s'opposent au monde de l'*adultus* «fini».

On lira encore au XVIè siècle, sous la plume de Marot:

«Considérez que par nous allaictez
Avez esté en votre adolescence» [10]

Dans les écrits en Ancien Français «Adolescence» est attesté dès le XIIè siècle. «Adolescent» n'apparaissant qu'au XIVè siècle et «Adolescente» au XVè siècle. Ménagier écrit au XIVè siècle:

«Et que bien et onesté
de ainsi passer l'aage de votre
adolescence féminine»

et Villon au XVè siècle:

«Car jeunesse et adolescence (...)
ne sont qu'abus et ignorance». [11]

---

7. Cf le chapitre «Primae adulescentiae nativitas»
8. Prononcé «Françoué» [fRâswe] (Alphabet Phonétique International)
9. Le plus ancien manuscrit que nous possédons en langues française et allemande date du XIè siècle. Il est constitué par ce que l'on a appelé «les Serments de Strasbourg». Le 14 février 842 l'alliance de Louis le Germanique et de Charles le Chauve est consignée non en latin (et c'est la première fois dans l'histoire) mais dans les langues tudesque et romane.
10. Cité par E. LITTRE — *Dictionnaire de la Langue Française*. Paris, 1872.
11. Tous deux cités par LITTRE Op. Cit.

Mais que l'on atteste un mot à une date ne signifie pas qu'il ait été couramment usité. Dans la réalité du phénomène langagier, l'emploi d'« adolescence » est rare [12]. Les notions sont encore bien mêlées et le registre permettant de désigner un garçon ou une fille entre la puberté et le moment où ils sont considérés comme adultes présente une grande variété. Le jeune-homme se dit en général « jovene » ou « jovente » mais on rencontre aussi « jovenel » ou « jouvencel ». Ces termes génériques peuvent aussi bien servir pour un jeune-homme déjà chevalier que pour tel autre qui ne l'est pas encore. Dans les textes littéraires, ils sont plus rares que ceux qui situent le jeune garçon en fonction de sa condition sociale ou de son appartenance à un groupe : « jovene » signifie également « maître garçon boulanger » ou « maître garçon meunier ». Quant au fils noble, le lexique dispose d'au-moins cinq mots différents, très courants, pour le nommer. Le « page » ou le « damoisel » [13] est le jeune-homme noble, non encore chevalier. Le « valet » [14] ou l'« écuyer » est le jeune-homme noble, un peu plus âgé que le précédent, dans l'attente de son adoubement. « Valet » se dit plutôt en temps de paix, « écuyer », plutôt en temps de guerre car il s'agit du jeune-homme qui porte l'écu de son chevalier [15]. « Bacheler » ou « bachelier » [16] est à peu près synonyme de « valet » mais contient en plus l'idée que ce garçon est à marier. Pour la jeune-fille, le terme générique est « jovente ». Selon sa condition elle sera « damoisele » [17] si elle est noble ou « pucelle » [18] si elle n'est pas d'un rang élevé.

---

12. Il n'est par exemple nullement cité par le dictionnaire GODEFROY qui couvre sept siècles.
F. GODEFROY – *Dictionnaire de l'ancienne langue française et de tous ses dialectes, du IXè au XVè siècle*. Paris, 1880.
Et les omissions des dictionnaires renseignent autant sur une époque que les définitions que l'on peut y trouver.
13. Se dit aussi « damoiseau ». De même que « jouvenceau » équivaut à « jouvencel ».
14. « Valet » ou « Vaslez » est dérivé de *vassulitus* sur *vassus* : jeune-garçon et *vassalus* : vassal. Le suffixe ITUS contient l'idée de jeunesse. « Valet » désigne en premier lieu celui qui est au service d'un chevalier. Au XIIè siècle il subit une extension de sens à « jeune-homme » en général par opposition à la « pucelle » ou à la « damoiselle ». Mais à la fin du Moyen-Age, il subit une restriction de sens à « domestique ». C'est cette dernière acception qui s'impose à la disparition de la société féodale.
15. Comme l'écuyer était aussi chargé de l'entretien des chevaux, sa fonction tout d'abord, puis le lieu où il l'exerçait prirent le nom d'« écurie ».
16. A l'origine le « bachelier » est le jeune héritier d'un domaine rural. Un *baccalarem* est possesseur d'une *baccalaria* (domaine rural). C'est en moyen-français que son sens se restreint, soit aux métiers et corporations pour désigner celui qui obtient le premier grade de la maîtrise, soit à l'université pour désigner celui qui obtient le premier grade universitaire.
17. « Damoisele » s'emploiera également jusqu'au XVIIIè siècle pour les femmes mariées de petite noblesse.
18. La « pucele » s'oppose à la femme mariée par sa virginité. Elle est souvent associée, à cause de son bas rang à « meschine » qui signifie « servante ». On fait beaucoup de conjectures sur ses origines :
pullicella dérivé de *puella*, la jeune-fille ?
pulc(h)ella dérivé de *pulc(h)er*, charmant, mignon ?
pullicela dérivé de *pulus*, petit animal ?... ou bien...
pulicela dérivé de *pulex*, la puce eu égard à l'humilité et à la petitesse de la servante par rapport à la grande dame qu'elle sert !

Malgré l'étendue du registre lexical dans ce domaine, il est néanmoins fréquent qu'un «jovene» soit appelé «enfant». De même que l'on emploie souvent à propos de la jeunesse l'expression «les enfances» qui fait référence aux débuts, aux exploits guerriers, aux coups d'essais d'un jeune noble. «Les Enfances Vivien» tout comme «La Chevalerie Vivien» font de ce neveu de Guillaume d'Orange, un personnage épique, archétype du jeune héros chrétien combattant et mourant pour sa foi [19].

La «Croisade des enfants» en 1212 mêle sans distinction jeunes gens et enfants auxquels viennent se joindre femmes, pauvres, domestiques et servantes.

En l'année 1212, un pâtre, Etienne, du village de Cloies près du château de Vendôme, voit le seigneur lui apparaître sous la forme d'un pauvre pélerin. Il adresse des lettres au roi de France puis décide de se rendre auprès du souverain. Un grand rassemblement se fait alors autour de lui. Trente mille personnes selon l'*Anonymus laudunensis* [20]. L'expédition se compose de troupes d'enfants d'une extrême jeunesse [21], grossies de pauvres et de domestiques, adultes comme enfants, mariés ou célibataires. Ages et sexes se mêlent.

Cette confusion des notions d'âges, de sexes et de conditions qui se rencontre sous le terme «enfance» au Moyen-Age, et durant quelques temps après, s'explique essentiellement par l'étymologie du mot. Est *puer* à Rome, tout être privé d'autonomie, «sous la dépendance de»: l'enfant sous celle de ses parents, la femme celle de son mari, l'esclave celle de son maître, le pauvre celle de l'Etat...

On ne peut ignorer cependant, que depuis Hippocrate [22] et son Traité des Semaines, *De Hebdomadibus* — à lui, à tort, attribué (?) — la vie de l'humain est scrupuleusement répartie en sept tranches de sept ans, ce qui présente le double avantage de fonder ce tronçonnement sur les propriétés mystérieuses du chiffre 7 et sur la doctrine du renouvellement intégral de la substance du corps en 3, 7 ou 9 ans.

«Dans la nature humaine, il y a sept saisons, qu'on appelle âges: le petit enfant, l'enfant, l'adolescent, le jeune homme, l'homme fait, l'homme âgé et le vieillard. L'âge du petit enfant va jusqu'à sept ans, époque de la dentition; de l'enfant jusqu'à la production de la liqueur spermatique, deux fois sept ans; de l'adolescent jusqu'à la naissance de la barbe, trois fois sept ans...».

---

19. *Le Cid* de CORNEILLE, dont Chimène savait bien qu'il n'était plus un enfant... tirera son inspiration des *Enfances du Cid — Las mocedades del cid* — de Gilhem de Castro, écrit en 1618.
20. P. ALPHANDERY — *La chrétienté et l'idée de croisade*
Cours professé à l'école pratique des Hautes Etudes. Bibliothèque «l'évolution de l'humanité» — Albin Michel. Texte établi par A. DUPRONT.
21. V. DE BEAUVAIS, cité par P. ALPHANDERY, dit: «expeditio infantium», «parvi pueri». Ils ont entre 10 et 12 ans.
22. 460-477 av. J.C.

Chaque âge se trouve symbolisé par un animal et sous la dépendance d'une planète. Au milieu du XVIè siècle, une gravure de Christophano Bertilli [23] explique pour chaque âge, le choix de l'animal : le petit enfant a des façons de porcelet, l'enfant de dix ans, non encore frappé par le malheur, ressemble à un agneau, le jeune que le dieu Amour a piqué de sa flèche est agile comme un chevreuil, l'homme de trente ans par sa force égale le taureau, l'homme de quarante ans est comparable au lion, l'homme ne songeant qu'à amasser est semblable au loup, jusqu'au vieillard qui, comme le vieil âne, s'assied en marmottant...

Héritiers d'Hippocrate, les clercs du Moyen-âge, dans leur souci pointilleux d'ordonnancement du monde, prennent à leur compte cette explication et, au déterminisme des chiffres, adjoignent, transmises par la médecine arabe, diverses variations sur la théorie des humeurs. Aux quatre humeurs, correspondent quatre tempéraments, quatre saisons, quatre âges. L'enfance est assimilée au printemps, la jeunesse à l'été, l'âge mûr à l'automne, la vieillesse à l'hiver. Ce principe subordonne des divisions extrêmement capricieuses et la *juventus* qui débute vers 15 ans s'étale parfois jusqu'à 55 ans.

Ainsi, cette époque offre-t-elle l'exemple d'une situation paradoxale : d'un côté, les érudits s'emploient au moyen de différentes contraintes à opérer un découpage scrupuleux des âges de la vie, de l'autre, les usagers de la langue ont à leur disposition une terminologie extrêmement riche et variée mais souvent synonymique, et en tous cas bien imprécise, dans la désignation de l'âge des individus entre leur quinzième et leur soixantième année.

Dix sept siècles se sont écoulés depuis Plaute, et, bien que Marot fasse éditer en 1529 « l'Adolescence Clémentine », recueil de poèmes écrits dans sa jeunesse, le mot, en pleine Renaissance florissante a disparu [24].

Ambroise Paré [25] fait donc figure de précurseur lorsqu'il tente de définir l'adolescence : « L'Adolescence qui commence depuis dix-huit ans jusqu'à vingt et cinq est la tempérée et moyenne entre tous excès » [26].

Le siècle du Roi Soleil consacre enfin l'emploi du mot. Les trois grands dictionnaires de référence lui font une place. Le Richelet en 1680 y voit « le premier âge après l'enfance », quant aux dictionnaires de Furetière [27] et de l'Académie [28], « fleur de jeunesse » pour l'un et

23. Evoquée par A. SOURDILLE — *La vie en tranches*. Tonus n° 451, Paris, 1980.
24. Il ne figure ni dans GODEFROY. Op. Cit. ni dans E. HUGUET — *Dictionnaire de la langue française du XVIè siècle*. Paris, 1925.
25. 1509-1590.
26. Cité par LITTRE en 1872 comme référence au XVIè siècle.
27. A. FURETIERE — *Dictionnaire universel contenant généralement tous les mots français tant vieux que modernes*. Amsterdam, 1690.
28. *Dictionnaire de l'Académie française*. Première édition, Paris, 1694.

« âge entre puberté et majorité » pour l'autre, ils semblent s'accorder sur une « tranche d'âges » qui se situerait entre 14 et 25 ans. L'Académie prend soin de préciser qu'il « ne se dit que des garçons ». Aucun des trois ne mentionne « Adolescente ». Quant au terme « Adolescent », tous trois insistent sur le fait qu'il ne s'atteste que par raillerie ou dans un style burlesque. « Le mot ou la façon de parler n'ont proprement leur usage que dans le style simple, le comique, le burlesque, ou le satirique » [29]. On dira au XVIIè siècle en parlant d'un vieux beau, tel ce marquis de Trouville rencontré dans l'alcôve de la Divine Arthénice : « Pourquoi ne ferait-il pas l'amour, ce n'est encore qu'un jeune adolécent ? »

« Adolescent », curieuse destinée que celle de ce mot qui n'a pas fini d'étonner. Franchissant allègrement la trentaine sous César, il est encore à la mamelle au temps de Marot. Ignoré par l'usage à une époque où la culture est « renaissante », il n'ose son entrée officielle dans la langue, au moment où triomphent la préciosité, la pompe et le grand style, que par le détour du bas langage, du style burlesque. Le plus surprenant pour ceux qui s'intéressent à l'histoire du langage, est bien encore que cette connotation railleuse dont on l'affuble à son arrivée dans les salons, ne devra pas être une mode éphémère. La Bruyère [30], pour s'indigner du pouvoir conféré à la justice des hommes, choisit le persiflage et emploie à dessein un mot teinté d'ironie : « L'essai et l'apprentissage d'un jeune adolescent qui passe de la férule à la pourpre et dont la consignation a fait un juge est de décider souverainement des vies et des fortunes des hommes ». Durant tout le XVIIIè siècle, et une bonne partie du XIXè, on ne voit guère dans l'« adolescent », de 14 à 25 ans, qu'un « morveux puceau », un « novice un peu niais » [31]. C'est là sans doute qu'il concocta son esprit revanchard !

En 1775, l'Encyclopédie de Diderot accorde au mot un chapitre conséquent. Mais c'est essentiellement pour y consacrer un grand développement historique sur la puberté chez les Hébreux et les Romains, et constater que *juvenis* et *adulescens* sont indifféremment employés à Rome jusqu'à 45 ans.

Si « Adolescent » connaît ce sort quelque peu surprenant jusqu'au milieu du XIXè siècle, « Adolescence » en revanche, durant le même laps de temps — du XVIIè au XVIIIè siècle — a acquis ses lettres de noblesse. Ainsi, au cœur du XIXè siècle, Littré [32] et le Grand Dictionnaire Universel de Larousse [33] peuvent en donner deux définitions précises et complémentaires : « Age qui succède à l'enfance et qui com-

---

29. C. P. RICHELET — *Dictionnaire français contenant les mots et les choses*. Genève, 1680.
30. J. de la BRUYERE — *Les Caractères*. Ch. XIV. De quelques usages. Paris, 1696.
31. FURETIERE — *Dictionnaire universel des sciences et des arts*, 1771. « il ne se dit guère qu'en raillerie ; c'est un jeune adolescent pour dire, c'est un jeune homme novice, un peu niais et sans expérience ».
32. 1872.
33. P. LAROUSSE — *Grand dictionnaire universel du XIXè siècle*. Paris 1866.

mence avec les premiers signes de la puberté» selon Littré, qui prend soin d'ajouter qu'«adolescence et jeunesse sont confondues dans la langue scientifique mais que la langue ordinaire y introduit une nuance, voyant de préférence dans l'adolescence la première partie de la jeunesse.» [34]. Quant au Larousse, il la situe entre 14 et 20 ans et cite Requin: «L'Adolescence est circonscrite entre deux limites précises, savoir d'une part la puberté ou époque du complet développement des organes génitaux, d'autre part l'arrêt définitif de l'accroissement en hauteur qui continue après la première manifestation des facultés génératrices.»

En conséquence, il parait possible d'affirmer, sans trop prendre de risques historiques, qu'entre 1865 et 1880 le mot «Adolescence» s'est installé de manière définitive dans les dictionnaires au moyen commode d'une «tranche d'âges», le groupe des 14-25 ans, qui ne variera plus guère que de deux à trois ans dans ses minima et ses maxima. Si l'on tient compte du délai nécessaire, que l'on estime à une vingtaine d'années, pour qu'un phénomène social soit conceptualisé et consigné dans le lexique, l'adolescence, dans le sens courant qu'on lui connaît aujourd'hui, a commencé de se constituer en France dans les années 1850.

Les dictionnaires du XXè siècle entérinent l'idée d'une adolescence aux limites différentes selon le sexe; entre 12 et 20 ans pour les filles et entre 14 et 22 ans pour les garçons. Progressivement cependant ils semblent faire preuve de quelque prudence en ce qui concerne toute délimitation chiffrée, soit en les ignorant délibérément, soit en choisissant de se référer à des notions plus générales, faisant appel par exemple aux théories de Piaget et à l'éveil de la pensée formelle pour en marquer le début [35].

Quelques faits saillants se dégagent d'un survol rapide de l'évolution des mots «Adolescent», «Adolescente» et «Adolescence».

Ces mots existent dès l'Antiquité mais se confondent avec toutes sortes de notions et de groupes d'âges. Confusion qui s'étend au Moyen-Age et pour beaucoup au XVIè siècle. Du XVIIè au milieu du XIXè siècle, «Adolescence» — jeunesse en général — évolue lentement vers son acception moderne et l'on rencontre pour la première fois en 1845 «Adolescents» pris dans son sens collectif. «Adolescent» garde une connotation railleuse et «Adolescente» commence d'être noté en 1798. Les environs de 1850 sont un moment déterminant dans cette «formation» linguistique: «Adolescent» perd sa connotation railleuse. «Adolescente» est clairement attesté. «Adolescence» se voit attribuer par les dictionnaires une période de vie qui s'étend globalement de 14 à 20 ans.

Voici bien ces vocables en pleine «puberté»!

---

34. *L'Encyclopédie des Gens du Monde* (1833-1845) fait remarquer qu'«elle ne devrait peut-être pas en être séparée».
35. *Grand Dictionnaire Encyclopédique* LAROUSSE en dix volumes, Paris, 1982.

Quant au mot «puberté», qu'en est-il de son évolution dans l'histoire de notre langue?

Dès le latin, il a la signification que nous lui connaissons. *Pubertas* appartient à une famille savante de mots dérivés de *pubis*: poil qui caractérise la puberté et partie du corps qui se couvre de poils. *Pubis* est une autre forme de *pubes* signifiant «poil follet». Les dits poils follets n'étant rien moins que le signe que l'on devient apte à se reproduire. Au cours des siècles, ce sens premier varie peu. L'accent est surtout mis sur les modifications physiques qui, intervenant dans le corps humain, le rendent capable de l'acte de procréation. On observe même dans la plupart des textes de référence, une curieuse collusion entre puberté et nubilité. Bien peu notent que l'on peut être pubère sans être nubile. Or, au-delà du sens strict et de l'observation physiologique — «les mamelles croissent en temps de pubescence» — [36] les citations foisonnent, tirées de textes de toutes époques et de toutes inspirations, de la plus fantaisiste ou poétique à la plus en odeur de «scientifisme», pour illustrer le fonds commun des mentalités au regard de ce phénomène naturel. Etre «pubeer» sera de tout temps, comme au Moyen-Age, «être dans l'ardeur de la puberté»:

«... si sens vont si pubeant
qui li pechie mouteplant
d'ypocrisie et tant souronde
qu'or va courant par tout le monde
comme rivière sourondant» [37]

Et on lira aussi bien dans les écrits du fort sérieux Cabanis: «L'âge de la puberté est le printemps de la nature, la saison des plaisirs. Pourrons-nous écrire l'histoire de cet âge avec assez de circonspection pour ne réveiller dans l'imagination que des idées philosophiques?» [38]. Quant à la docte Encyclopédie de Diderot, elle livre à ses lecteurs en 1775 [39], ces quelques sujets de réflexion: «Puberté, cet âge où la nature se renouvelle et dans lequel elle ouvre la source du sentiment, elle est durable; elle ne revient jamais quand une fois elle est passée. Il n'y a pas de fontaine de Jouvence ni de Jupiter qui puisse rajeunir nos Tritons, ni peut-être d'Aurore qui daigne généreusement l'implorer pour le sien. Il serait donc bien important de prolonger les jours de ce bel âge qui a tant d'influence sur le bonheur ou le malheur du reste de la vie».

Une des façons de «prolonger ce bel âge» est justement de le préser-

---

36. Bern. de Gord, 1495, cité par GODEFROY. Op. Cit.
37. mouteplant de molteplier (latin *multiplicare*) souronder ou soronder: déborder. *Fable* d'Ovide citée par GODEFROY. Op. Cit.
38. P.J.G. CABANIS — *Rapports du Physique et du Moral de l'homme*. A Paris, chez Béchet jeune, 1824.
39. *Encyclopédie ou Dictionnaire raisonné des Sciences, des Arts et des Métiers pour une société de gens de lettres*. Paris, MDCCLXXV.

ver des tentations qui l'assaillent, car «l'homme est celui de tous les êtres vivants connus dont la puberté peut être la plus accélérée par les excitations vicieuses» [40]. La puberté est l'époque de la vie où la masturbation «ce vice abrutissant», est d'autant plus dangereuse que «les occasions de s'y livrer sont toujours présentes et que rien ne retient les jeunes gens qui en ont contracté l'habitude.» «J'ai vu, dit Pinel, un jeune-homme attaqué d'une fièvre ataxique, entièrement épuisé, et dont la fureur de l'onanisme était portée si loin que le dixième jour de la maladie, il provoquait encore ses organes flétris, pendant que la mort était annoncée par les présages les plus sinistres». [41]

Les dictionnaires modernes, certes, observent une plus grande retenue dans les notations de cet ordre, mais nul n'ignore la richesse du folklore que ce phénomène continue de susciter dans les mentalités de toutes classes d'âges et de toutes conditions...

Dans les textes de loi, qu'ils soient religieux ou laïcs, on observe de l'Antiquité à nos jours, quelques variantes terminologiques autour du mot. Variantes dont la subtilité si l'on n'y prend garde, peut créer une certaine confusion dans la façon d'appréhender la réalité. Il faut veiller par exemple à ne pas confondre le fait «d'être déclaré puber» avec celui d'«être en âge de puberté». Tout comme il convient de différencier «la puberté» et «l'âge de la puberté». De même que «puberté physiologique» et «puberté légale» se voient recouvrir tantôt des notions équivalentes, tantôt des notions différentes.

Dans l'ancien droit canon, en accord en cela avec le droit romain, on estime que la «puberté physiologique» est réalisée pour les filles à l'âge de 12 ans, pour les garçons à l'âge de 14 ans. C'est cet âge qui constitue dans le même temps la «puberté légale» c'est à dire l'âge légal du mariage. «*Minor si masculus censetur pubes a decimoquarto, si femina a duodecimo anno completo*». «Le mineur si c'est un garçon est estimé pubère à 14 ans, si c'est une fille à 12 ans révolus». [42] Conformément aux instructions du Saint Siège, les âges se comptent d'après l'année solaire «*a die ad diem*» de jour en jour, c'est à dire du jour de la naissance à celui du mariage.

Sous l'Ancien Régime, les principes adoptés en droit canonique sont admis en droit civil. En revanche, à la fin de l'Ancien Régime, «être en âge de puberté» c'est à dire avoir réalisé sa puberté physiologique, ne signifie plus en même temps que l'on est «déclaré puber» — cette dernière expression en effet, équivaut à «avoir atteint l'âge légal auquel la loi permet que l'on se marie». C'est la définition qu'en donnent les dictionnaires qui l'assimilent à une «majorité naturelle» [43] fixée à 15 ans pour les filles, 18 ans pour les garçons.

---

40. LITTRE. Op. Cit.
41. P. LAROUSSE. *Grand Dictionnaire Universel du XIXè siècle*, 1866.
42. *Codex Juris Canonis*: 1. II. De personis, cité par le *Dictionnaire de Théologie catholique* à l'article «impubère». VACANT et MANGENOT — *Dictionnaire de théologie Catholique*. Tome VII. Letouzey, Paris, 1921.
43. FURETIERE. Op. Cit.

Ces chiffres restent valables de nos jours.

Si l'on s'attarde, pour conclure, à mettre en parallèle l'évolution de la famille du mot «Adolescence» avec celle du mot «Puberté», il apparaît à l'évidence que la première est une histoire soumise à d'incessantes variations, alors que la seconde se révèle étonnamment stable. En effet, sous l'éclairage de la sémantique historique, la puberté apparaît avec constance comme une période de transformation naturelle de l'organisme humain.

Sur ce phénomène, simple en lui-même, les sociétés et les époques ont adapté une autre période de durée fort variable, «l'adolescence», au cours de laquelle sont venues se mêler aux manifestations biologiques, toutes les craintes et les ambiguités psychologiques et sociales que déclenchent l'apparition de ces mystérieux ? hideux ? dangereux ?... petits «poils follets» !

TROISIEME PARTIE

PRIMITIVES « ADOLESCENCES »

Approches ethnologiques

Sauvage : « Qui est à l'état de nature ou qui n'a pas été modifié par l'action de l'homme ». [1]

De l'animal à l'homme, de l'adjectif au nom, le mot ne perd pas de sa connotation péjorative. Le dictionnaire renvoie, sans explication, à primitif : « Se dit des groupes humains qui ignorent l'écriture, les formes sociales et les techniques des sociétés dites « évoluées ». C'est pourtant en ces termes que nos modernes psychologues et sociologues s'en vont chercher un « modèle de compréhension » de cette adolescence qu'ils s'efforcent de décrire, à défaut de pouvoir la définir. Modèle culturel, qui rivalise avec les modèles physiologiques, psychanalytiques, cognitifs ou éducatifs... « La tentation de s'évader hors de leur monde pour éprouver leurs théories est grande chez les psychologues, et sans aucun doute enrichissante, qu'elle les conduise dans nos sociétés traditionnelles, du côté de Luther, ou chez les derniers « sauvages ». [2]

Mais Ariès lui-même, pour défendre sa thèse de l'absence de « sentiment » de l'enfance au Moyen-Age, doit aussi en débattre avec ses pairs historiens : « dans nos anciennes civilisations, ces structures ethnographiques, nous ne les apercevons jamais en place, en pleine maturité, mais toujours à l'état de survivances, que ce soit dans la Grèce homérique ou dans le Moyen-Age des chansons de geste (...) On ne peut se défendre de l'idée que nous projetons trop exactement, dans nos sociétés traditionnelles, les structures aujourd'hui repérées par les ethnologues ches les « sauvages contemporains ». [3]» L'auteur admet cependant l'existence « historique » de groupes de jeunes — essentiellement des

---

1. *Le Petit ROBERT*
2. Ph. ARIES — *L'enfant et la vie familiale sous l'ancien régime*. Le Seuil, Paris, 1973.
3. Ibid.

associations de célibataires intégrant même parfois des jeunes mariés n'ayant pas encore leur premier enfant [4] — et non pas de groupes d'âge véritable. Ils ne seraient qu'un héritage, sans fonction historique actuelle, d'une époque archaïque, de sociétés primitives que l'on peut observer sur d'autres continents aujourd'hui encore. Tout en rompant avec le concept d'évolution linéaire, Ariès accepte «l'hypothèse d'une société-origine, dans le très haut Moyen-Age, qui présenterait les caractéristiques ethnographiques ou folkloriques couramment admises.» [5]

Société-origine; société primitive; à défaut de savoir d'où il vient, l'homme s'attache à son «évolution». Il appartiendra aux ethnologues de réhabiliter — s'il en était besoin — le «sauvage»: «un peuple primitif n'est pas un peuple arriéré ou attardé. Un peuple primitif n'est pas davantage un peuple sans histoire» [6]. «Une connaissance plus approfondie des soi-disant primitifs nous révèle à chaque instant qu'ils obéissent à des lois précises et à des traditions strictes, correspondant aux besoins biologiques, intellectuels et sociaux de la nature humaine, et non à des passions déchaînées et à des impulsions échappant à tout contrôle.» [7]

Le XVIIIè siècle avait découvert, sans les comprendre mais avec fascination, les coutumes et mœurs des «hommes primitifs» d'Océanie et d'Amérique. La conception de «l'homme naturel», du «noble sauvage», du «bon sauvage» vit son heure de gloire. H. Ellis rappelle que Tacite en avait déjà entrevu l'existence dans les forêts de Germanie. [8]

Le XIXè siècle critique tout autant le *Discours sur l'Inégalité* de Rousseau que le *Supplément au Voyage de Bougainville* de Diderot, et les puritains explorateurs anglo-saxons jettent l'opprobe sur les comportements frappés de tabous.

Le XXè siècle tend vers une méthode plus «scientifique» d'observation, mais surtout introduit une finalité nouvelle de ces études ethnologiques, la recherche — par comparaison — d'explications de phénomènes de société contemporains. Conséquence ou non de la récente approche freudienne de la psychologie infantile, le phénomène «adolescent» n'échappera pas à cette démarche. L'interrogation le concernant se fera autour de deux thèmes: le concept d'«adolescence» en tant que crise, et l'idée de transition, de passage, scandés par des cérémonies ou actes rituels.

Le constat de manifestations d'instabilité et l'analyse du comportement des jeunes dans notre société ont fait conclure qu'ils constituaient les caractéristiques de cet âge: «L'adolescence par sa nature est une

---

4. On lira à ce sujet l'analyse critique de M. PERROT, J.C. SCHMITT, A. FARGE - *Adolescences. Un pluriel à l'étude des historiens*. Discussion avec A.BRACONNIER, P. GUTTON, A. TASSEL. ADOLESCENCES, 1985, 3, 1.
5. Ph. ARIES. Op. Cit.
6. C. LEVI-STRAUSS.
7. B. MALINOWSKI - *Trois essais sur la vie sociale des primitifs*. Petite Bibliothèque Payot, Paris, 1980.
8. B. MALINOWSKI — *La vie sexuelle des sauvages du nord-ouest de la Mélanésie*. Préface de H. Ellis. Petite Bibliothèque Payot, Paris, 1970.

interruption dans la tranquillité de la croissance... L'adolescence serait alors caractérisée par des positions économiques et dynamiques extrêmes, changeantes, fluctuantes, qui donnent à cette période de la vie son aspect de tumulte, de bouleversement et de crise... » [9]

Il est apparu à l'anthropologue, au travers de ses observations d'autres civilisations, que certains comportements de ceux que l'on nommait « adolescents », dépendaient du milieu social et n'étaient pas spécifiques d'un certain stade de leur développement physique. Et Margaret Mead de poser la question : « Les troubles dont souffre notre adolescence sont-ils dus à la nature même de l'adolescence ou à notre civilisation ? L'adolescence, dans des conditions totalement différentes, se présente-t-elle d'une façon également différente ? » [10]

En se référant précisément à ses travaux, on a pu conclure « ... Le passage de l'enfance à la maturité pose un problème grave à notre civilisation. Problème relativement récent d'ailleurs, car il semble que les civilisations primitives ne le connaissent pas ; il est évité par une série de gestes rituels, cérémonies d'initiation, qui sont destinés à donner une officialisation à l'avènement de la maturité et font ainsi passer l'enfant sans transition à l'état d'adulte. » [11]

Présentation des acteurs

« Si, pendant une centaine d'années, une longue chaine de biologistes consciencieux avait élevé des cochons d'Inde ou des drosophiles et consigné les résultats, si quelque stupide vandale brûlait alors ce scrupuleux compte rendu et tuait les animaux survivants, cette perte pour la science nous ferait pousser des cris de colère. » [12]

Armes à feu, évangélisation et tuberculose, ont effacé les peuples primitifs et leurs cultures, dont la perpétuation reposait sur la mémoire de petits groupes humains. Et, « quand l'histoire nous a fait don non de cent ans d'expériences sur les cochons d'Inde, mais de mille ans d'expériences sur les êtres humains, nous avons toléré, sans même protester, qu'en disparaissent les témoignages. » [13] Au début du siècle, il en restait cependant quelques-uns, et il était encore possible de trouver, « isolés dans de petites îles du Pacifique, dans les denses jungles africaines, ou dans les déserts de l'Asie, des sociétés intactes qui ont choisi des solutions différentes des nôtres aux problèmes de la vie et qui peuvent nous donner de précieux témoignages sur la plasticité de la nature humaine. » [14] L'Océanie et ses myriades d'îles, fut terre privi-

---

9. D. MARCELLI, A. BRACONNIER — *Psychopathologie de l'adolescent*. Masson, Paris, 1984.
10. M. MEAD — *Mœurs et sexualité en Océanie*. Plon, Paris, 1963.
11. R. et D. LAPLANE, G. LASFARGUES — *La puberté*. Que sais-je ? P.U.F., Paris.
12. M. MEAD — *Une éducation en Nouvelle-Guinée*. Payot, Paris, 1973.
13. Ibid.
14. Ibid.

légiée pour les anthropologues. La Papouasie Nouvelle-Guinée d'abord [15], où les chercheurs américains se succédèrent.

Malinowski étudie les habitants des îles Trobiands, archipel de corail à l'est de la Nouvelle-Guinée [16]. Roheim conteste les conclusions de ce dernier en visitant les tribus de l'Ile de Normandy [17]. Bateson observe les rites d'initiation masculine chez les Iatmul [18]. Margaret Mead examine trois tribus du nord de la Nouvelle-Guinée, à proximité du fleuve Sépik : les montagnards Arapesh, une tribu riveraine, les Mundugumor, et une tribu lacustre, les Chambuli [19]. Dans un second voyage, elle s'intéresse, dans les îles du nord-est, à la vie familiale des Manus, de l'archipel de l'Amirauté [20].

Plus récemment, un anthropologue français, Maurice Godelier, passe plusieurs années auprès des populations Baruya, tribu qui formait encore en 1979, « un groupe de 2.159 individus répartis dans dix-sept villages et hameaux » disséminés le long de deux vallées proches du golfe de Papouasie, au sud-ouest de la Nouvelle-Guinée [21]. Outre la Nouvelle-Guinée, la Polynésie fut source d'études et en particulier les Iles Samoa [22] et les Iles Marquises.

Le continent africain fut aussi parcouru, tribus Masaïs au Kenya, aux légendaires guerriers, pygmées Bambuti, nomades vivant dans les forêts du nord-est du Zaïre, [23] sociétés d'éleveurs d'Afriques Centrale et Orientale [24].

Exemples sud-américains, que ceux des expéditions scientifiques chez les Indiens Yanoama d'Amazonie [25] et chez les Indiens Chavantes du Rio de la mort, au centre du Brésil [26].

L'Inde, enfin, et avant tout les travaux sur les Muria, population tribale de l'ancien état de Bastar [27].

Tous ces travaux ethnologiques, dans leur dimension anthropologique, ont modifié le concept d'adolescence, « dégageant le rôle central des facteurs sociaux sur le développement de cette période et démontrant que l'expérience adolescente ainsi que sa durée étaient déterminées par les aménagements culturels au moyen desquels une société

15. J. DRUSCH et R. ROPERT — *Aspects psychiatriques de la Papouasie Nouvelle-Guinée*. Annales médico-psychologiques, 1984, 142, n° 5.
16. B. MALINOWSKI — *La vie sexuelle des sauvages du nord-ouest de la Mélanésie*. Op. Cit. (édition anglaise princeps en 1922).
17. G. ROHEIM — *Psychanalysis of primitive culture types*. Int. J. Psych. anal., 1932, 13, 1.
18. G. BATESON — *La cérémonie du Naven*. Editions de Minuit, Paris, 1971. (édition anglaise en 1935).
19. M. MEAD — *Mœurs et sexualité en Océanie*. Op. Cit. qui regroupe ces trois études et l'étude sur Samoa. (éditions anglaises respectives en 1935 et 1928).
20. M. MEAD — *Une éducation en Nouvelle-Guinée*. Op. Cit. (édition anglaise en 1930).
21. M. GODELIER — *La production des grands hommes*. Fayard, Paris, 1982.
22. M. MEAD — *Mœurs et sexualité en Océanie*. Op. Cit.
23. C. TURNBULL — *Forest people*. Simon et Schuster, New-York, 1961.
24. R. MOHR — *Ricerche sull' etica sessuale di alcune popolazioni dell' Africa Centrale e Orientale*. Archivo per l'antropologia e l'etnologia, 1939, 70.
25. A. PONZO — *L'acculturazione dei popoli primitivi*. Bulzoni, Roma, 1967.
26. D. MAYBURY-LEWIS — *Akwê-Shavante society*. Clendon Press, Oxford, 1971.
27. V. ELWIN — *Maisons des jeunes chez les Muria*. Gallimard, Paris, 1959.

assure le passage de l'état d'enfance à l'état d'adulte». [28]

Toutes les études synthétiques sur ce sujet semblent concorder : dans les sociétés primitives, il n'y a pas d'adolescence. Le concept d'adulte, tel que nous l'entendons, n'existe pas. «Il faut plutôt parler de celui d'initié». «Entre les initiés que sont les adultes sexués, hommes et femmes, et les non-initiés que sont les enfants des deux sexes mêlés, il y a ceux qui sont dans le temps de l'initiation.» [29] Dans un temps situé aux alentours de la puberté physiologique, dans ses manifestations apparentes, garçons et filles, d'enfants deviennent adultes, avec ce que cela suppose de droits et de devoirs. Cette «transition» [30], qui n'est pas assimilable à une phase naturelle du développement humain, est, le plus souvent, marquée par des rites de passage. Elle répond à une période de subordination prolongée créée pour favoriser les exigences de la classe d'âge dominante, les adultes.

A chacun ses étapes

«Il n'existe guère de tâche plus passionnante pour un esprit curieux que d'étudier la manière dont chaque petit humain se transforme en adulte achevé, en un résumé complexe et individuel de sa ville et de son siècle.» [31]

La transition initiatique prend, dans les sociétés primitives, des formes diverses, depuis le passage immédiat, simplement marqué par un rituel pubertaire, jusqu'à la progression rythmée en nombreux groupes d'âges distincts. Dans ces populations sans écrits —et donc sans lois écrites — un certain nombre de moments marqueront la reconnaissance d'un état physiologique différent : le sevrage — vers 2/3 ans — l'accession à une certaine forme de conscience et de raisonnement — vers 6/7 ans — la puberté et la procréation réalisée. A ces moments pourront correspondre, mais pas obligatoirement, des étapes repérables. Mais dans tous les cas, plus ou moins tôt selon le moment choisi, la distinction sera établie entre un «avant», que nous appellerons enfance, et un «après» que nous appellerons maturité. Point d'étapes sociales rigoureuses et codifiées mais une progression dans la responsabilité et un passage, attaché à la possibilité de fonder une famille. Tout au plus, peut-on constater dans certaines sociétés, que l'âge du mariage des garçons est volontairement fixé tardivement, alors même qu'ils assument depuis longtemps déjà un rôle entier d'hommes. Quelques exemples pourront éclairer ces propos.

---

28. M. CLAES — *L'expérience adolescente*. Pierre Mardaga, Bruxelles, 1983.
29. Confédération francophone des ligues de santé mentale. Rencontres internationales. Bruxelles, 21-22-23 avril 1983.
— *L'Adolescence. Un temps, un discours, un acte. Rencontres ou rendez-vous manqué?*
30. G. LUTTE — *Supprimer l'adolescence. Essai sur la condition des jeunes*. Les Editions Ouvrières, Paris/Vie Ouvrière, Bruxelles, 1982.
31. M. MEAD — *Une éducation en Nouvelle-Guinée*. Op. Cit.

Après le sevrage, on observe le plus souvent une période où l'enfant, dégagé du lien maternel alimentaire, jouit dans le groupe d'enfants d'une totale liberté. Les premières distinctions apparaissent vers 6/7 ans. Elles peuvent aller jusqu'à une séparation, partielle ou totale, d'avec les parents. C'est le cas des petits Muria à qui l'on évite, dit-on, de voir la «scène-primitive» —appellation psychologisante de l'acte d'amour entre les parents— en les invitant à une vie de dortoir entre jeunes. Au même âge, la jeune indienne Arapesh est fiancée à un garçon de six ans son aîné et la jeune indienne Chavantes est mariée.

La puberté correspond parfois à l'âge au mariage, comme chez les chasseurs-cueilleurs Kung du Kalahari, où la jeune fille se marie lorsqu'elle a ses premières règles [32]. Plus globalement, elle marque le début d'une étape plus ou moins longue jusqu'au mariage: trois à cinq ans pour la jeune Manus, six à neuf ans pour son compagnon [33]; jusqu'à 18/20 ans chez le «guerrier» ou Morane des tribus Masaïs [34]; jusque vers 25/28 ans dans d'autres sociétés africaines [35].

Chez les indigènes des Iles Trobriand, un homme non marié n'est pas considéré comme «pleinement mûr» et, bien qu'appartenant au groupe d'âge correspondant à la «maturité», il ne pourra pas jouir de la plénitude des droits sociaux, de tous les avantages économiques et ne pourra avoir sa propre maison [36].

A Samoa, garçons et filles restent ignorés de la communauté jusqu'à leur quinzième ou seizième année, sans place reconnue. Ce n'est qu'un ou deux ans après la puberté —l'âge varie selon les villages mais aussi, bien sûr, selon les individus— qu'ils seront regroupés en organismes, parallèles à ceux des adultes, leur conférant obligations et privilèges. Ainsi, deux jeunes de 16 ans pourront être considérés, l'un comme un petit garçon, l'autre comme un jeune homme.

Deux conceptions extrêmes, enfin, peuvent être rencontrées: l'absence d'étapes repérables, avec une transition graduelle, comme chez les Bambuti, et le découpage cloisonné de l'existence en de nombreuses périodes précisément identifiées, comme chez les indiens Canella, au Brésil, qui ont six, ou plus, groupes d'âges distincts, ou dans

---

32. Observation de Kolata (1974). Cité par R. V. SHORT — «L'évolution de la reproduction humaine». In *Le Fait Féminin*. Fayard, Paris, 1978.
33. On distingue en fait, pour les garçons Manus, deux «sous-périodes»: une première qui succède au rite pubertaire et une seconde, à partir de 16/18 ans jusqu'au mariage, entre 20 et 24 ans. A cette dernière seulement correspondent des activités distinctes des activités infantiles.
34. A. ARTHUS-BERTRAND — «Masaïs, par le lait et par le sang». In *Géo-Magazine*, n° 22, décembre 1980.
Pour les tribus Masaïs, la vie est constituée de trois périodes distinctes bien définies: enfant, guerrier ou Morane, ancien et père de famille. Le groupe d'âge Morane va de 12/14 ans à 18/20 ans, âge de la «maturité» où l'on acquiert le droit de se marier.
35. R. MOHR. Op. Cit.
36. B. MALINOWSKI — *La vie sexuelle des sauvages du nord-ouest de la Mélanésie*. Op. Cit.
Il existe trois principales divisions d'âge dans la population des Iles Trobriand: l'enfance, la maturité et la vieillesse. L'enfance est subdivisée en deux périodes, rythmées par la puberté, et va jusqu'au mariage.

certaines tribus australiennes. Mais le système le plus complexe est, sans conteste, celui choisi par les Baruya, où la vie est rythmée par une succession de stades, différents pour chaque sexe, portant chacun un nom particulier et correspondant à un statut particulier. Les étapes de la vie d'un homme sont au nombre de onze, avec pas moins de quatre étapes distinctes pour la seule période d'initiation, entre 9/10 ans et 21 ans. [37] Partout enfin, la langue ou le dialecte prévoient des mots différents pour désigner jeunes et moins jeunes. Leur signification recouvre le plus souvent l'idée de la population qualifiant le mieux l'image de l'âge correspondant. La jeunesse est ainsi, en Polynésie, « l'âge des plaisirs... »

Les rites pubertaires

« ... La plupart d'entre ces rites, dont le caractère proprement sexuel ne saurait être nié, et dont on dit qu'ils rendent homme ou femme, ou aptes à l'être, rentrent dans la même catégorie que certains rites de la section du cordon ombilical »... [38] Ces rites auxquels il vaudrait mieux ne plus donner le nom de « rites de la puberté », mais plutôt celui de « rites d'initiation », « sont des rites de séparation du monde asexué, suivis de rites d'agrégation au monde sexuel, à la société restreinte constituée, à travers toutes les autres sociétés générales ou spéciales, par les individus de l'un ou de l'autre sexe » [39]. « Cérémonies étranges aux yeux des occidentaux » [40], fascinantes dans leur forme autant que dans leur signification, elles ont fait l'objet d'innombrables observations et descriptions, rapportées par les explorateurs et missionnaires d'abord, puis par les ethnologues. Les psychologues se sont ensuite attachés à déchiffrer, à interpréter, leur symbolique. Tous s'accordent sur le rôle essentiel de transition qu'ils représentent. Il s'agit bien là d'une autre puberté, la « puberté sociale ». [41]

Rares sont les sociétés primitives qui n'ont pas de rites d'initiation. C'est cependant le cas des indigènes des Iles Trobriand.

Les rites ailleurs observés sont extrêmement variés. Ils « peuvent être de courte durée ou s'étaler sur plusieurs années, ils peuvent se dérouler au cours d'une cérémonie simple ou donner lieu à des manifestations importantes, nécessitant des constructions particulières et de longs préparatifs, ils peuvent être célébrés au cours d'une fête joyeuse ou lors de cérémonies impressionnantes impliquant des épreuves dangereuses, des brimades physiques et toute une chirurgie rituelle... » [42]

Certaines classifications ne distinguent pas moins de dix « pratiques » distinctes : auto-décoration (tatouage, peinture du corps et du visage,

37. M. GODELIER. Op. Cit., dont nous reproduisons ci-contre le tableau.
38. A. VAN GENNEP — *Les rites de passage*. A. et J. PICARD, Paris, 1981.
39. Ibid.
40. M. CLAES. Op. Cit.
41. A. VAN GENNEP. Op. cit.
42. M. CLAES. Op. Cit.

ETAPES DE LA VIE D'UN HOMME **(apmwélo)**

Années	0	1-1½	6	9-10	12	15	18	21	30	40	50
				INITIATIONS							
				1er stade	2e stade	3e stade	4e stade				
Etapes du cycle de vie	**bwaranié** bébé	**keimalé** petit garçon	**keimalé-nangé** garçon	**yiveumba-wayé**	**kawetnié**	**tchouwa-nié**	**kalavé**	**mounginié** homme jeune	**apmwélo** homme adulte	**apmwé-nangalo** homme mûr	**nei** vieillard
Structures sociales	Famille d'origine Monde à dominante féminine			Maison des hommes Monde exclusivement masculin				Monde bisexuel			
				1ère initiation				**Mariage**			

ETAPES DE LA VIE D'UNE FEMME **(ampwévo)**

Années	0	1-1½	6	12-13	15	17-18	20	35	50
Etapes du cycle de la vie	**bwaraniac** bébé	**tayac** petite fille	**tayac-naangac** fille	**awounnakac** adolescente	**tchindeurayac** jeune fille		**apmwévo** femme	**apmwénangac** femme mûre	**néé** vieillarde
					puberté		1er enfant		
Structures sociales	famille d'origine						famille conjugale		
						mariage			

Maurice GODELIER – *La production des Grands Hommes.* (P. 62)

scarification, circoncision), acquisition d'un nom et d'un langage nouveaux, départ du foyer pour vivre avec les compagnons d'âge masculins et période de séparation d'avec les femmes, séparation d'avec la mère et le foyer avec intégration au groupe des hommes plus âgés, ambivalence sexuelle et homosexualité, épreuve ou brimade pour prouver l'aptitude à devenir un homme, motif économique (profit pour les plus âgés), éducation des novices, sexe et fertilité, mythe de mort et résurrection du novice adolescent. [43]

Les rites peuvent être à la fois simples dans la forme, mais complexes quant à leur signification. Dans la société Manus, par exemple, il n'y a pas de cérémonie pubertaire pour le garçon, mais un simple percement des oreilles « quand les finances de la famille rendent la chose opportune ». Dès lors, le garçon se trouve placé sous un strict tabou pendant cinq jours. Un certain nombre d'interdits demeureront jusqu'à ce que la parenté de sa mère ait offert une grande fête à la parenté de son père. Après cette fête, il retourne librement parmi ses compagnons, mais son groupe de jeu est amputé des filles de son âge, qui sont remplacées par des filles plus jeunes.

La symbolique sexuelle implique souvent une marque ou un acte à caractère génital : la jeune Masaï est excisée, pendant qu'on sacrifie un taureau blanc ; le jeune Bambuti, pour sa part, doit, outre tuer un animal de grande taille, forcer l'accès de la cabane où les jeunes filles pubères sont recluses et, après avoir obtenu l'acceptation de l'une d'elles, faire l'amour avec elle ; le jeune Baruya, enfin, doit absorber le sperme de ses aînés vierges, de même que la jeune mariée sera invitée à boire le sperme de son mari lors de leur première rencontre sexuelle.

L'analyse du rôle social des rites d'initiation ne peut être distinguée de sa fonction psychologique, qu'elle considère ces rites comme un mode tardif de résolution des conflits œdipiens, une possibilité d'acquérir une « identité » sexuelle, ou encore, le moyen de résoudre des désirs bisexuels. [44]

« Avec la puberté s'éveille la conscience d'un destin du sexe. Rien de plus banal, semble-t-il, s'il n'y avait, dans cette conscience de soi, ce corps à corps avec les autres, avec l'Autre ». [45] « L'initiation se fait par le mâle, mais elle fait l'homme ». [46] Le passage pubertaire n'est cependant, dans beaucoup de sociétés primitives, que la confirmation d'un rite premier —entre 6 et 8 ans— la circoncision, qui marquera, dans le nouveau statut proposé au garçon, le détachement définitif de l'univers maternel.

---

43. On se reportera, pour l'étude très détaillée de cette classification, à l'ouvrage de H. BLOCH et A. NIEDERHOFFER — *Les bandes d'adolescents*. Petite Bibliothèque Payot. Paris, 1974.
44. M. CLAES, Op. Cit.
45. M. V. HOWLETT. *Puberté anticipée, puberté subie*. L'Ane, n° 22, juillet-septembre 1985.
46. A. M. HOCART, cité par M. V. HOWLETT. Op. Cit.

Les choses se présentent différemment pour la fille. La puberté est rendue patente par les premières règles et un seul rituel suffira pour en faire une femme. « Sang et loi se rejoignent » [47]. La fécondité reconnue sera marquée par l'acceptation de la soumission à la loi des Ancêtres et à l'ordre masculin. Cet ordre sera rappelé par la présence de la sexualité masculine, qui, pour affirmer son hégémonie, attribuera, dans certaines tribus, à la « semence » un rôle vital permanent : pour les Baruya « le sperme n'est pas simple moyen de reproduction. Son absorption est nécessaire à la croissance, à l'épanouissement, à la bonne santé de tous les êtres humains aux stades les plus divers de leur développement ». [48] Le lait maternel lui-même, n'est considéré que comme sperme transformé en substance nourricière pour l'enfant et une femme n'a du lait et de beaux seins que lorsque son époux l'a abondamment gratifié de son sperme. Dans cette société « spermissive » [49], cette croyance impliquera simultanément « un style particulier de relation conjugale et une institutionnalisation de l'homosexualité adolescente ». [50]

Inscrites dans le corps, taillées dans le « vif », les blessures rituelles sont donc des blessures symboliques. Marque d'un souvenir, marque d'une séparation, d'un nécessaire travail de deuil. L'enfant est mort, l'adulte est né.

Jeunes en société

En règle générale, l'initiation octroie des privilèges et impose des devoirs. Certains tabous sont levés. Le jeune participe plus activement aux affaires de la tribu, il aide les adultes et accomplit quelques corvées. Ses tâches ne sont pas toujours distinctes de celles des hommes et des femmes, comme chez les pygmées Bambuti, mais surtout, il s'imprègne des détails et obligations de la vie d'adulte par l'écoute, l'observation, parfois par le jeu, l'imitation. Garçon, il peut apprendre à être guerrier chez les Manus, apprentissage qui pourra lui conférer — c'est le cas pour les jeunes Moranes chez les Masaïs — un rôle de gardien des biens et de défenseur de la tribu. En Polynésie, l'âge reste aux plaisirs...

Le groupe — on dirait maintenant la bande — est le plus souvent repérable. Il n'est pas toujours séparé des adultes. Ainsi chez les Manus, où les garçons constituent toutefois, vers 16/17 ans, une « troupe de gaillards arrogants et tapageurs, terreur des filles... » [51] Quand il l'est, cela peut correspondre aux fonctions qui lui sont attribuées : les jeunes Masaïs quittent même le village à partir de 12/14 ans pour vivre dans

47. Ibid.
48. M. GODELIER. Op. Cit.
49. Expression d'Emmanuel Todd. Le Monde du 18 juin 1982.
50. M. GODELIER. Op. Cit.
51. M. MEAD — *Une éducation en Nouvelle-Guinée*. Op. Cit.

un village construit par eux. Garçons et filles sont généralement séparés, mais peuvent, comme chez les Bambuti, rester ensemble. Cependant — et c'est là un exemple donné par l'évolution de la société polynésienne — si l'insouciance et la tolérance autorisées et prolongées semblent dispenser la jeunesse d'une « crise », comme on la décrit en nos contrées, elles peuvent aboutir à « une situation où les groupes adolescents n'ont que très peu de rapport avec la société globale (...) On évite bien le conflit des générations mais on crée une sorte de monde fermé ». [52] Lorsque les structures de la société ne sont plus préservées, après avoir été contaminées par la civilisation, la réintégration, qui se fait naturellement au moment du passage dans la société adulte, deviendra difficile. Les groupes ont leur territoire propre. Espace attribué à chaque classe d'âge sur la place du village, comme chez les indiens Canella du Brésil, ou habitat repéré : maisons des garçons des Iles Trobriand, grandes cabanes —mises à distance— des jeunes d'Afrique Centrale et Orientale, ou villages Masaïs. [53] Exemple sans doute un peu particulier, enfin, que celui des Murias, dont le « ghotul », sorte de dortoir commun, est réservé aux jeunes gens des deux sexes.

La ségrégation peut même porter sur l'alimentation : les jeunes garçons Bantous de 8/10 ans ne sont plus autorisés à manger en compagnie de leur mère et de leurs sœurs, mais doivent rejoindre « les autres garçons mâles de leur âge »... [54] Les vêtements enfin peuvent prendre sens : les jeunes filles des Iles Trobriand sont désormais autorisées à porter la « feuille pubienne » et à orner leur « jupe en fibre ».

Cette jeunesse « mène une vie heureuse, libre, arcadienne, consacrée aux amusements et à la poursuite du plaisir ». [55] Ce plaisir, dans son aspect charnel, est interdit chez les indiens Chavantès. Mais lorsque les garçons se marient — en groupe — leurs épouses n'ont que 6 ou 7 ans. « Ils n'ont que peu d'occasions d'avoir des relations sexuelles, d'autant plus qu'ils ne peuvent cohabiter avec leur femme qu'à partir du moment où elle est enceinte pour la première fois. Ils doivent attendre d'être entrés dans la classe d'âge des adultes, cinq ans au moins après être entrés dans la classe d'âge des guerriers. La liberté sexuelle et la participation à la vie politique sont des privilèges des adultes. » [56] Les jeunes Manus sont fiancés dès l'enfance. « Fiancée, taboue et respectable », la jeune fille est sanctionnée si elle prend un amant. A Samoa comme dans les Iles Trobriand, la liberté est totale dès avant la puberté et les expériences sexuelles sont multiples. Tout

---

52. R. BOMBEZY — *Etude psycho-sociale de la délinquance juvénile à Tahiti.* Papeete, 1969.
53. Il ne semble pas que l'on retrouve, dans ces différentes sociétés, des situations acceptées de couples de jeunes vivant sous le toit des parents, à la différence d'une tendance en progression dans nos contrées actuellement.
54. P. FARB et G. ARMELAGOS — *Anthropologie des coutumes alimentaires.* Denoël, Paris, 1985.
55. B. MALINOWSKI — *La vie sexuelle des sauvages du nord-ouest de la Mélanésie.* Op. Cit.
56. G. LUTTE. Op. Cit.

au plus, dans ces dernières îles, il ne peut y avoir de caractère permanent de ces relations. Le jeune n'a d'ailleurs un lit personnel qu'après la puberté.

La séduction, si elle participe parfois aux préliminaires amoureux, relève souvent d'« exploits », qui sont plus proches du viol que d'une entrevue courtoise. Ainsi en est-il chez les jeunes polynésiens dans leur pratique du « môtoro » : « le jeune garçon doit entrer chez la fille qu'il a remarquée, pendant la nuit, sans que celle-ci ne s'en doute (quelquefois elle peut être au courant) et surtout sans que sa famille ne s'éveille. C'est souvent difficile de la trouver au milieu de tous les lits... » [57] La fille trouvée, « on lui met la main sur la bouche pour qu'elle ne crie pas et on essaye de discuter avec elle pour avoir un rendez-vous le lendemain ou pour la faire sortir de la maison ». [58] Mais la dépendance à l'égard du groupe est là : « Souvent on vient avec des amis pour se donner du courage, mais alors quand on est dans la maison, il arrive que les amis commencent à jouer de la guitare ou à lancer des cailloux sur le toît pour réveiller tout le monde et faire prendre celui qui est à l'intérieur. Il faut alors s'enfuir très vite pour éviter les coups de bâton qu'essaie de donner le père de la fille ». [59] Mais les choses se passaient rarement aussi bien et, l'alcool aidant et la famille absente, le groupe « déflorait la jeune fille consentante ou non. La chose faite, la fureur des parents ne durait guère, et en tout état de cause était oubliée le soir même ou le lendemain au plus tard, lors de la fête à laquelle participait tout le village pour célébrer le joyeux événement... » [60]

Violence initiatique également, que les amours des jeunes gens à Samoa : « Quelques mots murmurés à la hâte, un rendez-vous chuchoté lorsqu'on se croise sur le sentier, voilà souvent les seuls rapports qu'il y ait entre eux au moment où ce choix s'exprime sexuellement (...) Car ces rencontres rapides commencent souvent par un violent corps à corps, où les partenaires se griffent et se mordent pour parvenir au maximum d'excitation dans le minimum de temps ». [61] On prend soin cependant de donner les conseils suivants : « Si tu rencontres une fille dans la brousse et fais l'amour avec elle, prends soin de revenir rapidement au village avec une explication toute prête pour justifier ton absence ». [62] Il s'agit de se justifier du désordre causé par les ébats amoureux : « Si la corde de ton arc est cassée, dis que tu l'as accrochée à un buisson en passant. Si tes flèches sont brisées, explique que tu as fais un faux pas et qu'elles se sont heurtées contre une branche. Si ton pagne est déchiré, ton visage égratigné, tes cheveux en désordre (...)

---

57. Mme LANGEVIN-DUVAL — *Vahiné Tahiti. Petite étude sur la femme tahitienne.* Dossier des Etudes océaniennes.
58. Ibid.
59. Ibid.
60. J. C. GAUTHE — *Réflexions sur quelques conduites polynésiennes.* L'Information Psychiatrique, vol. 58, n° 7, septembre 1982.
61. M. MEAD — *Mœurs et sexualité en Océanie.* Op. Cit.
62. Ibid.

dis que tu es tombé, que tu t'es pris le pied dans une racine, que tu poursuivais le gibier. Sinon, les gens te rieront au nez ! » [63] La fille sera également conseillée : « Si tes boucles d'oreilles sont arrachées, ton collier cassé, ta jupe de fibre déchirée et salie, ta figure et tes bras écorchés et en sang, dis que tu as eu peur, que tu as entendu du bruit dans la brousse, que tu as couru et que tu es tombée. Sinon les gens te jetteront à la face que tu es allée retrouver un amant ! » [64]

Les Muria semblent avoir admis, pour leur part, que la sexualité « était le centre de la vie des individus et des sociétés : ils ont alors tenté de bâtir une morale sexuelle qui fût, non pas interdictive (comme il est habituel), mais constructive ». Ils ont entrepris, avec le « ghotul », « la domestication de l'instinct sexuel et, en une certaine mesure, sa sublimation ». Avant même la puberté, « les petites filles sont initiées à l'amour physique par les grands garçons, et les petits garçons par les grandes filles ». Après la puberté, « ils forment suivant des modes divers, des couples, mais ces appariements sont soumis à une discipline stricte ». [65] Pas de licence — malgré les apparences — au « ghotul », mais une éducation sexuelle, qui n'est pas l'unique objectif de ce lieu communautaire. Habituellement donc, point de « honte sexuelle », ni d'ailleurs homosexuelle.

Dans la période post-pubertaire, l'amitié se fait plus intime entre les garçons Manus. Des couples se forment. Chez les Baruyas, l'homosexualité des jeunes garçons est institutionnalisée. Dans la « maison des hommes », l'aîné prend soin du jeune, chassant et lui offrant du gibier. Il ne pratique en aucun cas la sodomie mais le « don » de sperme, moyen de naître au monde des Hommes et de grandir en dominateur des femmes. En corollaire à ces conceptions du sexe et de son usage — l'acte sexuel est dangereux parce qu'il pollue et que la pollution affaiblit — les rapports hétérosexuels sont grevés de nombreux interdits : interdits dans le temps, comme pendant les périodes d'initiation, de construction, de défrichage et de plantation, de coupe de la canne à sel, d'abattage du cochon, de préparation à la chasse, mais aussi après une naissance jusqu'à ce que l'enfant ait ses premières dents, joue avec un arc ou porte un filet sur le dos ; interdits dans l'espace, dans les jardins, les marécages, près des cimetières ou des habitations des esprits. Les organes sexuels doivent, en outre, rester soigneusement cachés des regards.

Des périodes d'homosexualité active sont, dans d'autres sociétés encore, un passage obligatoire pour tout sujet mâle. Ainsi chez les Papous Sambias, où de 7/10 ans jusqu'au mariage, la femme est un objet tabou, que l'on ne doit ni toucher ni regarder. Là aussi, la virilité de l'individu est fonction —pense-t-on— de la quantité de sperme qu'il peut ingérer

---

63. Ibid.
64. Ibid.
65. V. ELWIN. Op. Cit.

mais, si après la puberté l'initiateur redevient initié, autour de la vingtième année, un rituel complexe débute, qui conduit au mariage avec installation progressive du tabou homosexuel. [66]

Le mariage apporte la plénitude des droits sociaux, des avantages économiques et une maison. Chez les Trobriandais, il permet, enfin, aux fiancés de partager leurs repas. Le festin nuptial est habituel; mariés et amis célibataires mangent parfois dans les mêmes plats, pour rappeler que malgré ce repas d'adieu ils continueront d'appartenir à la même société. La terminologie de l'alimentation se confond d'ailleurs souvent avec la terminologie sexuelle. La même phrase signifie, pour certains aborigènes d'Australie centrale «Avez-vous mangé?» et «Avez-vous fait l'amour?» [67]

Des rites de passage marquent parfois l'accession définitive au statut d'adulte, renouvelant par là les rites pubertaires : il en est ainsi de l'«Eunoto» chez les Masaïs, qui signe la fin de l'âge «guerrier», et de l'épreuve infligée aux jeunes garçons de l'Ile de la Pentecôte, qui voit ceux-ci plonger d'une plate-forme haute de trente mètres, des lianes accrochées à chacune de leurs chevilles ; évocation d'un rituel que les jeunes de notre temps n'ont pas manqué de reprendre, à défaut d'autres...

Et maintenant

Et maintenant dans la société Manus, on n'apprend plus à faire la guerre et le rapt est interdit... Le garçon part travailler chez «l'homme blanc», pour deux, cinq ou sept ans, membre d'équipage, auxilaire de police, ou bonne d'enfants chez des Anglais, des Chinois ou des Malais. Son retour, redouté dans le monde ancien, est cependant marqué par une bénédiction familiale, une incantation suivie d'une fête, donnant au jeune le pouvoir de se conformer au code moral de ses aînés, dans l'attente du mariage.

La société Masaï est pacifiée et désarmée. Les jeunes, privés de leurs vertus combatives mènent, avec les anciens, une existence d'«assistés» permanents, et ont remplacé la lutte avec les ennemis et les combats avec les lions par des concours de buveurs de bière.

Boire du sperme a été interdit aux Baruya par les missionnaires. Et l'on ne s'étonnera pas de rencontrer ces titres sur quelque hebdomadaire: «Les tribus survivront-elles à l'an 2000?», «Jusqu'à quand les Bororos?». Et de voir mettre à l'étude une «pathologie de l'adolescent immigré.»

«Par les rites auxquels il est soumis, le sujet vient à savoir ce qui lui est promis». [68] Les rites pubertaires sont des rites de passage. Fêtes

---

66. R. J. STOLLER, G. H. HERD — *Théories of origin of male homosexuality*. Arch. Gen. Psychiat., 1985, 42.
67. P. FARB et G. ARMELAGOS. Op. Cit.
68. M. V. HOWLETT. Op. Cit.

de la puberté, ils rappellent à tous qu'« avec la puberté, la sexualité s'arroge le titre de fait social ». [69] L'initié, d'enfant devient homme.

Les sociétés primitives « ne possèdent — ou ne possédaient — pas d'équivalent de notre conception de l'adolescence, c'est à dire la lente acquisition du statut d'adulte ». [70] Parfois la transition est si graduelle qu'elle est à peine perceptible ; parfois les rites d'initiation accordent immédiatement l'état de maturité ; parfois ils introduisent dans une période d'apprentissage du code social et de transmission du savoir ; parfois ils sont démultipliés au point que la vie n'est plus qu'une succession rythmée de moments-d'âges.

Les primitifs ne semblent pas connaître les « tempêtes et tensions » [71] qui caractériseraient « notre » adolescence. « Ce qui tend à suggérer que (...) nous devons en trouver l'explication plutôt dans la société que dans la biologie ». [72]

L'adolescence n'est pas une période naturelle du développement de l'homme. Et si certaines sociétés tribales ont entrepris de prolonger la phase d'initiation, on ne peut qu'y voir un phénomène de résurgence ou d'anticipation. Résurgence si l'on admet que « dans un passé très lointain auraient existé des formes institutionnelles de socialisation des jeunes ». [73] Anticipation, ou plutôt préscience d'un risque, d'une menace contingente ; menace que l'irruption de notre société dans la leur viendra confirmer : le conflit possible des générations.

Que sont ces rites devenus ?

A l'heure où les feux préservés des tribus se sont éteints, leur ont succédé les spots d'une rampe pour « tour opérator » en mal de lucratives sensations et les clichés d'une presse qui vend du tabou. [74]

Notre société occidentale n'a pas connu de rites mutilatoires pubertaires. Mais ses petits étaient initiés par les équivalents institués, que représentait, par exemple, la communion solennelle, ou « déniaisés » par la conscription. L'homme — l'adulte — les a vidés de leur sens, les a dépréciés au point que la jeunesse ne peut plus les reconnaître. Mais menacé qu'il se sent par la marée montante, il tente une reconstruction malhabile d'équivalents de rites de passage, aussi multipliés que dérisoires. Tout devient rite, mais plus rien n'est rite. L'adulte, père défaillant. « Société sans père ? Société sans rites ? » [75]

---

69. Ibid.
70. O. KLINEBERG — *Aspects sociologiques de l'adolescence*. Confrontations psychiatriques, n° 7, 1971.
71. G. S. HALL — *Adolescence*. Appelton, New-York, 1904-1905.
72. O. KLINEBERG. Op. Cit.
73. M. PERROT, J. C. SCHMITT, A. FARGE — *Adolescences. Un pluriel à l'étude des historiens*. Adolescences, 1985, 3, 1.
74. Pour exemple, ce numéro d'un hebdomadaire à grand tirage dont nous relèverons, dans un article sur la société Muria, les titres et intertitres suivants : « Mille nuits de méditation et de fêtes pour apprendre la vie », « Livrés à eux-mêmes en toute liberté », « Une société égalitaire », « Ils ont ici le droit de s'aimer sans contrainte », « Les enfants du Ghotul deviennent les meilleurs époux... »
75. Confédération francophone des Ligues de santé mentale. Op. Cit.

Margaret Mead en vient à distinguer trois cultures: post-figurative, «dans laquelle les enfants sont instruits avant tout par leurs parents»; co-figurative, «dans laquelle les enfants comme les adultes apprennent de leurs pairs»; pré-figurative, «dans laquelle les adultes tirent aussi des leçons de leurs enfants». [76]

Que vouloir? Qu'attendre? Qu'espérer? Que faire? Et comment savoir?

«Au lieu de nous rebattre les oreilles du cannibalisme des Mélanésiens, du mariage de groupe des Aborigènes australiens ou du Bororo qui prétend qu'il est un Arara, pourquoi les anthropologues n'ont-ils pas vérifié une fois pour toutes si les chamans sibériens sont bien télépathes, si les sages de l'Inde lévitent, ou si les sorciers yaquis ont la capacité de se transformer en oiseaux? Pourquoi? (...) Est-ce les mots qui nous manquent?» [77] On peut répondre que ce n'est pas nécessairement le cas: «... le mot est dans la langue. Et s'il est dans la langue, c'est parce que, avant-hier nous croyions encore nous-mêmes aux sorciers.» [78] «L'anthropologie est un discours rationaliste et objectiviste», discours «sans trou», conventionnel. [79]

«Quant à moi, j'étais allé jusqu'au bout du monde à la recherche de ce que Rousseau appelle «les progrès presque insensibles des commencements.» (...) J'avais poursuivi ma quête d'un état qui —dit encore Rousseau — «n'existe plus, qui n'a peut-être point existé, qui probablement n'existera jamais et dont il est pourtant nécessaire d'avoir des notions justes pour bien juger de notre état présent.» [80]»

Se croyant un temps, plus heureux que Rousseau, Levi-Strauss pensait «l'avoir découvert dans une société agonisante», mais dont il était inutile de se demander si elle représentait un vestige ou non: «traditionnelle ou dégénérée, elle me mettait tout de même en présence d'une des formes d'organisation sociale et politique les plus pauvres qu'il soit possible de concevoir.» [81] Point besoin de s'adresser à «l'histoire particulière qui l'avait maintenue dans cette condition élémentaire ou qui, plus vraisemblablement, l'y avait ramené» [82], l'expérience sociologique devait pouvoir suffire.

«Mais c'était elle qui se dérobait. J'avais cherché une société réduite à sa plus simple expression. (Elle) l'était au point que j'y trouvais seulement des hommes». [83]

Tristes tropiques...

---

76. M. MEAD — *Le fossé des générations*. Denoël/Gonthier, Paris, 1971-1979.
77. P. JORION — *Castaneda et Newton*. L'Ane, n° 22, juillet-septembre 1985.
78. Ibid.
79. Ibid.
80. C. LEVI-STAUSS — *Tristes tropiques*. Plon, Paris, 1955.
81. Ibid.
82. Ibid.
83. Ibid.

QUATRIEME PARTIE

L'HABIT NE FAIT PAS L'ADOLESCENT

A travers l'histoire des costumes

«Le vêtement est l'un des meilleurs indicateurs de l'état d'esprit d'une société. Un simple coup d'œil sur l'apparence des foules permet d'en saisir les mouvements profonds. Uniformes des peuples révolutionnaires, tenues austères des puritains, chatoyantes des baroques et des décadents... C'est par l'habit aussi que se lisent dans le spectacle de la rue, les clivages des castes et les conflits des générations». [1]

Par le passé, lorsque des parents se heurtaient à l'opposition ouverte de l'un de leurs enfants, ils ne songeaient pas à l'imputer au «conflit des générations». Cette expression commode, (contestable?), très largement répandue de nos jours, s'utilise aussi parfois à propos d'attitudes vestimentaires. En effet, la notion de mode s'étant substituée à celle de costume, la façon de s'habiller désigna progressivement, beaucoup plus qu'une classe sociale, une classe d'âge. D'où l'intérêt que l'on trouve à observer au fil des siècles, des «générations», les mouvements de costumes, de modes, de «looks», pour mieux comprendre, grâce aux attributs que chaque époque leur confère, les différentes fonctions de ces phénomènes.

La représentation imagée d'enfants est de plus en plus importante au cours des temps, et particulièrement à partir du XVIIè siècle, mais il faut attendre la fin de la première moitié du XIXè siècle pour voir mis en scène des âges différenciés, entre l'enfance et la maturité. C'est dire que la mise en image d'un «âge adolescent» est un phénomène très récent dans notre histoire puisque ne datant que d'un peu plus d'un siècle. Encore que l'on ne puisse pas pour autant établir un lien direct entre cette représentation et la distinction concomittante d'un costume particulier. Ainsi, pour l'enfant, alors qu'à partir du XVIIè siècle il est de plus en plus souvent présent auprès des adultes, ce n'est pas avant la fin du XVIIIè siècle ou le début du XIXè siècle qu'on

---

1. F. GAUSSEN. «Le monde du Dimanche» 29 novembre 1981.

peut le voir figurer dans un vêtement différent de celui de ses parents. De même pour les pubères, on observe un décalage important entre leur représentation imagée aux alentours du milieu du XIXè siècle et l'apparition de signes vestimentaires distinctifs nets à la fin du XIXè et au début du XXè siècle. De manière générale, le délai qui sépare la différenciation d'un âge de la vie et la création d'un costume qui l'authentifie est souvent riche de renseignements.

Le parcours de l'histoire vestimentaire est rapide jusqu'au XVIIIè siècle. En effet, jusqu'à cette époque, la figuration en image de l'enfance est rare. Enfance qui, comme l'a remarquablement montré Ph. Ariès [2], ne bénéficie d'aucune importance particulière aux yeux du monde adulte.

Au XIVè siècle par exemple, la représentation * des «costumes **(a)**, **(b)** de seigneurs, duchesses, comtesses et bourgeoises» en France, ou celle qu'en fait en Italie **(c)** Paolo Ucello [3], montre à l'évidence que les vêtements d'enfant sont alors la réplique exacte de ceux des adultes. Les seules distinctions subtiles retrouvées se situent dans la coiffure: les cheveux flottants permettent d'identifier la jeune fille ou la sainte, tandis qu'une fois mariée, la femme aura les cheveux couverts. [4]

Au XVIè siècle encore, costumes et coiffes sont identiques quel que soit l'âge, comme le figure cette «famille de qualité» **(d)** représentée sur un vitrail de Saint-Etienne de Beauvais en 1572. Les enfants sont alors bien peu souvent mis en scène.

Tout au long du XVIIè siècle, alors que les œuvres picturales commencent à faire une place aux enfants, rien du point de vue de l'habit ne les distingue de leurs aînés **(e)**. Leurs costumes sont identiques, exceptée la robe longue portée par tous les enfants jusque vers 4-5 ans, fille ou garçon.

A partir du XVIIIè siècle, la présence des enfants est fréquente; ils ne sont pas pour autant vêtus différemment des adultes. Au début de ce siècle, que l'on observe les catégories sociales élevées [5] **(f)**, ou les mises en scène champêtres d'Antoine Watteau **(g)**, ou encore «L'Occupation selon l'âge» **(h)** dans la gravure de Dupuis, aucune distinction de costume n'apparaît; les coiffures ou les coiffes sont identiques. Dans la deuxième moitié du XVIIIè siècle les enfants, fréquemment figurés, sont habillés comme les adultes **(i)**; il y a d'importantes distinctions entre un costume aristocratique [6] **(j)**, **(k)** et celui de gens du peuple [7] **(l)**.

---

2. Ph. ARIÈS — *L'enfant et la vie familiale sous l'ancien régime*. Points, Le Seuil, Paris, 1973.
* Dans ce chapitre, les lettres en caractères gras renvoient à l'iconographie.
3. Miracle de la profanation de l'hostie — Galerie Nationale de la Marche Urbino.
4. La naissance de la Vierge — Domenico Ghirlandaio, Fresque, Chœur de Santa Maria Novella, Florence.
5. Madame Dupelli et sa fille — 1735, Bibliothèque du Musée des Arts Décoratifs de Paris — Usuels sur les costumes, La Mode.
6. «Habillement à la mode en 1778». «L'exemple des mères» Jeanrat.
7. J. COLLET-GREUZE. Bibliothèque du Musée des Arts Décoratifs de Paris — Usuels sur les costumes, La Mode.

L'idée de mode commence à apparaître dans les classes aisées.

Il faut attendre la fin du XVIIIè siècle pour que cette notion de mode se dégage réellement et que s'y adjoigne l'idéologie. C'est sous Louis XVI que les prémisses s'en dessinent avec cette gravure **(m)** de la « Jolie Maman au jardin du Roi, en petite robe du matin, avec son petit enfant vêtu à l'Amériquaine ». Il est amusant de remarquer la naissance d'une première mode « amériquaine » influant sur le vêtement français en commençant par celui de l'enfant, même s'il ne s'agit alors que d'un événement ponctuel mais dont on connaît aujourd'hui les développements. C'est à cette époque aussi que les costumes de « matelot » **(n)** apparaissent [8, 9]. Les vêtements, désormais porteurs d'une idéologie, se différencient chez l'enfant.

Tout est prêt à cette date pour que se répandent des costumes chargés de traduire l'évolution des idées : c'est la Révolution Française. Les femmes en robes longues simplifiées **(o)** abandonnent les chapeaux surchargés pour des bonnets, les coiffures compliquées et fleuries pour les « cheveux à la Titus » ou « à la Caracalla » [10], leurs filles bénéficient du même costume. La culotte a été remplacée chez l'homme révolutionnaire par le pantalon ; sous la Convention les aristocrates utiliseront cette modification vestimentaire comme dénomination d'un groupe socio-politique, les « sans culottes » ; cet événement concrétise le rôle idéologique du vêtement et illustre la récupération des vêtements des enfants du peuple comme vêtement des adultes.

Au XIXè siècle il est acquis que petites filles et femmes adultes sont vêtues différemment. En revanche les jeunes filles et leurs aînées ne se distinguent en rien. Ainsi, entre 1800 et 1821, la longueur de la robe devient légèrement plus courte chez la petite fille ; les détails décoratifs et ornementaux sont plus rares dans le jeune âge. Il n'est pas dénué d'intérêt de noter que ces premières différences s'établissent d'abord chez la fille avant de se manifester chez le garçon. Pour ce dernier, seules de légères nuances dans le chapeau marquent l'âge.

A la fin de cette période, le « costume parisien » [10] de 1821 **(p)**, composé d'une robe au genou recouvrant un pantalon, est la première manifestation chez la fille jeune de l'utilisation d'un vêtement « masculin » d'acquisition récente, datant de la Révolution. Cela va permettre une évolution de la robe, qui raccourcit et se différencie d'autant de celles des femmes adultes, préfigurant l'apparition prochaine d'un costume particulier pour la jeunesse. Les « jeunes » sont pourtant représentés picturalement depuis quelques temps déjà aux côtés de leurs aînés et cadets. Ce pantalon féminin « deviendra jusqu'en 1860 le symbole

8. Bibliothèque du Musée des Arts Décoratifs de Paris — Usuels sur les costumes, La Mode.
9. *Modes enfantines 1750-1950*. Catalogue de l'exposition (juin-novembre 1979). Musée de la Mode et du Costume, Palais de Galliéra, Paris.
10. Bibliothèque du Musée des Arts Décoratifs de Paris — Usuels sur les costumes, la Mode.

de l'enfance que l'on doit quitter en entrant dans le monde des adultes c'est à dire le jour de sa première communion» [11].

Aux alentours de la moitié du XIXè siècle, alors que le costume de l'enfant présente des marques repérables, apparaissent les premières distinctions vestimentaires de l'époque post-pubertaire. Le mouvement commence à se dessiner tout d'abord chez les jeunes filles, à l'occasion des fêtes. Des planches de mode pour le Theaterzeitung en 1831 illustrent des «toilettes de fête pour jeunes filles» **(q)** différentes de celles des femmes adultes, en particulier par une décoration chargée ne pouvant passer inaperçue. En dehors de ces circonstances particulières, les jeunes filles et les femmes sont vêtues de façon similaire.

Dès 1830 plus l'âge augmente, plus chez le garçon, le chapeau grandit tandis que chez la fille, le pantalon disparaît, la robe qui le recouvrait s'allonge et les cheveux s'ornent de chapeaux. Dans les représentations imagées les différents âges de la vie figurent plus fréquemment, y compris ceux de la fin de l'enfance. C'est l'amorce d'une tendance à une distinction des âges qui sera de plus en plus marquée par la suite.

A cette époque, apparaissent les productions en série de vêtements dans des manufactures et s'élabore la loi de 1841, règlementant le travail des jeunes [12]. De même que se met en place l'enseignement supérieur pour les classes bourgeoises [13].

Entre 1834 et 1868 environ, la revue la «Toilette de Psyché» offre à ses abonnés une poupée-papier de mode, «Psyché», qui est parée de «costumes mobiles» et de «poupées gravures», féminines surtout, mais masculines aussi [14]. Cette poupée fut une vedette et transmit les modes pendant trois décennies. Elle fournit indirectement d'excellentes indications sur la mode pour enfants qui se développe à cette période sous la poussée des conceptions éducatives du siècle précédent.

En 1850 il est possible de distinguer chronologiquement les stades successifs de l'enfance à l'âge adulte, en suivant l'évolution de la taille du couvre-chef chez le garçon **(r)**: de la tête nue au chapeau haut de forme, en passant par le chapeau plat, le spencer propre au jeune homme [15]. Il en va de même pour les accessoires qu'il tient à la main, de la pelle à la canne. On ne peut parler pourtant d'une classe d'âge «adolescente» particulière, réellement distincte des autres. Cette tranche de vie paraît alors s'inscrire, avec quelques signes qui lui sont propres, dans une continuité de croissance et d'évolution vestimentaire. Dès 1860, un signe supplémentaire de la fin de l'enfance sera la mousta-

---

11. *Modes enfantines 1750-1950*. Catalogue de l'exposition (juin-novembre 1979). Musée de la Mode et du Costume, Palais de Galliéra, Paris.
12. M. CRUBELLIER — *L'enfance et la jeunesse dans la société française*. Armand Colin, Paris, 1979.
13. Ph. ARIES — Op. Cit.
14. *La mode et les poupées du XVIIIè siècle à nos jours*. Catalogue de l'exposition (15 décembre 1981-18 avril 1982). Musée de la Mode et du Costume. Palais de Galliéra, Paris.
15. *Modes enfantines 1750-1950*. Catalogue de l'exposition (juin-novembre 1979). Musée de la Mode et du Costume, Palais de Galliéra, Paris.

che, que tout homme possède. Cette moustache est le seul pubis qu'il soit permis socialement d'exhiber. Elle signera dès lors, de manière évidente la différence adulte-enfant.

Ainsi dans l'évolution des âges, la puberté est marquée par l'apparition de la moustache, la croissance du chapeau et le port d'accessoires — la canne — dont la symbolique sexuelle ne peut passer inaperçue. Pour la fille **(s)**, **(t)**, le nombre des années est directement proportionnel à la longueur de la robe : plus l'âge croît, plus les jambes se couvrent. A défaut de pouvoir isoler à cette époque une population « adolescente » aux vêtements particuliers, il est assez facile d'établir l'âge de chaque individu en fonction de la hauteur de son chapeau ou de la longueur de sa robe ! Ces signes mis à part, les costumes des jeunes et ceux des adultes sont pratiquement équivalents.

Autour de 1880 et dès 1870, les journaux de mode (la Revue de la Mode, Gazette de la famille, la Mode illustrée, Journal des Demoiselles, les Modes Françaises, Journal des Tailleurs...) se répandent et avec eux, les critères auxquels doit répondre un costume selon l'âge, se précisent : les petites filles se distinguent nettement de leurs aînées par deux éléments particuliers : les bottines dont elles sont chaussées jusqu'à la puberté, les robes courtes, qu'elles portent au genou et dont la longueur s'accroît avec l'âge. Les jeunes filles comme les femmes, sont en robe longue sans bottine. Les jeunes garçons **(u)**, pour la première fois, sont vêtus d'un pantalon court et de bottines ; vêtement vraiment différent porté jusqu'à la puberté. Ce n'est qu'après qu'ils porteront pantalon long et chaussures comme les adultes. La croissance en hauteur du chapeau marque seule la progression vers l'âge adulte.

C'est à la fin du XIXè siècle seulement que s'installe la reconnaissance d'un vêtement particulier pour l'enfant. Cette distinction apparaît d'autant plus nécessaire que les costumes adultes se compliquent et deviennent de moins en moins adaptés aux besoins enfantins. Un siècle entier est nécessaire après J. J. Rousseau pour que l'on puisse dire qu'il est « inélégant et d'horriblement mauvais goût pour des vêtements d'enfants d'être taillés dans les lignes et le modèle de ceux des adultes ». Peu de signes, sinon discrets, permettent de distinguer sur le plan du costume, après la puberté, le jeune de l'adulte. C'est à cette époque que se créent les sociétés de gymnastique, les patronages, les colonies de vacances, en 1880, regroupement de jeunes précédant l'apparition, en 1911, et le développement du scoutisme [16].

Il faudra attendre le début du XXè siècle pour que se trouvent représentés des garçons et des filles qui ne sont plus tout à fait vêtus comme des enfants, tout en n'étant pas encore semblables aux adultes. L'évolution des conditions qui leur sont réservées, en particulier leur regroupement prolongé dans des établissements scolaires et le développement de situations de vie spécifiques au travail, dans le sport, dans l'organisation des loisirs... trouvent dans le vêtement leur illustration.

16. M. CRUBELLIER — Op. Cit.

Les uniformes des pensionnats, les liserés différents selon les âges qui ornent les costumes dans les écoles religieuses, en sont autant d'indices nouveaux. A l'histoire du costume se substitue l'histoire de la mode [17]. On dispose alors de catalogues destinés à vendre les vêtements. Ce sont les débuts de la publicité vestimentaire.

L'« âge vestimentaire » du passage au stade adulte paraît, en 1900, se situer entre 14 et 16 ans. Il correspond à l'âge moyen de la puberté à la même date, et l'on ne peut parler pour l'heure d'un « vêtement adolescent » ; il ne s'agit là encore que d'une progression sans notion de classes d'âges autres que l'enfance et l'âge adulte séparées par la puberté. Et de toute manière, le langage courant ne parle entre 12 et 16 ans que de « jeune-fille » et de « jeune-homme ». Chez la fille en 1900, seules les bottines et une robe au genou signifient un âge d'avant la puberté ; toutes portent chapeau. Vers 12 ans la jeune fille se révèle, la robe s'allonge, la taille est mise en valeur par une ceinture. Et Luciole **(v)** de dire : « Oui, Monsieur, j'ai seize ans depuis avant hier, aussi vous voyez, j'inaugure ma première jupe longue » — « je suis chic s'pas ? » [18] Désormais elle ne se distinguera que peu de la femme adulte.

En province, en ces fins du XIXè siècle et début du XXè, on observe le plus souvent une correspondance entre l'abandon du costume de l'enfant et le passage pubertaire. Ainsi à Plougastel, les enfants, filles et garçons, jusqu'à 4 ou 5 ans sont vêtus de manière identique [19]. Ils portent ensuite, selon leur sexe, des vêtements différents.

C'est la première communion, véritable équivalent de rite pubertaire, qui signe le passage du côté des adultes avec le costume qui les identifie.

La jeune fille non mariée ne se distingue de l'épouse que par la couleur du petit fichu d'épaule : sa place n'est plus chez les enfants ; cependant la couleur de son châle atteste qu'elle n'a ni vie sexuelle, ni situation conjugale socialement reconnues.

Chez le garçon, dans la capitale, la culotte courte, éventuellement bouffante aux genoux, ou un costume parodiant un uniforme de marin... désignent l'âge pré-pubère.

La puberté est marquée en 1900 par l'adoption du pantalon, les chaussures remplaçant les bottines, le chapeau plat ornant le chef. Vers 15 ans la parure est adulte, la pousse de la moustache marque l'avancée vers la maturité. Puis vient 1910. Depuis 1906, la mode **(w)**, c'est « Chiffons » ; c'est une mode presque exclusivement pour femmes mûres ; la publication « les Modes » également. Mais apparaissent les catalogues des « Grands Magasins » où filles et jeunes filles sont mises en image. Les petites filles voient leurs robes se raccourcir et s'arrêter au-dessus des genoux, tandis que jeunes filles puis jeunes femmes laissent leurs mollets découverts à moitié.

---

17. M.-A. DESCAMPS — *Psychologie de la mode*. PUF, Paris, 1979.
18. Bibliothèque du Musée des Arts Décoratifs de Paris — Usuels sur les costumes, La Mode.
19. M.-C. MONCHAUX — *Les enfants Bretons*. Ouest France Edition, Rennes, 1977.

Dès cette époque, et cette tendance ne fera que se confirmer en 1920, les robes des femmes adultes se raccourcissent pour se rapprocher de la longueur de celles des plus jeunes. C'est le début d'un phénomène encore actuel dans lequel ce n'est plus l'enfant qui est vêtu comme l'adulte mais l'adulte qui s'habille comme l'enfant. Ou bien l'adulte habillerait-il l'enfant de la façon dont il souhaite pouvoir lui-même se vêtir par la suite ?

En 1930 **(x)** apparaît un signe nouveau de l'abandon de l'enfance chez la jeune fille pubère : les bas. Quant aux socquettes, ce sont elles, attribut féminin de l'enfance, qui distinguent la petite fille de la femme. Seule, donc, la puberté est marquée du point de vue vestimentaire de manière nette par le port ou l'abandon de la socquette et l'on ne peut isoler un « costume d'adolescent » n'était-ce, dans certaines occasions, les Pantalons de Golf (1930) emprunt au vêtement adulte sportif, transition entre la culotte courte et le pantalon [20]. Les autres variations, en particulier de longueur de robe, sont progressives, du milieu de la cuisse au sortir du berceau jusqu'au-dessous du genou.

Il est amusant d'observer les costumes **(y)** de bain « Le Deauville » « pour hommes, dames, enfants » dont le modèle est identique quels que soient l'âge et le sexe... [21] Mais cet habillement demeure marginal. La culotte courte est portée tardivement, souvent même longtemps après la puberté. Ph. Ariès parle de la fin de la classe de seconde voire de la fin du cycle scolaire secondaire jusqu'en 1900-1920 [22].

Le costume jusqu'en 1930 opère plus une discrimination entre les catégories sociales qu'entre les classes d'âge.

Jusqu'à la seconde guerre mondiale **(z)**, pour la fille c'est l'abandon des socquettes vers 12-13 ans qui signale le début de la période pubertaire, ses vêtements se confondent ensuite avec ceux de sa mère. Le passage de la culotte courte au pantalon pour le garçon a la même valeur de repère pubertaire [23]. En milieu rural, la disparition des costumes régionaux, différents que l'on soit enfant, en âge de mariage ou adulte, a laissé place aux vêtements portés par tous en toutes provinces. La fin des coiffes en Bresse, par exemple [24], derniers vestiges qui identifiaient à coup sûr l'origine géographique, la mariée, la jeune fille, la fillette, la femme âgée, est contemporaine des années 1940 : ici comme ailleurs ce sont les jeunes qui les abandonneront avant les adultes ; les vieilles femmes les porteront les dernières.

De l'après-guerre jusqu'en 1966 les robes se raccourcissent de plus en plus, le côté provocateur et émancipé du vêtement accompagnant

---

20. J. Th. MAERTENS — *Dans la peau des autres*. Aubier Montaigne, Paris, 1978.
21. Bibliothèque du Musée des Arts Décoratifs de Paris — Usuels sur les costumes, La Mode.
22. Ph. ARIES — Op. Cit.
23. LION — *Mode vestimentaire et psychologie des peuples*. Revue de Psychologie des Peuples, 20è année, n° 3.
24. Madame DELAGE. *Les coiffes de France*. Bibliothèque du travail, n° 65, Institut Coopératif de l'Ecole Moderne, Cannes, 15 février 1949.

le mouvement d'évolution de la culture et des mœurs jusqu'en 1968. C'est alors l'ère du jean, longtemps appelé blue-jean et qui doit son nom au pantalon de travail d'un tissu et d'une couleur particuliers porté d'abord à Gênes puis aux U.S.A. par les dockers autant que par les héros de western [25]. Vêtement d'adultes au travail puis, costume pour «jeunes», il est de nouveau porté par bon nombre d'adultes... entraînant quels que soient l'âge et la condition, une nouvelle similitude de costume.

Cette nouvelle indifférenciation du vêtement de l'enfance à l'âge adulte succèderait donc à une brève période durant laquelle un aspect correspondait à chaque âge. Cette période de la seconde guerre mondiale au début des années 70, correspond à l'apogée et à la sénescence du phénomène «adolescence». L'évolution du rôle du costume est, à ce point de notre propos, éminemment révélatrice. On passe en effet d'une fonction esthétique et signifiante, qui distinguait les appartenances sociales, culturelles et sexuelles, à une autre plus pratique et convenue pour chaque âge.

Enfin, à l'époque contemporaine, les distinctions fonctionnelles s'effacent devant une apparente homogénéité. Mais le «blue jean-blouson-tennis» qui rallie les 3 à 80 ans, classe, sexe, génération, continent, culture confondus, ne fait que mieux cacher, avec une subtile discrétion, les nuances qui déterminent à coup sûr les disparités. D'autres signes parlent, à la place de l'habit commun: la manière de le porter, négligé ou apprêté, long ou court, large ou trop étroit, les chaussures qu'on lui adjoint, la coiffure, les accessoires qui s'y posent... Le regard du voisin en âge, catégorie sociale, sexe ne s'y trompera pas.

Les vêtements d'adultes d'autres époques et d'autres usages (militaire, de travail...) resurgissent des greniers et de chez les fripiers comme un rappel de l'histoire, mais détournée de son sens initial. La transgression s'y pose en taches, trous, superposition d'incompatibilités réputées en couleurs, textures et formes. La jeunesse y trouve matière à marquer sa différence dans le semblable [26], et à affirmer là une identité provisoire dont la filiation est cependant manifeste. L'enjeu principal est celui de la récupération: récupération de vêtements — hors commerce, hors mode, hors sexe, hors d'état — par les pubères; vêtements qu'ils pensent choisis par eux. En fait, défroques oubliées par les anciens, vite recréées, fabriquées et offertes à la consommation des utilisateurs utilisés. Récupération par les adultes des «inventions» vestimentaires juvéniles pour développer leurs marchés industriels et commerciaux; ils pensent de la sorte les parer d'un costume qui les place dans cette société de consommation qu'ils refusent. Ils ne voient pas qu'ainsi ils les habillent des regrets, nostalgies, histoires désuètes et souvenirs qu'ils pensaient enfouis dans les greniers de la mémoire et qui leur reviennent sous les yeux.

---

25. J. LAURENT — *«Le sexe des jeans». «Elle»*, 23 novembre 1981.
26. M.-A. DESCAMPS. Op. Cit.

(a)

(b)

(d)

(c)

(c) Paolo Uccello. Détail du Miracle de la profanation de l'hostie. Galerie nazionale delle Marche, Urbino.

(g)

(e)

(f)

(h)

(i)

(l)

(j)

EN COURROUX.
A Monsieur
de Damery,
Chevalier de l'Ordre Royal
et Militaire de St Louis
(k)

(m)

(

(

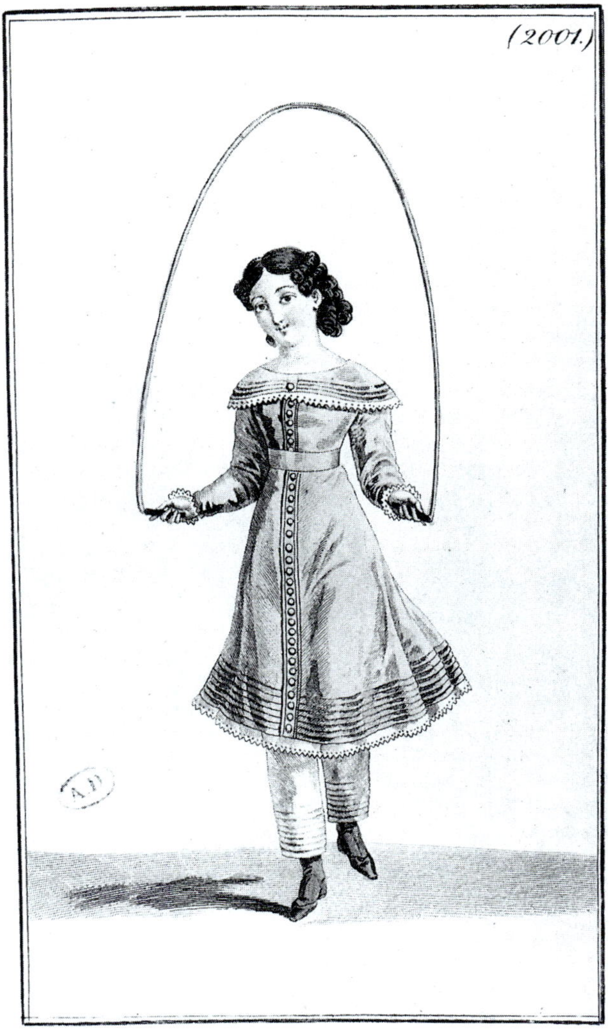

(p)

(q) Planches de mode pour
le Theaterzeitung, 1831.

(q)

(r)

(s)

(t)

v) « neuf ans et coquette déjà. »

« Onze ans, gentille demoiselle. »

« Douze ans, la jeune fille se révèle. »

« Quatorze ans, elle est à croquer. »

« Ma première jupe longue. »

(w)

(x)

(z)

« De 6 à 8 ans. »

« De 8 à 10 ans. »

« De 10 à 12 ans. »

« De 12 à 14 ans. »

(y)

CINQUIEME PARTIE

LA PUBERTE, UNE TRANSFORMATION NATURELLE : L'HOMO PUBIS

«Dans la marmite de son ventre est un grand secret» [1]

«... Par les lois de l'économie animale, la plus grande activité d'un organe entraîne nécessairement celle de ses vaisseaux... Le cerveau (...) attire d'abord à lui plus de sang que les autres parties... Mais ce n'est pas avant l'âge de sept ans que les saignements de nez sont les plus communs... L'époque des hémorragies nasales est une des plus importantes pour l'observateur; elle va se confondre avec celle de la puberté. On peut la considérer comme renfermée entre l'âge de sept ans et celui de quatorze... Elle se prolonge souvent jusqu'à vingt et un».

«Durant l'enfance, la tendance générale des humeurs les porte donc vers la tête. A mesure que l'enfant approche de l'adolescence, cette première direction s'affaiblit, et la poitrine devient de plus en plus le terme principal des congestions. Les relations des organes de la génération et de ceux de la poitrine ne s'expliquent point par l'anatomie; mais tous les faits de pratique les attestent. Les maladies des glandes, des aines et de celles du poumon, l'état des testicules et celui de la trachée ou du larynx, les affections de l'utérus et des mamelles, par la manière dont on les voit se produire mutuellement ou se balancer, ne permettent pas de méconnaître ces relations singulières.»

«Enfin l'expérience nous apprend qu'une plus grande chaleur pousse le sang avec plus d'abondance et de force vers le poumon; que la résorption de la semence porte dans le sang les causes indirectes d'une chaleur nouvelle; que les congestions sanguines du poumon, ou les irritations locales qu'une circulation tumultueuse et gênée y produit

1. H. MICHAUX – *Qui je fus*. N.R.F./Gallimard, Paris, 1927.

quelquefois, excitent directement les organes de la génération, donnent un penchant plus vif pour les plaisirs vénériens».

«C'est ici l'un de ces nombreux exemples que l'économie animale présente, et dans lesquels on voit les phénomènes s'entrelacer, en quelque sorte, et devenir tour à tour effet et cause, sans qu'il soit possible de démêler celui dont un ou plusieurs autres ne sont que la conséquence. Voilà ce qui fait dire à Hippocrate que «la vie est un cercle où l'on ne peut trouver ni commencement ni fin: car — ajoute-t-il — dans un cercle tous les points de la circonférence peuvent être fin ou commencement.»

«Les circonstances physiques particulières à l'adolescence sont donc naturellement enchaînées entre elles... Il est évident que l'adolescence introduit dans le système une série nouvelle de mouvements... L'adolescence, en faisant refluer dans le sang un nouveau principe extrêmement actif, augmente beaucoup encore les qualités stimulantes de ce fluide».

«La fin de cette époque n'est, en quelque sorte, que le passage de l'adolescence à la jeunesse; où la jeunesse n'est que le complément de l'adolescence. On pourrait se dispenser de les séparer par des distinctions absolues; elles ne sont séparées dans la nature que par des nuances. Cependant les anciens médecins avaient observé que vers l'âge de vingt et un ans il se fait une troisième révolution, qui termine quelques maladies des âges précédents... C'est vers trente-cinq ans qu'il faut placer le passage de la jeunesse à l'âge mûr. Cette époque est celle des plus notables changements dans le physique et dans le moral de l'homme».

Ce long préambule de Cabanis [2], s'il est empreint des ignorances d'une physiologie balbutiante, illustre bien la nécessité évidente, qui s'est poursuivie au cours des temps, de cloisonner en étapes un processus en réalité continu. La référence à Hippocrate témoigne cependant de la reconnaissance de l'unité du phénomène vital, et de la difficulté à préciser formellement le commencement et le terme des transformations que l'homme laisse à montrer.

La tendance actuelle de certains, de tenter d'enfermer le mouvement pubertaire dans une définition restrictive, avec un début, une fin, une durée et des signes, doit à une volonté conjoncturelle d'isoler l'ensemble «adolescence et puberté», dans laquelle la biologie cède le pas au discours établi sur un «âge adolescent». Depuis plusieurs décades, toutefois, une plus large définition est admise, sur la base de travaux ouverts sur l'interrogation. «La puberté, loin d'être une révolution, n'est que la fin d'une longue évolution et le commencement d'un état (...).

«La période pubertaire s'étend sur plusieurs années. Elle ne constitue pas un virage brusque de l'enfance à l'adolescence. En réalité il semble

2. P. J. G. CABANIS — *Rapports du Physique et du Moral de l'Homme*. A Paris, chez Béchet Jeune, 1824.

y avoir une continuité de phénomènes, avec transformation progressive de l'organisme, de telle sorte que, physiquement et psychiquement, l'adolescent conserve les caractères essentiels qui constitue son individualité.» [3]

Les sources de ce phénomène sont anciennes puisque «la période pubertaire est préparée depuis l'enfance (...) Il est impossible de parler d'apparition, à cet âge, de phénomènes sexuels; on sait que même durant l'enfance l'hormone sexuelle existe dans l'organisme et que bien avant la puberté le psychisme infantile peut être influencé par un mode spécial de la libido...» [4]

Du fœtus à l'homme achevé, qu'en est-il des temps visibles ou repérables de cette sourde évolution?

---

3. Heuyer, cité par R. DEBRE, E. LESNE, P. ROHMER — *Pathologie infantile*. Doin/Masson, Paris, 1954.
4. Ibid.

1

LA PUBERTE DE CHACUN

«Les mamelles croissent en temps de pubescence» [1]

La puberté répond à l'installation de la capacité de procréation. «La puberté n'est ni un événement ni même un avènement : l'échéance de la «maturité» n'est que la conclusion d'une «maturation» sexuelle commencée depuis longtemps et qui s'est développée sur toute une période de la vie» [2] Cette maturation dépend de l'évolution d'équilibres hormonaux. Un véritable réseau d'inter-relations hormonales est mis en jeu, régulé par des centres nerveux situés à la base du cerveau : l'hypothalamus essentiellement, qui intervient par l'intermédiaire de l'hypophyse et de ses sécrétions. L'«axe» hypothalamo-hypophysaire est déjà actif chez le fœtus. L'hormone «mâle» —la testostérone— est en effet indispensable aux parcours de différenciation des deux sexes. Après un bref temps de repos au moment de la naissance, l'activité repart pour atteindre un maximum entre 2 et 6 mois, sans incidences morphologiques. Le petit garçon produit alors «relativement presque autant de testostérone qu'un adolescent en pleine puberté.» [3] Vers 2 ans, les taux hormonaux sont très faibles et l'enfant entre dans une période dite de «quiescence». Cette période sera parfois troublée vers

1. Bern. de Gord, 1495, cité par GODEFROY. *Dictionnaire de l'ancienne langue française et de tous ses dialectes, du IXe au XVe siècle*. Paris, 1880.
2. R. et D. LAPLANE, G. LASFARGUES – *La puberté*. Que sais-je ?, P.U.F., Paris.
3. J. BERTRAND, M. FOREST – *La vie sexuelle du fœtus*. In Sciences et Avenir, Hors série n° 48, La nouvelle sexualité.

3, 4 ou 5 ans, chez la fille — et chez elle seulement— par l'apparition de signes pubertaires précoces [4].

Le « réveil » des sécrétions hormonales se produit vers 8 à 10 ans, les glandes surrénales et leurs sécrétions d'androgènes précédant la réactivation des ovaires (œstrogènes) et des testicules (testostérone), responsables du développement des organes sexuels et de l'induction des modifications morphologiques. Cette évolution rythmée fait l'objet d'un certain nombre d'hypothèses, dont celle de l'existence d'un centre « oscillateur » [5], ainsi nommé parce qu'il agirait par pulsations rythmiques, commençant à fonctionner dès avant la naissance, se ralentissant pendant quelques années pour être réactivé au moment du déclenchement de la période pubertaire. Ce déclenchement suppose un facteur initial. Une glande — peut-être la glande pinéale — jouerait le rôle d'une « horloge biologique » grâce à la sécrétion rythmique d'une hormone spécifique. [6]

La puberté entame donc sa phase patente lorsqu'un certain degré de maturation neuro-physiologique est atteint. Ce « moment », propre à chacun, paraît dépendre non seulement d'un programme génétique prédéterminé mais aussi, peut-être, de facteurs existentiels individuels —stress, activité physique, état nutritionnel— et de facteurs d'environnement, climatiques en particulier. Phénomène naturel, la puberté ne semble pas pouvoir être induite par un quelconque traitement hormonal. Tout au plus peut-on anticiper l'apparition des « caractères » sexuels apparents, dits secondaires [7], ou essayer d'agir sur la croissance. Si l'on considère, en outre, les grandes variations que l'on peut observer dans la date d'apparition des différents signes pubertaires et la corrélation très fluctuante qu'il y a entre eux, on se doit d'envisager avec circonspection les âges avancés comme « normaux » pour tel ou tel moment du développement. Ils ne sont que des moyennes, la normalité recouvrant en fait une très large plage, et ne sont valables que pour la collectivité où les données ont été recueillies.

On admet le plus souvent que les premiers signes apparents de la puberté peuvent être aperçus entre 8 et 13 ans chez la fille et entre 10 et 15 ans chez le garçon. Croissance naissante d'un ou des deux seins (« bourgeons mammaires... ») accompagnée, précédée ou suivie d'une ébauche de pilosité pubienne ; augmentation du volume des testicules. L'observation « interne » a pu faire dire qu'il existerait une forte corrélation entre ces premiers signes et un certain degré de maturation osseuse :

4. R. RAPPAPORT — *L'horloge physiologique*. In l'Ane, n° 22, Le moment de la puberté, juillet-septembre 1985.
5. Hypothèse de l'américain E. Knobil.
6. P.-C. SIZONENKO — *La puberté*. In La Recherche, Vol. 14, n° 149, novembre 1983.
7. R. RAPPAPORT. Op. Cit.

à « l'âge osseux » de 11 ans chez la fille et de 13 ans chez le garçon apparaît le premier os sésamoïde du pouce... [8]

Dès lors, les transformations pubertaires vont s'enchaîner, visibles (outre les caractères sexuels secondaires elles concernent la croissance, le développement musculaire, la répartition des graisses...) ou invisibles (évolution fonctionnelle des organes, glandes et tissus). Certaines sont communes aux deux sexes, d'autres sont propres à chacun, sous la dépendance directe de la nature masculine ou féminine de la glande sexuelle.

Clitoris, petites et grandes lèvres se développent. Sur ces dernières, qui se pigmentent, s'implantent les premiers poils. La vulve « infantile », verticale, s'oriente progressivement vers le bas, se dissimulant sous les grandes lèvres. L'aréole mammaire se pigmente, le sein s'étale et prend peu à peu, jusque vers 15 ans, son galbe définitif. Le duvet pubien devient toison frisée, triangulaire, à la limite supérieure horizontale. La pilosité des aisselles est plus tardive et précèdera souvent de quelques mois les premières règles.

Le pénis grossit et s'allonge. Les bourses s'épaississent, se pigmentent et se plissent. Les poils s'étendent à tout le pubis, en un losange qui ne sera achevé qu'après la fin de la puberté. Ils se développent sur l'ensemble du corps, selon une densité et une répartition individuelle. La pilosité des aisselles apparaît vers 15 à 16 ans.

Dans les deux sexes, ces phénomènes s'accompagnent d'une pigmentation de la peau. L'utérus s'infléchit vers l'avant et augmente de volume. La muqueuse du vagin se modifie. Les ovaires croissent. Les fonctions futures d'allaitement se mettent en place. Le volume des testicules augmente jusque vers 17 ans. La prostate et les glandes annexes se développent. La voix mue. Les glandes sébacées et sudoripares sont activées. La vitesse de croissance s'accélère, pour atteindre son maximum vers 12 à 13 ans chez la fille et vers 14 ans chez le garçon. Le squelette croît, classiquement, de façon discontinue ; les différents segments du corps ne grandissent pas simultanément, source d'une apparente et temporaire dysharmonie.

Le point de repère que constitue la première menstruation chez les filles est sujet à de grandes variations individuelles. Si la « ménarche » intervient en moyenne à 12 ans et 9 mois, elle se situe dans 90 % des cas entre 11 et 15 ans. Dans certains cas, inhabituels, elle peut même précéder le développement de la pilosité. Mais ce n'est que huit mois à deux ans plus tard que l'ovulation — et donc la mise en place de la fonction de reproduction — sera effective. Chez le garçon, la production de spermatozoïdes interviendra dans 90 % des cas entre 11 et 16 ans, le plus souvent vers 14 et 15 ans.

---

8. Petit os du carpe et du tarse, qui ressemble à une graine de sésame.

Quelques thèses font état d'un «avancement séculaire» de l'âge moyen d'apparition des premières règles. Elles s'appuient sur un certain nombre d'enquêtes et de publications, portant sur l'observation de populations européennes données, pour affirmer que depuis environ un siècle et demi cet âge moyen diminue de deux à trois mois par décennie. Toutefois, cet âge se serait stabilisé depuis 1950 entre 12 ans et demi et 13 ans et demi. L'amalgame est aisé — et d'aucuns en useront — pour confondre «puberté» avec âge d'apparition des premières règles, et il conviendra d'être attentif aux formulations proposées, en particulier lorsqu'il s'agit de références anciennes. La puberté est un processus de maturation et ne saurait être réduite à un repère, d'ailleurs sans valeur pour apprécier la possibilité de procréation.

Parler de maturation achevée relève, on le conçoit aisément, du domaine fluctuant des constats individuels, tant les données à considérer sont nombreuses (morphologiques, neurologiques, physiologiques, psychologiques...) On a pour habitude de considérer que la puberté est terminée lorsqu'est constitué «l'adulte physiologique», c'est à dire l'individu à la croissance achevée et aux capacités de reproduction effectives. Là encore, il faudra se garder de l'énoncé de chiffres moyens «réducteurs»: si l'on considère qu'au terme d'une période pubertaire de trois à quatre années, la fille atteint sa taille adulte vers 14 à 15 ans et le garçon vers 17 ans, la vérification individuelle du pouvoir de procréation est plus délicate... Et si l'on considère la maturation cérébrale comme indicateur significatif —le système nerveux dit «central» n'est-il pas le lieu supérieur de toute commande? — les indications fournies par l'anatomie, la biologie, la physiologie... et la psychologie ne nous permettent pas de dater avec précision le cerveau «adulte». L'électro-encéphalogramme — témoin de l'activité électrique cérébrale— est rarement adulte avant 19 ans et des tracés «immatures» ne sont pas rares à 25 ans...

Dans la latinité la plus haute comme dans l'Europe la plus contemporaine, un pubis qui se pare de «poils follets» ou une mamelle qui s'arrondit ont toujours désigné le même phénomène. Selon les époques et selon les cultures, on voit venir se greffer sur cette réalité des notions variables comme celle de nubilité, de droit officiel à la procréation, de majorité par exemple.

Quel rôle jouent ces facteurs sociaux surajoutés? Leur visée paraît assez claire quelle que soit l'ethnie et l'époque. Il s'agit toujours d'organiser des phénomènes naturels, de canaliser des potentialités, de contrôler de nouvelles forces vives pour les rendre conformes au fonctionnement social adulte, pour leur faire occuper une place raisonnable dans la hiérarchie sexuelle du moment. Les lois qui organisent, qui garantissent, sont le couvercle de la marmite dans laquelle bouillonnent toutes ces puissances neuves.

2

A CHACUN SA PUBERTE

Puberté écologique

Depuis bien longtemps déjà, les observateurs du développement animal et humain ont remarqué les variations qu'il subit. Ces variations n'enlèvent cependant rien au déroulement universel des étapes de la croissance du corps et de son déclin, qui conduisent de la conception à la mort, quelles que soient les espèces et la sophistication de leur organisation sociale. Il en va ainsi de la puberté, chez la daurade comme chez l'homme.

Mais au-delà de la fatalité génétique, chimique et physiologique des transformations pubertaires, il existe une zone de variations dans l'époque de leur apparition : c'est ainsi que se manifestent l'influence de l'environnement sur l'organisme humain en devenir.

L'évolution de nos conditions écologiques ne fait l'objet de travaux précis que depuis peu dans l'histoire humaine. Des données empiriques et approximatives ont souvent fourni la matière à des explications à propos de la puberté, qui s'organisaient autour d'une différence a priori entre groupes humains. Ainsi en va-t-il des pubertés précoces du Sud, et tardives du Nord ; notion que l'on veut établie et qui se trouve étroitement mêlée, plus ou moins consciemment, à celles d'un archaïsme instinctuel chez les premières et d'une évolution supérieure chez les secondes : où l'on voit le biologique être le support de projections idéologiques !

En effet, que connait-on de précis en la matière ? Si l'on se base sur les modifications expérimentalement provoquées chez l'animal en laboratoire, toutes conditions vitales habituelles réunies par ailleurs, on s'aperçoit par exemple, que l'influence de la luminosité sur les cycles biologiques est évidente. La luminosité, équivalent de nos saisons, peut déterminer pour une grande part, l'apparition ou le retard des signes pubertaires. Ainsi, ce que l'on désigne par photo-périodes, agissant sur la photosensibilité de certaines espèces de poissons, rythme et induit précisément les stades de leur développement. L'alternance des saisons chez de nombreux mammifères organise de la même manière les différentes étapes de leur vie. Les élans printaniers et les dépressions automnales en sont, chez nous autres humains, la trace encore visible ! D'autres éléments écologiques dépendent directement ou indirectement des rayons lumineux et interviennent dans la maturation de l'individu. L'alimentation, dont la production se trouve liée aux conditions climatiques, est au premier rang d'entre eux. La vitamine D synthétisée par la peau humaine ensoleillée permet l'utilisation du calcium alimentaire pour l'ossification du corps ; l'augmentation très importante de la taille moyenne au Japon en l'espace de deux générations n'est-elle pas en grande partie liée aux changements d'habitudes alimentaires en provenance des U.S.A. ?

Déjà Buffon, en 1749, évoquait dans son Histoire Naturelle, l'influence de l'état nutritionnel sur le phénomène pubertaire [1]. Les exemples de retards pubertaires pour cause de malnutrition ne manquent pas, que celle-ci soit due à une maladie dont elle est la conséquence ou à un état de pénurie alimentaire chronique. Certains chercheurs auraient « découvert » « que l'âge d'apparition des règles est en corrélation plus étroite avec le poids qu'avec la taille, l'âge légal ou le stade pubertaire et ils ont déterminé un poids critique de 47,8 ±0,51 kg pour l'apparition des premières règles. » [2]

Dans le même ordre d'idée, on a pu observer que dans des situations de pratique intense de sport, « les données actuelles semblent montrer un ralentissement voire un blocage du développement pubertaire chez les sportifs de compétition, et on note souvent une disparition des règles chez les jeunes filles ». Une enquête faite au championnat européen de gymnastique à Lyon en 1980 a mis en évidence que : « certains athlètes avaient un retard de croissance et un retard de puberté de parfois trois à quatre ans ». [3]

Les effets du climat, très souvent évoqués à propos de l'apparition des transformations de la puberté, sont non seulement minimisés par la plupart des chercheurs actuels, mais encore niés par certains des plus sérieux ; la carence en aliments leur semblant être l'élément dominant dans ces régions par ailleurs climatiquement chaudes. D'autres,

1. « L'âge de la puberté diffère chez les peuples et semble dépendre de la température du climat et de la qualité de la nourriture ; dans les villes et parmi les gens aisés, les enfants accoutumés à de la nourriture succulente et abondante arrivent à l'état pubertaire plus tôt, tandis que dans les campagnes, les enfants issus de milieux pauvres entrent en puberté deux à trois ans plus tard parce qu'ils sont mal nourris et sont plus petits ». *La Recherche*. vol. 14, n° 149, novembre 1983.
2. R.V. SHORT, « L'évolution de la reproduction humaine ». in *Le Fait Féminin*, Fayard, Paris, 1978.
3. P. C. SIZONENKO, In *La Recherche*, op. Cit.

cependant, se sont intéressés à l'influence de l'altitude: une «étude faite au Sri-lanka, dans le cadre de l'O.M.S., chez des filles de même origine ethnique, a montré qu'à Colombo même, les premières règles surviennent à l'âge moyen de 13 ans et demi alors qu'à 50 km de là, dans une région rurale et située en altitude, elles ne surviennent qu'à 14 ans et 5 mois.» [4]

Quoiqu'il en soit de la participation écologique au rythme de la croissance humaine, elle ne peut, en ce qui concerne le déclenchement des signes pubertaires, qu'en avancer ou en différer la date dans une marge de variation réduite. Cette marge que l'on s'accorde à situer entre 10 et 14 ans voire 17 ans [5] chez la fille et 12 à 16 ans voire 18 ans [6] chez le garçon traduit les effets individuels de facteurs environnementaux, conjugués aux bases génétiques innées. Ces facteurs ne sont envisagés et étudiés de manière rigoureuse que depuis peu [7]. Mais la prudence en ce domaine n'a pas toujours été la règle et l'on a vu certains expérimentateurs les citer à l'appui de thèses sur une conjecturale précocité pubertaire récemment acquise dans notre histoire; arguant indifféremment de l'évolution des conditions de vie ou du réchauffement du globe terrestre.

Les hypothèses ne manquent pas qui la justifient!

Or, s'il est évident que pour chaque être humain les signes pubertaires sont pour une part prédéterminés dans leur âge d'apparition, et pour une autre soumis, dans une certaine mesure, à l'influence du milieu et principalement aux conditions alimentaires, tout permet de penser que globalement, à toute époque et dans toutes les régions du monde, l'âge moyen en est constant. [8]

Puberté psycho-sociale

Force est de reconnaître qu'il s'agit là d'un domaine hypothétique, aux contours grossièrement tracés par l'éthologie animale. Cependant, parallèlement aux facteurs écologiques et à ceux prédéterminés par les lois de la génétique, la vie familiale et l'organisation sociale paraissent pouvoir peser sur le temps nécessaire à la maturation de l'organisme infantile. Leur rôle est probablement d'autant plus grand que l'on est en présence d'un système socio-familial stable, constitué autour d'un axe visant la transmission, répétitive d'une génération à l'autre, d'un code univoque. Lorsque ce code sert principalement à réglementer l'accès à la sexualité et à la hiérarchie sociale dans le groupe, et à permettre que les apprentissages nécessaires à la vie locale perdurent, son influence est alors nette sur le déclenchement des transformations

4. Ibid.
5. P. ROYER, In *Le Fait Féminin*, Op. Cit.
6. Certains d'entre eux ont un rôle bien établi par les expériences réalisées chez l'animal.
7. A quelques exceptions près, tels les pygmées, toujours pubères vers 18 années.
8. Cf. le chapitre «Une affaire d'animaux».

pubertaires. Leur apparition est en effet dans ces situations l'événement biologique ouvrant les portes de la société des adultes et des compétitions qui s'y déroulent.

Chez les mammifères [9] quelques expériences mettent en évidence l'effet de certains événements. En premier lieu, l'absence ou la présence des parents — c'est à dire les petits grandissant séparés de leurs parents ou avec eux — influent sur le temps de la croissance. Fait qui rejoint les théories de l'« attachement » chez les éthologistes [10], théories étendues au petit de l'homme par des praticiens, tel le Docteur T. Brazelton, pour lesquels la condition pour qu'un « détachement » correct puisse s'opérer est que la qualité de l'« attachement » ait été suffisamment bonne ; la bonne base permettant le bon départ.

En second lieu, l'histoire personnelle de la mère avant même la conception de l'enfant. Il est montré à cet égard, que les perturbations importantes comme les stress qui affectent la mère chez les microcèbes avant qu'elle ne procrée, vont avoir des effets notables sur la maturation du jeune, et en particulier sur la date d'apparition des transformations pubertaires, retardées par rapport à celles de ses congénères ! A l'opposé, la naissance d'un autre petit accélère le processus et rend adulte plus tôt. Evoquons en effet à nouveau, le rôle joué par la présence d'un jeune du sexe opposé dans l'apparition de ces signes. Lors des situations d'élevage isolé, on constate un retard manifeste et le seul reflet du sujet dans un miroir est de nature à la stimuler !

Quel que soit l'intérêt de ces expériences chez l'animal, la complexité et le degré d'évolution et de diversité de notre société humaine, en rend bien entendu les enseignements relatifs [11]. Cependant chez l'homme, les exemples de développements pubertaires bloqués pour des raisons psychologiques, affectives, relationnelles illustrent cette soumission possible du biologique [12]. La puberté ayant pour finalité la constitution d'un organisme mature aux exigences pulsionnelles adultes peut avoir quelques raisons d'être bloquée. Il s'agit en particulier des situations où les craintes d'une rivalité trop grande ou de l'émergence d'une culpabilité trop intense ou encore d'un risque de transgression d'interdits forts, en rendent la proximité inquiétante. Ainsi en est-il dans l'anorexie mentale quand la jeune fille, dès les premières manifestations pubertaires, bloque la poursuite d'une maturation qui l'amènerait à l'état de femme. Les « nanismes affectifs » ou « psycho-sociaux » en sont

---

9. On peut lire à ce sujet : « Le colloque sur l'attachement », organisé par R. ZAZZO. *Textes de base en psychologie*, Delachaux et Niestlé, Neuchatel, Paris, 1983.

10. Relatifs ou contradictoires... une équipe de chercheurs hollandais ayant, par exemple, tenté de démontrer que « les premières règles apparaissent plus tôt dans les familles dont le nombre d'enfants est restreint ». P. C. SIZONENKO in *La Recherche*, op. Cit.

11. Preuve historique, a contrario, « l'effet désinhibiteur » de la raison d'Etat, chez Louis XIII dont le journal d'Héroard nous apprend qu'à 14 ans et 3 mois il honora par deux fois la reine au soir de leurs noces.
Extrait du « journal » de J. HEROARD sur l'enfance et la jeunesse de Louis XIII in *Nouvelle Revue de Psychanalyse*, n° 19, L'enfant. Gallimard, Paris, 1979.

12. P. ROYER, in *Le Fait Féminin*, op. Cit.

une autre illustration. Bien décrits [13] et connus à présent, il s'avère que la séparation d'avec le milieu familial permet souvent à la croissance de reprendre son cours.

Ainsi, comme il est fréquent de le constater dans l'espèce humaine, ce sont les situations marginales, les ratages, voire les avatars pathologiques qui nous rappellent la modestie qui doit être la nôtre, y compris dans l'interprétation d'un phénomène aussi prédéterminé et naturel que peut l'être la puberté. Cependant, mis à part ces cas extrêmes, les effets sur l'âge de l'apparition des signes pubertaires de l'évolution familiale, du niveau socio-économique, des progrès des soins médicaux, des stimulations sociales et des transplantations de populations, toutes conditions nouvelles depuis un siècle, sont attestés par de nombreuses études [14]. Ces données n'affectent que des situations individuelles et locales ou régionales. Elles modifient alors au fil du temps les moyennes d'âge pubertaire dans une marge étroite de variations potentielles universellement partagée.

Quand la psychologie s'en empare

Réalité biologique recouvrant une période à la chronologie variable, la puberté a offert la plus grande résistance à l'interprétation scientifique de la psychologie et de la psychanalyse. Ce n'est pourtant pas faute d'avoir essayé de la faire entrer dans les cadres rassurants d'un discours psychologique bien construit.

Déjà, bien avant les écoles psychanalytiques, Rousseau avait, à sa façon, interprété « ce moment critique » : « Nous naissons, pour ainsi dire, en deux fois : l'une pour exister et l'autre pour vivre : l'une pour l'espèce et l'autre pour le sexe (...). Comme le mugissement de la mer précède de loin la tempête, cette orageuse évolution s'annonce par le murmure des passions naissantes : une fermentation sourde avertit de l'approche du danger ». [15] La crise pubertaire est un danger, qu'il faut diluer pour accéder à l'« âge du raisonnement », par des moyens aussi différents que l'amitié, l'altruisme, la foi, ou encore la connaissance de l'histoire et le respect des animaux... Ce passage de la tendresse de l'enfant à la sensualité de l'adulte, que Sigmund Freud a décrit comme « le percement d'un tunnel entrepris par les deux côtés » [16], ne serait — selon la théorie de l'analyste viennois — qu'une étape parmi d'autres d'un même parcours, le développement psycho-affectif de l'individu ; « croissance psychologique » parallèle, à des variations de vitesse près, à la croissance physiologique, ce qui donne au mot latin « adulescens » — celui qui est en train de croître — une amplitude inattendue, de la

---

13. *La Recherche*. vol. 14, nº 149, novembre 1983.
14. P. ROYER, R. ZAZZO, in *Le Fait Féminin*, op. Cit.
15. J. J. ROUSSEAU — *L'Emile*. Livre IV. La Pléiade, Gallimard, Paris.
16. Cité par C. LEGER — « Une invention ». *L'Ane*, nº 22, juillet-septembre 1985.

conception à l'homme reconnu comme adulte. En d'autres termes le fœtus est déjà un *adulescens*...

«... Tout est joué à la prime enfance selon l'explication rétro-active du rigoureux cadrage OAP (oral, anal, phallique) du système CRF (conflit, régression, fixation) — le discours ségrégatif de la science est en marche — ...» [17] La réalité biologique d'une sexualité génitale possible réveillerait des «pulsions» sexuelles qui auraient vu déferler leurs premières vagues dans l'enfance ; vagues du «stade» dit génital, brisées à la «période de latence». L'homme grandissant serait ainsi la proie d'un jeu fait de successives dualités : condamnation-ouverture, interdit-autorisation, fantasme-possibilité, fantasme-impossibilité... le passage du fantasme de la jouissance à la réalité de la jouissance devient l'enjeu de cette «très remarquable histoire du développement de la vie amoureuse». [18]

La puberté est ramenée au rang de symptôme. Symptôme douloureux puisque fait de luttes, de batailles, inscrites dans ce que d'aucuns appellent «la crise de l'adolescence» : lutte contre la relance des pulsions et fantasmes infantiles ; bataille pour l'identification aux idéaux de son sexe. La puberté apparaîtrait ainsi comme «le traumatisme sexuel» par excellence, qui, pour Freud, donne enfin sens au «sexuel», et pour Lacan fait «trou dans le réel». L'angoisse née de ce traumatisme expliquerait pour part l'idéal d'inaccessibilité des héros romanesques de l'amour romantique, et plus simplement la mysogynie et les effusions viriles du jeune garçon, le dégout de la sexualité et le mythe de l'androgyne de la jeune fille. Partant, Freud attachera une importance croissante à la puberté dans la genèse des perversions. «En ce sens les amours des adolescents, loin d'être structurés comme des romans qui peuvent en fournir la matière imaginaire, sont effectivement dramatiques. Ils vérifient la malédiction qui pèse sur le sexe et qu'illustre le combat du sujet avec son destin anatomique». [19]

A cette approche d'une «puberté psychologique» succéda la démarche de définition d'une «puberté intellectuelle» par Piaget, «ravalement pédo-psychanalytique avoué». [20] Piaget s'est efforcé de décrire le fonctionnement cognitif de l'enfant et son évolution, tant à partir de l'observation directe que de situations expérimentales. Cette évolution vise à l'adaptation de l'individu à son milieu, état d'équilibre dont la recherche est caractéristique de tout être vivant. Maturation neurologique, expérience acquise et interactions sociales concourent à une construction progressive, autorégulation «telle que chaque innovation ne devient possible qu'en fonction de la précédente.» [21] Ainsi peuvent

---

17. J. ADAM — «La crise-réservoir». *L'Ane*, n° 22, juillet-septembre 1985.
18. S. Freud, cité par S. COTTET — «Puberté catastrophe», *L'Ane*, n° 22, juillet-septembre 1985.
19. S. COTTET. Op. Cit.
20. J. ADAM. Op. Cit.
21. J. Piaget, cité par J. DE AJURIAGUERRA et D. MARCELLI — *Psychopathologie de l'enfant*, MASSON, Paris, 1982.

être définis plusieurs paliers ou «stades» dans l'évolution génétique de l'enfant: où l'on retrouve un modèle qui de Cabanis à Freud — et à leurs héritiers— a fait — et fera — la fortune des utilisateurs cartésiens d'un système classificatoire rassurant. L'enfant entrerait, à partir de 11 à 12 ans, dans une «période des opérations formelles» (succédant à une «période des opérations concrètes»), lui permettant d'accéder, à partir d'énoncés verbaux et d'une logique nouvelle, à un raisonnement par hypothèse et déduction. [22] Au terme de cette étape — vers 16 ans — le jeune serait en état «intellectuel» de s'insérer dans le monde des adultes, capable qu'il est de se détacher du concret pour contempler l'abstrait et le possible.

Quelques psychologues soutiennent cependant, qu'au delà du stade du raisonnement formel, la connaissance continue de changer, probablement durant tout le cycle de la vie humaine. [23] Où situer la maturité et pourquoi, précisément, vouloir la correler avec la puberté ? Buffon n'affirmait-il pas déjà que «la puberté accompagne l'adolescence et précède la jeunesse» ? [24]

---

22. A titre d'exemple —donné par D. MARCELLI et A. BRACONNIER *Psychopathologie de l'adolescent,* Masson, Paris, 1983 — Au stade concret, l'enfant comprend que 2/4 est plus grand que 1/4 parce qu'il n'a à comparer que 1 et 2, mais c'est seulement au stade formel qu'il comprend l'égalité 1/3 et 2/6 parce qu'il peut établir un rapport entre la comparaison des numérateurs d'une part et la comparaison des dénominateurs d'autre part.
23. Baltes et Labouvie (1973), Riegel (1975), Schaie (1970). Cités par G. LUTTE — *Supprimer l'adolescence. Essai sur la condition des jeunes.* Les Editions Ouvrières, Paris/ Vie Ouvrière, Bruxelles, 1982.
24. BUFFON — *De l'Homme.*

3

AU MEME AGE, EN TOUS TEMPS

Pour en finir avec une vieille puberté

Il y a un peu plus d'un siècle apparaît en Norvège l'une des premières études portant sur l'âge de début de la puberté. Cette étude, à partir d'un groupe de jeunes filles réduit en nombre, établit à un âge moyen de 17 ans l'apparition des premières règles. Ces chiffres nouveaux satisfont à l'évidence la vieille Europe qui les adopte sans réserve, oublieuse de toutes les données antérieures qui s'y opposent formellement. Ils permettent en effet, grâce à un début prétendument tardif, de limiter la période de l'adolescence, phénomène de société alors à ses prémisses.

Aujourd'hui, il est établi que l'âge de début des signes pubertaires est en moyenne de 12 ans ½ chez la jeune fille et de 14 ans chez le garçon ; cette moyenne signifie de manière reconnue qu'ils peuvent survenir deux ans plus tôt ou plus tard pour chacun des sexes. Nos contemporains donc, face à un décalage de l'âge moyen de la puberté de cinq années en un siècle, décalage posé comme indubitable, ne pouvaient qu'en déduire une théorie nécessaire de rajeunissement pubertaire.

Cette théorie, pour être défendue justifiait que l'on fit appel à des systèmes explicatifs variés. Ainsi en est-il des arguments « scientifiques » tels que le réchauffement planétaire, le changement des conditions de vie, l'augmentation de la pratique sportive, la notion de poids critique nécessaire au déclenchement pubertaire... Tous arguments soutenus par les uns, discutés, voire niés par les autres.

Chaque constat local donne alors lieu à des déductions généralisées. Cet œcuménisme européen à propos de l'âge pubertaire et de son évolution au fil du siècle aurait cependant dû être ébranlé par les premières études statistiques sérieuses en provenance des U.S.A. dans les années 1900, qui situaient cet âge chez la fille aux alentours de 14 ans ; mais rien n'y fit, l'idée reçue était installée et les chiffres mondiaux se rejoignant autour des moyennes actuellement acceptées, permettaient l'oubli de cet étrange décalage historique initial et de la critique nécessaire à lui apporter a posteriori.

Car en fait qu'en est-il ?

Tout au long de l'histoire, la plupart des sociétés, faute de pouvoir maîtriser le déclenchement des signes pubertaires, ont cherché à y superposer les marques culturelles, sociales voire juridiques d'un passage : ainsi pour la puberté dans la Rome antique ; ainsi encore pour ces cérémonies rituelles célébrant les premières règles. D'autres ont introduit un délai entre la puberté biologique et l'accès à un statut d'adulte. Mais jamais avant la deuxième moitié du XIXè siècle, époque d'émergence du phénomène-adolescence, on n'avait vu une tentative pour décaler la puberté afin de la rapprocher des exigences sociales et de diminuer un âge intermédiaire nouvellement gênant.

Or, que l'on se réfère à l'usage du mot, aux limites juridiques, aux observations des médecins, aux évocations littéraires ou autobiographiques durant les siècles passés, la constance de l'âge moyen d'apparition des signes pubertaires est remarquable. La diversité même des origines de ces données, traduisant chacune le regard d'une époque, comparée au caractère partiel de statistiques au sérieux scientifique quelque peu douteux, rend l'hypothèse d'une constance pubertaire encore plus forte.

Autopsie d'une idée reçue

L'idée reçue d'une puberté tardive au milieu du XIXè siècle a servi et sert encore. La naissance de cette idée, on l'a vu, semble être contemporaine de celle du concept d'adolescence. A la fin de l'Ancien Régime, en effet, apparaît un décalage entre l'âge de la puberté physiologique et celui d'une « majorité naturelle » qui sera fixée à 15 ans pour la jeune fille et 18 ans pour le jeune homme [1]. Sur une base d'âge, constante jusqu'alors tout au long de l'histoire, surgit une tentative isolée qui rêve de soumettre la nature.

L'artifice du Code Civil de 1804, qui revient à un modèle romain antique de correspondance entre puberté, nubilité et majorité, consiste à hausser brutalement l'âge de la nuptialité de 2 et 3 ans, rompant avec les données établies de l'époque ; il va ainsi influencer durablement et profondément les esprits jusqu'à la recherche et la production de « preuves scientifiques » destinées à étayer le modèle nouveau de représentation des âges. Ces preuves, lorsqu'elles ne sont pas conformes à la théorie du moment, sont alors prises pour des accidents.

---

1. Cf. le chapitre « Des Mots Animés ».

Tout ceci est facilité par le fait que, pour déterminer l'entrée dans la puberté de la jeune fille par exemple, on utilise une variable imprécise, à savoir l'âge des premières règles. Or, étant donnés les différents signes visibles ou moins visibles qui constituent la puberté, une marge de variations importante peut être établie selon le critère utilisé pour en définir le début. Ainsi [2] peut-on privilégier la pilosité pubienne (signe étymologique de la puberté), les premières règles (manifestation visible d'un utérus en formation), le développement des seins (bien antérieur aux premières règles, souvent de 2 à 3 ans), l'ovulation (qui peut survenir plusieurs années après les premières règles)... C'est dire les possibilités qui s'offrent pour faire parler les chiffres.

Il sera dès lors possible de faire comme si le biologique suivait l'idéologique et ses impératifs du moment. Le temps est venu de l'inflation du concept d'adolescence, et avec lui se développent dans les décennies suivantes, tout au long du XIXè siècle, nombre d'études sur l'âge naturel tardif de la puberté [3]. L'apport de justifications « naturelles » coïncide avec la construction artificielle : elles paraissent suffisamment éloquentes et nombreuses pour être incontestées malgré d'autres travaux, au début du XXè siècle, aux conclusions plus nuancées. Mais il est trop tard, et la systématisation des études rétrospectives qui voit le jour dans les années 60, à une époque où l'ampleur que prend ce phénomène atteint son paroxysme, entérinera le passé, renforçant ainsi la théorie d'une précocité pubertaire nouvelle [4]. Et ce ne sont pas les quelques voix [5] qui tentent de rendre cette « évidence » moins nette, en posant notamment la question des échantillons sélectionnés, de leur niveau socio-économique, et donc de la qualité de leur alimentation — dont on connaît par ailleurs les effets sur l'âge de la puberté — qui en affaibliront la portée.

C'est ainsi que la période d'apparition des signes pubertaires, n'offrant pas une élasticité d'interprétation suffisante pour répondre aux besoins d'une société accélérant ses mutations, laissera progressivement la place à la notion d'adolescence, concept totalement malléable, mieux à même de varier au gré des nécessités du temps.

Autour du mot et de cette partie du corps — le pubis — sémantique et quotidien ont collé à la réalité du phénomène. Mais c'est ce phénomène, somme toute de transformation naturelle de l'organisme humain, que les sociétés ont tendu de tous temps à circonscrire dans des périodes

2. R. V. SHORT, in *Le Fait Féminin*, op. Cit.
3. Correspondant fort à propos à la nécessité nouvelle en Europe de retarder l'accès au monde adulte.
G. WYSHAK et R. E. FRISCH, N. Engl. J. Med., 106, 1034, 1982. Cités par *La Recherche*, vol. 14, n° 149, novembre 1983.
4. Le défenseur le plus convaincu de cette évolution est J. M. Tanner — *Growth at adolescence*, Blackwell, Oxford, 2è éd., 1962.
5. Ainsi J. E. Brudevoll — « Menarcheal age in Oslo during the last 140 years. *Annals of human biology*, vol. 6, n° 5, 1979.

— récemment nommées « adolescence » — de durée fort variable. Périodes dont le terme, voire l'existence même, seront au cours des siècles et selon les besoins contingents artificiellement promulgués.

SIXIEME PARTIE

L'ADOLESCENCE : UN ARTIFICE

Etude au fil du temps des fonctions du phénomène « adolescence »

1

PRIMAE ADULESCENTIAE NATIVITAS

Jeunes antiques au quotidien

Sparte, 395 avant Jésus-Christ [1]

Prestigieuse et rayonnante depuis ses origines, la « Cité des Egaux » amorce à partir de 550 une politique de repliement sur elle-même. Après un long printemps qui vit s'y épanouir la musique, la danse et la poésie — Alcman [2] n'en fit-il pas sa patrie d'élection ? — après plus de trois siècles de pratique sportive menée jusqu'au plus haut niveau — les athlètes spartiates ne furent-ils pas les plus nombreux et les plus valeureux aux Jeux Olympiques ? [3] — Sparte change de visage. La constitution édictée par Lycurge [4], son fondateur semi-mythique est appliquée dans sa ligne la plus âpre. Basée sur le double principe de l'égalitarisme et d'une subordination totale de l'individu à l'Etat elle nécessite pour tous les citoyens une éducation qui suscita au fil des temps des controverses passionnées.

En cette année 395, Cléomène a 12 ans. Les lois le considèrent

---

1. Toutes les dates contenues dans ce chapitre se situent avant Jésus-Christ.
2. Poète originaire d'Asie Mineure, Alcman vient s'établir à Sparte en 600 av. J.C. Ses poèmes sont écrits en dialecte dorien et il excelle dans le genre des chœurs de jeunes filles. A l'époque archaïque, la poésie, la danse et la musique sont le divertissement de la jeunesse et un aspect important de la vie religieuse et politique.
3. Sparte est fondée au IXè siècle avant J.C. par les Doriens. Les premiers jeux sont organisés à Olympie en 776. En 632 sont instituées les épreuves de course à pied et de lutte pour les enfants.
Jusqu'aux environs de 550, durant la trêve sacrée des jeux, les Spartiates se taillèrent en victoires la part du lion.
4. 700 av. J.C.

désormais comme «un garçon pleinement fait» [5]. Il quitte définitivement le foyer paternel pour l'internat — caserne qui l'abritera, même s'il se marie, jusqu'à 30 ans révolus.

A sa naissance, Cléomène fut présenté sur la Lesché [6] à une commission d'Anciens. Comme il leur parut beau, fort et vigoureux, on décida qu'il serait, non pas jeté au dépotoir [7], mais sustenté et admis dans la collectivité. On le confia à des nourrices qui, ne l'emmaillotant point, se chargèrent de son bon dressage [8].

A 7 ans, il quitta leurs mains pour être remis entre celles de l'Etat, seul responsable de son éducation. Il rejoignit ceux de sa classe dans le premier d'une longue série de degrés [9] placée sous l'autorité d'un magistrat spécialement chargé de l'Education Nationale.

Au cours des quatre premières années de son embrigadement, il ne fut pas encore interne et se trouva soumis à une discipline moins sévère que celle qu'il va désormais connaître. A 12 ans, il se considère comme un petit soldat et se livre avec zèle aux exercices d'instruction militaire. Ses éducateurs cherchent à développer en lui la résistance à la douleur au moyen d'un régime de vie très dur, parfois barbare. Pieds nus, la tête rasée, mal vêtu, il couche sur une litière en roseaux de l'Eurotas [10]. Pour lui tremper le caractère, comme il est mal nourri, on l'incite à voler sa subsistance et il est châtié s'il se fait prendre. Les fêtes données en l'honneur des dieux protecteurs de la cité sont l'occasion de concours et de joutes dans lesquels l'esprit de concurrence est parfois porté au paroxysme de la violence. Le sanctuaire d'Artémis Orthia est le lieu devant lequel il aura le plus à révéler sa bravoure, au cours notamment de bagarres organisées entre bandes de garçons [11]. Si la formation physique occupe la première place dans l'emploi de son temps et de son énergie, Cléomène ne demeurera pas totalement illettré cependant. S'adonnant au chant choral et à la musique militaire — seule forme

5. Traduction de πρατοπαμπαις proposée par H.I. MARROU. *Histoire de l'Antiquité.* 7ème ed. Seuil, Paris, 1965.
6. [Lεsκε] (A.P.I.) Dans une ville grecque, la Lesché est le lieu de réunion et de conversation.
7. Les enfants malformés, ou simplement malingres, devaient être jetés dans les ravins du mont Taygête, au fond de la gorge qui se nommait Apothètes.
8. Les Laconiennes avaient acquis une solide renommée de nourrices dans tout le monde grec, et à Athènes, on se disputait leurs services.
9. MARROU propose un tableau très détaillé de treize années groupées en trois cycles: de la 8è à la 11è année, 4 ans de «petit-gars»; de la 12è à la 15è, 4 ans de «garçon» au sens plein; de la 16è à la 20è, 5 ans d'«irénie».
10. L'Eurotas est la rivière qui aboutit au fond du golfe de Laconie.
11. En 395, les fêtes données au sanctuaire d'Artémis ne sont pas encore ce qu'elles deviendront, notamment à l'époque romaine, une cérémonie tragique pour laquelle le «touriste» accourait et où l'on flagellait, parfois jusqu'à la mort, des garçons qui, rivalisant d'endurance, subissaient sans un cri ce rite de passage.
Il y a eu beaucoup de conjectures sur le sens à donner à ces flagellations publiques de jeunes pubères. Outre qu'elles font parties, à Sparte comme dans beaucoup d'ethnies primitives, d'un rite d'initiation à la douleur, à l'endurance, à la force virile, il semble qu'elles aient eu aussi pour finalité inavouée de provoquer les premières éjaculations.

de musique désormais tolérée — il se livrera à la discipline intellectuelle du laconisme [12] et à la poésie adaptée à des fins éducatives.

A 15 ans révolus, Cléomène accède, et pour cinq années, à la classe des *irènes*, nom spartiate de l'éphèbe. Deux vœux lui sont, comme à tous ceux de son unité, particulièrement chers. Il rêve tout d'abord de gagner le titre envié de «chef de patrouille» [13]. Et, par-dessus tout, il souhaite après être parvenu jusqu'à son dernier degré, celui d'*irène-chef* qui, à 20 ans, le rendra à son tour commandant d'une troupe d'enfants, s'acquitter honorablement des épreuves de la *cryptie*. Cette ultime initiation à laquelle aspire tout futur combattant le contraindra à mener quelques temps, une vie d'errance et d'embuscades au cours de laquelle il se cachera le jour et subsistera de rapines nocturnes [14]. Alors seulement il pourra gagner les formations des hommes faits. A 20 ans en effet on considère que son éducation est terminée. Toutefois pour satisfaire à toutes les exigences de l'Etat il doit encore la parfaire pendant dix ans et, même marié, ne pas quitter la caserne.

C'est à 28 ans que Cléomène décide de convoler. Sa future compagne, qui répond au nom de Laïs, ne l'a pas attendu dans le giron maternel. D'abord, elle n'est plus une toute jeune fille, 26 ans étant souvent l'âge retenu pour le mariage des filles. Ensuite, retirée elle aussi dès sa septième année à ses nourrices, elle a été l'objet des soins attentifs de l'Etat [15]. Ce dernier s'est fixé pour mission de lui donner un fort tempérament et une constitution robuste de future génitrice et de citoyenne capable, en cas de besoin, de prendre les armes. Quotidiennement, elle a eu à se livrer, sous la garde de magistrats délégués, à des exercices variés de gymnastique, de courses et de luttes, où l'on fit en sorte d'endurcir son corps. Dans le même esprit on la fit se montrer nue dans les fêtes et les cérémonies.

Laïs, à 26 ans, est bien exempte de toute tendreté suspecte et répond en tous points à cet idéal féminin qui vise à «faire des vierges spartiates de robustes viragos sans complications sentimentales qui s'accoupleront au mieux des intérêts de la race.» [16] Ainsi à Sparte en 379 av. J.C.... Laïs n'apporte à son futur époux d'autre dot que son honneur, sa vertu et sa bonne santé... Ses parents ont donné leur accord à Cléomène qui a obtenu, de son côté, celui de l'Etat. Tout est en règle pour que les rites s'accomplissent.

Au jour venu, Cléomène vient sur le soir enlever, comme de force,

---

12. Il s'agit d'un exercice de style qui vise à une extrême concision du langage et à une recherche de la pointe ironique.
13. Traduction de Βουαγδς [Buagos] (A.P.I.)
proposée par Marrou, qui précise que chaque unité est subdivisée en équivalent de sizaines ou patrouilles «commandées par le plus déluré de ses membres», et que «les inscriptions votives commémorant les victoires des jeunes garçons aux jeux d'Artemis Orthia ne manquent jamais de mentionner ce grade».
14. Si l'on en croit Plutarque, la *cryptie* était prétexte à des massacres d'hilotes.
15. Mais à la différence des garçons, les filles pouvaient durant leur éducation regagner chaque jour la maison maternelle.
16. H. I. MARROU — Op. Cit.

sa fiancée d'entre les bras de sa mère et la conduit dans sa future maison accompagnée seulement d'une femme que les latins appellent *pronuba*. Aussitôt que la jeune épouse est entrée chez son nouvel époux, la *pronuba* lui coupe les cheveux très près de la peau en présence des parents qui se sont assemblés pour la cérémonie ; après quoi elle lui ôte ses habits et chaussures de fille et lui fait prendre des habits et chaussures d'homme. Ainsi travestie, on la conduit sans lumière au lit nuptial où on la laisse seule. [17] Il n'y a point de festin de noces. Après la cérémonie, Cléomène va souper dans les salles communes avec ceux de son âge et se couche comme à l'ordinaire. Seulement, vers le milieu de la nuit, il se lève sans bruit et va furtivement trouver sa femme avec laquelle il reste peu de temps... puis revient se coucher avec ses compagnons conformément aux lois de Lycurgue sur le mariage. [18]

Après deux dernières années d'internat, Cléomène parvenu à l'âge de 30 ans sera enfin un citoyen à part entière, un « égal » [19].

Cette fameuse éducation spartiate a été l'objet de tant de curiosité, d'hypothèses contradictoires et de fascination de la part des Anciens comme de celle des Modernes, qu'il semble inutile d'insister davantage. Une seule question, en tout état de cause, paraît dénuée de son fondement même : « l'adolescence » aurait-elle d'aventure existé sur les berges antiques du Golfe de Laconie ? La démarche qui consisterait à poser quelque calque de cette notion moderne sur les années d'« irénie » est aussi absurde que de déclarer entrant dans l'adolescence — ou en sortant ! — un garçon qui accède au grade de « routier » dans la hiérarchie scoute ou une fille nommée « cheftaine » dans une compagnie d'éclaireuses.

D'autre part, comment ne pas être tenté de voir dans le citoyen spartiate, de sa puberté à sa mort, un adulte assumant des conditions de vie de la plus grande austérité au service d'un idéal « aristocratique ».

Mais comment ne pas y voir, dans le même temps, de sa naissance à sa mort, un enfant — plus enfant encore que tous ceux de nos schémas modernes ! — totalement irresponsable économiquement, et soumis jusqu'au sacrifice de son ego et de sa vie, à un despotique Etat-Père.

---

17. Cette utilisation du travestissement tantôt par les filles comme ici, tantôt par les garçons comme à Athènes lors des rites éphébiques, permet de dépasser l'ambiguïté sexuelle de l'enfance et de la rejeter dans le passé.
18. Adaptation très libre d'un récit sur les rites du mariage à Sparte, extrait de M. FURGAULT — *Nouveau recueil historique d'antiquités grecques et romaines en forme de dictionnaire*. Paris. MDCCLXXXVII.
19. Les « égaux » sont les citoyens. Ils constituent la première des trois classes de la société. Déchargés de toute tâche de nature économique, ils se consacrent exclusivement à la défense de la cité, seule activité digne de l'homme libre. Ils vivent des redevances d'un lot de terre (*Klêros*) concédé à titre héréditaire dans la vallée de l'Eurotas et cultivé par les hilotes, classe d'opprimés constituée de serfs d'Etat, mis à leur disposition. Les Périèques forment la classe intermédiaire. Hommes libres, ils vivent dans des bourgs et cultivent les terres les moins fertiles de la vallée.

Athènes, 325 avant Jésus-Christ

Polyclète Clinias Scambonide a 18 ans. C'est un réel honneur pour lui et pour sa famille car son père peut désormais le faire inscrire sur la liste des citoyens. Il a atteint sa majorité civile. De par cette inscription, Polyclète devient éphèbe [20], et le restera pendant les deux années que durera son « éphébie ». Si l'on en croit Aristote [21], qui l'observe à cette date, l'éphébie correspond alors à bien des égards, au service militaire obligatoire de nos états modernes.

Qu'en est-il de Polyclète en 325 et 324 ?

Son temps d'éphébie commence par un pèlerinage officiel aux principaux sanctuaires de la cité. Durant la première des deux années, il reçoit dans les casernes du Pirée une instruction physique et militaire. A la fin de cette première année, on lui remet ses armes et il prête serment, vêtu de sa chlamyde noire [22] et portant grand chapeau sur cheveux coupés courts. « Aganros, Hestia, Enyô, Enyalios, Arès, Athéna Aréia, Zeus, Thallô, Auxô, Hégémonè, Héraclès, les frontières de la patrie, ses blés, ses orges, ses vignes, ses oliviers et ses figuiers... » [23] sont les témoins de cet engagement solennel.

Vient la seconde année.

Au hasard des nécessités de l'état, les éphèbes du cru 324 effectuent des manœuvres en campagne, tiennent garnison dans tel poste fortifié aux frontières ou font fonction de miliciens [24].

Quelle fut la vie de Polyclète durant les dix huit années qui ont précédé l'éphébie ?

343 avant J.C.

Une fois engendré par sa mère, il appartient dès sa naissance à son père seul [25]. Lui seul a le pouvoir de lui reconnaître droit à l'existence, intégration à la famille et statut social. Puisqu'il n'est pas abandonné (par exposition dans un lieu sauvage), on accroche à la porte de la demeure une couronne d'olivier pour signifier qu'il s'agit d'un garçon nouveau né [26]. Le cinquième [27] jour après sa naissance sont célébrés les *amphidromies*. Il s'agit d'une fête familiale au cours de laquelle

---

20. εθηβος prononcé [efebos]. (A.P.I.).
21. ARISTOTE — *Constitution d'Athènes* — Tome I. Cité par H. I. MARROU. Op. Cit.
22. La chlamyde est une cotte d'armes (que les Romains appellent *paludamentum*). C'est une sorte de draperie ouverte sur les côtés s'attachant sur l'épaule droite afin que le bras droit soit libre. Elle se porte sur la cuirasse et couvre les armes. Les officiers généraux en ont de très longues et de très riches. Le Général a seul le privilège d'en porter une pourpre.
23. Phrase d'invocation qui clot le fameux serment des éphèbes.
24. Vers la fin du IVè siècle Av. J.C., après la perte de la guere « hellenique » (322) et donc de l'indépendance, l'éphébie évolue progressivement jusqu'à devenir facultative et se transforme en une sorte de collège pour une minorité de jeunes gens riches.
25. Sur le rôle du père et de la mère dans la Grèce antique. Cf. l'article de N. DALADIER « Les mères aveugles » in *Nouvelle Revue de Psychanalyse*, n° 19, *l'enfant*. Gallimard, Paris,1979.
26. C'est une touffe de laine lorsque le nourrisson est une fille.
27. Ou septième.

s'échangent des présents et s'opère le rituel de la ronde du nouveau-né autour du foyer.

Le dixième jour après sa naissance — *dékaté* — son père le présente aux phratères [28]. Il reçoit son nom auquel sera joint celui de son père Clinias, et celui de son *dème* [29], Scambonide. C'est l'occasion de nouvelles réjouissances au cours desquelles la phratrie consomme, de nuit, le gâteau *charisios*.

Lorsque vient le mois d'octobre, *pyanepsion*, ont lieu les *apatouries*. Ce sont les fêtes au cours desquelles les pères font enregistrer sur les listes de la phratrie leurs fils nés dans l'année [30]. L'admission de nouveaux membres donne lieu à des festivités qui constituent toute une matière religieuse intégrée dans la religion de la Cité. Les rites qui les composent sont variables. A Athènes elles se déroulent trois jours durant. A la fin du premier jour, des banquets sont organisés dans chaque phratrie. Le second est réservé à des sacrifices et le troisième jour, les chefs de famille font enregistrer leurs fils.

Jusqu'à 7 ans, Polyclète vit entre sa mère et sa nourrice. Il écoute leurs histoires et joue avec des animaux en bois ou en terre cuite. Ses premières années sont plus des années d'élevage que d'éducation. Certes les berceuses le familiarisent avec la musique, les fables d'Esope avec la littérature, et les récits de la légende des dieux avec sa religion, mais on se préoccupe avant tout de bien le nourrir, et l'on assiste, le plus souvent avec une indulgence amusée, aux premiers caprices de ce petit animal encore indompté. Le terme *polodamein,* apprivoiser les poulains, se rencontre d'ailleurs fréquemment dans les textes qui traitent de pédagogie et notamment chez Platon.

A 7 ans, il faut, pour un garçon, définitivement quitter le monde des femmes. Dans la formation du futur citoyen, cette proximité deviendrait dangereuse. La seconde enfance doit se faire sous la responsabilité des hommes. C'est à eux qu'il revient d'éduquer. En premier lieu, Polyclète est confié à un pédagogue, homme de confiance choisi par son père et qui lui est totalement dévoué. L'accompagnant en tous lieux, veillant sur lui en toutes circonstances, son pédagogue le dresse aux bonnes manières, forme son caractère et sa moralité. Pour l'instruire et l'initier à la vie publique, son père l'inscrit dans une école privée. Bien que l'éducation soit une des préoccupations majeures de l'Etat grec, il ne se charge pas de son organisation et n'assume pas

---

28. Les Phratères sont les membres d'une même phratrie. A l'origine se trouve la famille qui constitue un *genus* (communauté de descendance) mais l'extension de la famille exclut la cohabitation sans que le lien initial soit rompu. Ainsi s'est formée la phratrie qui est un groupe de familles et la tribu qui est un groupe de phratries.

29. On appelle *dème* une commune. Chaque tribu comprend un certain nombre de communes ou dèmes. L'Athénien se doit tout d'abord à son dème. Il en joint le nom au sien dans tous les actes officiels. De telle sorte que cette dénomination locale l'emporte du point de vue administratif sur le nom de la famille. Elle se transmet de père en fils et l'on ne change pas de dème en changeant de domicile. Le citoyen participe à la vie communale et aux cultes locaux du dème où il a été inscrit par son père.

30. Selon les époques et les lieux, ces inscriptions ont pu se faire à la puberté.

l'entretien des écoles. Il organise en revanche, par le biais de fêtes, de jeux et de concours une sorte de contrôle officiel tant dans le domaine athlétique qu'artistique.

Dans la formation de l'élève s'inscrivent les trois disciplines de base : la lecture, qui comprend l'étude des lettres, des nombres et la récitation de morceaux choisis, la musique, qui initie à la cithare, à la flûte et au chant et la gymnastique, que l'on commence généralement à 14 ans. Une instruction complète se compose théoriquement de trois degrés, le primaire qui s'étend, de manière assez vague selon Aristote, jusqu'à la puberté, le secondaire et le supérieur. Au IVè siècle Av. J.C. le supérieur s'amorce seulement après l'éphébie. Par la suite, il commencera au cours de l'éphébie, quand la culture militaire cèdera le pas à la culture générale.

A 18 ans, autorité paternelle et rites officiels se conjuguent pour faire quitter à Polyclète le monde de l'enfance pour celui des adultes. C'est en effet sa présentation par son père au *dème* et son inscription sur le registre lexiarchique qui lui confèrent ce nouveau statut.

La majorité donne lieu de la part des jeunes gens à des « démonstrations », sans doute des danses armées, comme en Crête. Un des rites de passage est la prise d'un nouveau vêtement. Un autre, la coupe de cheveux et leur offrande. Le garçon ayant accompli ce rite est proprement un *kouros* [31]. Dans sa forme la plus ancienne, c'est aux fleuves que cette offrande était faite [32]. Polyclète, lui, offre une libation à Héraclès et consacre sa chevelure à Hermès. Il arrive pendant cette période que la mère n'ait plus le droit d'approcher son fils. Elle représente un danger pour lui : c'est le moment où il doit pleinement assumer sa virilité, son identité masculine et se dégager à jamais de l'ambiguïté sexuelle reconnue et tolérée dans l'enfance [33].

Supposons maintenant que Polyclète ait une sœur, Phrynè.

Après les *amphidromies* qui concernent les enfants des deux sexes, Phrynè demeure dans l'*oïkos* [34] paternel, apprenant, parce que ses parents sont riches, non seulement les travaux domestiques mais la lecture et l'écriture. Elle attend là, au sein du gynécée, le moment de

31. Cf. PLUTARQUE — Thésée II.
32. Cf. Iliade XXIII. Les filles la font la veille du mariage qui semble correspondre pour elles, collectivement et à la même date à ce que sont pour les hommes les rites de majorité.
33. H. JEANMAIRE — *Couroï et courètes. Essai sur l'éducation spartiate et les rites de l'adolescence dans l'antiquité hellénistique*. Lille, 1939. Cité par N. DALADIER Op. Cit. L'auteur écrit : « Pour les garçons en particulier, les rites de passage équivalent à un véritable changement de sexe. Pendant la première partie de sa vie, l'enfant élevé par les femmes est en contact permanent avec elles, participe encore de leur nature, jusqu'au moment où les rites ont précisément pour objet, s'il s'agit d'un garçon, d'éliminer le principe féminin qui dominait en lui et de faire prévaloir le principe viril ». Evoquant l'interdiction qui est faite aux femmes d'approcher et de voir les nouveaux initiés, l'auteur rappelle qu'elle est « la conséquence directe de cette mutation qui intervient dans la personnalité mystique du nouvel initié au moment où s'affirme l'essence de sa virilité. Les pratiques de travestissement et d'inversion de vêtements d'un sexe à l'autre qu'on observe à ce moment témoignent d'un symbolisme inspiré des mêmes préoccupations ».
34. Maison.

s'intégrer à l'*oïkos* de son futur époux [35]. Les deux temps forts pour une fille sont en effet la reconnaissance par le père de l'enfant nouvellement née et la tractation d'homme à homme, père-prétendant, qui la fait, au moment décidé par le premier, passer «en conjugalité» c'est à dire littéralement «sous le joug» — *conjugum* en latin — avec pour mission d'engendrer des enfants semblables à leur père.

Les rites du mariage sont globalement le pendant féminin des rites éphébiques. La veille de la cérémonie, la jeune-fille offre ses poupées et tous ses jouets aux dieux protecteurs des enfants. Au jour dit, Phrynè doit sortir de l'enfance et être «ravie» à sa mère. Rapt symbolisé par un des moments de la cérémonie. Rupture nécessaire, pour une fille aussi, qui préserve la société de l'immobilité.

A Athènes, on se marie le plus souvent en hiver. Surtout pendant le mois correspondant à Janvier, *Gamélion*. C'est le mois des noces. Le montant de la dot ayant été déterminé et le contrat signé, on fait aux dieux quelques sacrifices dans lesquels les prêtres, ou le père de famille, consultent leurs volontés. De son côté, le fiancé se pare d'une sorte de coiffure composée de figues et de légumes et se présente ainsi dans la maison de Clinias, père de sa promise. C'est alors qu'il enlève la fiancée d'entre les bras de sa mère et la conduit chez lui. La mère les précède portant une torche de pin. Elle est accompagnée de jeunes garçons chantant les chansons en l'honneur de la noce et scandant «hymen, hyménée». Après un grand festin, Phrynè est conduite au lit nuptial. La compagnie se retire. Restent deux groupes de jeunes gens et de jeunes filles qui chantent l'*épithalame* [36] à la porte de la chambre.

Tout ceci s'est passé au soir, à la clarté des flambeaux. Phrynè est une adulte aux yeux de la Cité.

Ainsi, même si les rites varient d'un sexe à l'autre, et même si pour les filles la reconnaissance paternelle n'a pas l'importance de celle accordée aux garçons, porteurs exclusifs d'identité sociale, un fait domine dans la Grèce Antique : ce sont les pères et eux seuls qui fixent, au sein du foyer d'abord, et au sein de la Cité ensuite, l'accès de leurs enfants aux différentes classes d'âges et par là même aux différents statuts sociaux.

On observe qu'à Athènes il n'y a pas d'équivalent de ce que nous nommons «adolescence». Il y a chaque année de jeunes enfants que l'on choisit, selon un calendrier précis, d'inscrire sur le registre de la phratrie, de même qu'il y a des jeunes gens que l'on inscrit sur le registre du *dème* pour en faire, selon un rituel immuable, des citoyens et des hommes.

D'une manière générale, pour mieux comprendre pourquoi dans le monde antique —il en sera de même à Rome— cette période de la

35. Dès la fin du IVè siècle Av. J. C. et progressivement, durant toute l'époque hellénistique, cet idéal de jeune vierge recluse disparaît. Les jeunes-filles ont accès à l'enseignement primaire et secondaire dans des écoles et se rendent même au gymnase et à la palestre.
36. Du grec *epithalamion*, latin *epithalamium* : chant nuptial.

vie n'est pas isolée d'un ensemble et ne fait pas l'objet de soins et de méthodes d'éducation spécifiques, il faut se souvenir que pour l'éducateur grec, l'enfant et son développement ne sont pas une fin en soi. Le but ultime est la formation de l'homme adulte. Le caractère abstrait de l'enseignement, son inadaptation tant à la psychologie enfantine qu'à celle de la jeunesse, et la barbarie de la discipline le prouvent. La seule voie que l'enfant doive suivre est celle du dépassement de sa condition. De sa naissance à ses 20 ou 30 ans, aucune des diverses étapes de son évolution n'intéresse en particulier l'éducateur, bien moins encore ses parents ! C'est l'homme fait que l'on cherche à objectiver, c'est le futur citoyen que l'on projette en lui. Et il n'a de valeur qu'eu égard à ce projet, on ne lui reconnaît de qualités que celles qu'il déploie pour le réaliser.

Rome, 45 avant Jésus-Christ

Dernier siècle de la République et année riche en événements pour le sénateur Publius. Bientôt noble *senex* [37], il voit ses deux derniers enfants, Mamercus et Terentia atteindre, pour le premier sa dix-septième année et pour la seconde sa quinzième année [38]. En février, Terentia se marie et en mai, Mamercus ne sera plus un enfant.

VIè jour avant les *Ides* [39], veille des noces de Terentia. Comme le veut la coutume, elle rassemble ses jouets et ses poupées et vient, vêtue de sa tunique blanche, *tunica recta*, les déposer en offrande sur l'autel des dieux *lares* [40]. Entourée de sa famille réunie dans l'atrium de la demeure et protégée par l'esprit de ces dieux domestiques, elle manifeste par ce geste qu'elle renonce à son enfance.

Vème jour avant les Ides. Dès le matin, les auspices ont été pris. Suivent les sacrifices au ciel et à la terre, premiers époux du monde, puis à Minerve, déesse de la virginité, et à Junon, déesse du foyer domestique, épouse ombrageuse et jalouse de Jupiter. Vient pour Terentia le moment d'être parée. On la coiffe en veillant à séparer ses cheveux en six tresses à la manière des vestales, signe extérieur de sa virginité.

Sa coiffure s'agrémente d'un chapeau à fleurs de verveine qu'elle a

---

37. Cf. Le tableau des âges de la vie in chapitre « Des mots animés ».
38. Cette jeune romaine jouit d'un heureux sort car selon une antique tradition les pères de famille ne sont pas tenus d'élever leurs filles cadettes dont la disparition est justifiée par la pauvreté originaire des Romains.
39. 8 février. Dans le calendrier julien les Ides (*idus*) de février tombent le 13 du mois — comme tous les autres mois sauf ceux de mars, mai, juillet et octobre où elles tombent le 15. Rappelons que les Calendes (*kalendae*) se situent le premier jour de chaque mois — suivies immédiatement par les Nones (*nonae*), jusqu'aux Ides.
40. Les *lares* et les *penates* sont les divinités qui protègent le foyer domestique.
Le *lararium* est une sorte de petite chapelle ou de niche creusée d'un autel dans lequel brûle le feu sacré.
Les *lares*, âmes des ancêtres, veillent sur l'ensemble de la maisonnée. Les *penates* sont semble-t-il plus préoccupés de pourvoir aux provisions... (*penus* signifiant garde-manger).

elle-même cueillies, sur lequel vient se placer le *flammeum*, son voile de mariée de couleur orangée. De même couleur sont les chaussures, aussi élevées que des cothurnes [41] pour la faire paraître d'une taille plus majestueuse ; sa robe est tout unie, sans ornement. La ceinture est de laine de brebis nouée du nœud plaisamment nommé « herculéen », *herculaneus nodus*, parce qu'il est difficile à défaire ! Son mari emploiera toute sa patience pour le dénouer au moment de se mettre au lit nuptial, en invoquant Junon. Ces préparatifs ont occupé toute la journée. Le soir venant, à Rome comme à Athènes, c'est à la clarté des flambeaux que s'opère le rapt de la fiancée d'entre les bras de sa mère. Les flambeaux ici sont au nombre de cinq, sans doute en l'honneur des cinq divinités dont ceux qui se marient ont besoin : Jupiter, Junon, Vénus, Diane et Suada, déesse de la persuasion !

Terentia sort de la maison paternelle précédée de deux jeunes garçons vêtus de la toge prétexte. Un troisième porte devant elle le flambeau d'épine blanche auquel on attribue de grandes vertus. Son père et sa mère la tiennent par la main et elle est ainsi conduite à la maison de son futur époux [42]. Chacun chante « Hymen, Hyménée » et l'on invoque Thalassius, marié à l'une des Sabines enlevées par les Romains et dont l'union fut fort heureuse. Dans le cortège, l'un porte une quenouille et un fuseau pour lui rappeler qu'elle devra s'occuper à filer, tel autre, une corbeille de bijoux, tel autre encore des hochets pour les enfants à naître. Parvenue chez le futur époux, la procession s'arrête devant la porte décorée de guirlandes de fleurs. On présente à Terentia de l'eau et du feu, et elle est aspergée d'eau lustrale afin d'entrer pure et chaste dans la maison de celui dont elle partagera les destinées.

C'est alors le moment de « l'échange des prénoms ». Le jour de leurs noces, abandonnant leur véritable prénom, tous les fiancés s'appellent *gaïus* et toutes les fiancées *gaïa*. Terentia promet : « *ubi tu gaïus, ego gaïa* » là où tu seras Gaïus, moi, je serai Gaïa ». Cette formule scelle leur mutuel consentement.

La jeune épouse se concilie ensuite les nouveaux *lares* de sa future maison en attachant à sa porte une touffe de laine et en enduisant les gonds de graisse de porc afin d'éloigner les sortilèges. On la soulève de terre pour franchir le seuil, en sorte d'éviter le mauvais présage que serait un faux pas. Le festin peut commencer au son de la flûte dont jouent des pages.

Après le souper, les femmes appelées *pronubae* conduisent Terentia dans la chambre et la mettent au lit nuptial, dénommé aussi « génial »

---

41. Dans les pièces du théâtre comique les acteurs portent des socques ou brodequins qui sont des chaussures basses.
En revanche dans les pièces du genre tragique, les acteurs portent des cothurnes, chaussures montantes à semellles épaisses. De par la différence de maintien qu'elles confèrent aux personnages, les premières sont devenues le symbole d'un genre trivial, et les secondes d'un genre noble et majestueux.
42. Dans le droit romain, c'est le rite de la *deductio uxoris in domum mariti*, conduite de la femme dans la maison du mari, qui marque l'existence de la vie conjugale et fait de l'enfant d'hier sous la dépendance de son père, une femme aujourd'hui sous celle de son mari.

car il est dressé en l'honneur du génie de son mari [43]. Celui-ci, avant de fermer la porte, prend soin de jeter des noix à la troupe des jeunes gens et des jeunes filles qui devant la chambre chantent les airs de l'hymen: «Hymen... ô Hyménée!» [44], très puissant antidote contre les charmes et les sortilèges qui pourraient nuire aux époux.

Hier *puella*, aujourd'hui *uxor* [45], Terentia, en obéissant au contrat établi par son père, et en observant les rites nuptiaux, a officiellement aux yeux de la société, changé de monde en l'espace d'une soirée. Son sort est le plus excellent qui soit pour une jeune romaine car bien qu'elle ait été nubile à 12 ans, et par conséquent en âge légal de mariage, son père, en homme sage, a attendu jusqu'à sa quinzième année pour en négocier le contrat. Il n'en a pas été ainsi pour toutes les compagnes des jeux de son enfance dont certaines ont été mariées à douze ans ou plus jeunes encore afin que, comme le rapporte Plutarque, leur mari ait «les prémices intactes du corps et du caractère» [46].

Ainsi, Terentia a franchi le cap qui pour son frère correspond à celui de l'*adulescens*.

Jusqu'à ce jour de mars, Mamercus a mené la vie paisible et heureuse de tous les enfants de son rang. Né en bonne santé dans la maison de Publius, magistrat aisé, il fut — le délai de neuf jours écoulé — reconnu par son père lors de la cérémonie de purification, *dies lustricus*, exact équivalent des *amphidromies* grecques. Soulevé de terre selon le rite du «*suscipere de terra*» il reçut ses trois noms, *tria nomina*: *Terentius*, son nom, *nomen*, le nom de la *gens*, *Mamercus*, son prénom, *praeno-*

43. Le *genius* est pour chacun dans l'Antiquité à peu près l'équivalent de l'ange gardien des chrétiens. Il s'agit de «l'esprit» qui préside à la destinée.
44. Noms rituels du dieu du mariage et aussi du chant qui va le célébrer.
Les jeunes gens: — Hespéros, le plus joyeux des feux qui illuminent le ciel! Ta flamme confirme les saintes promesses d'union, les accords préparés par les pères, convenus par les parents, et qu'ils n'ont point scellés avant que s'élève ta torche ardente! Don plus souhaitable devons-nous aux dieux que cette heure bienheureuse? — Hymen ô Hyménée; Hymen, parais, ô Hyménée.
Les jeunes filles: — Hespéros, ô mes compagnes, a enlevé l'une de nous... Comme une fleur, à l'abri dans l'enclos d'un jardin, naît ignoré du bétail, à couvert du socle de la charrue: les brises la caressent, le soleil l'affermit, l'ondée la nourrit; beaucoup de garçons la désirent, beaucoup de jeunes filles; mais dès que cueillie du tranchant de l'ongle, elle est fanée, nul garçon ne la désire plus, nulle jeune fille...»
J. BAYET — *Littérature Latine*. Coll. U, Armand Colin, Paris.
45. Cf. Le tableau des âges de la vie in chapitre «Des mots animés».
46. Cité par E. BARILLE. *Tonus* n° 831. 20 avril 1984. Article à propos du livre «Le Mal d'être femme» de D. GOUREVITCH.
«Le destin biologique des Romaines de l'Antiquité». L'auteur ajoute «Qu'elle soit bien portante ou souffrante, matrone, vestale, ou hétaïre, la Romaine est une potiche, un vase, un ventre où fermente la vie mais aussi la maladie et la magie. Premier tournant: la puberté. Les médecins romains se sont longuement attardés sur l'acte I de la vie féminine en élaborant toute une hygiène de vie de la jeune fille. Ils prescrivent régime alimentaire léger, promenade, chants et danses, sports, comme le jeu de Paume, et surtout l'abstinence. Pas question qu'elle n'arrive pas vierge au mariage».

men, *Scarus*, son surnom, *cognomem*, ainsi que la bulle, *bulla aurea*, médaillon d'or rempli d'amulettes... [47].

Durant sa petite enfance, entre mère et nourrice, il apprit le grec ainsi que le latin, bénéficia de tous les soins et goûta à tous les plaisirs dont pouvait jouir un petit Romain heureux : hochets, cerceaux, toupies, dés, moutons apprivoisés traînant son chariot miniature.

De 7 à 12 ans, pour apprendre à lire et à compter, il fréquenta l'échoppe du *litterator* située près du forum. Chaque jour qui n'était pas férié Mamercus s'y rendit sous la surveillance de son « esclave accompagnateur », le *paedagogus*. Celui-ci portait son matériel, tablettes et poinçon. Comme le *paedagogus* de Mamercus était un grec lettré de haute vertu morale, il devint son répétiteur et un peu comme son gouverneur. Des liens de profonde affection se nouèrent entre l'enfant et lui. A douze ans, Mamercus quitta la classe du *litterator* pour celle du *grammaticus*. C'est sous l'autorité de ce personnage exerçant son art sous un portique que, jusqu'à 16 ans, il paracheva sa connaissance du latin et du grec et étendit sa culture générale par l'étude de textes classiques, et par maintes digressions à propos de ces textes.

De 16 à 17 ans Mamercus se rendit chez le *rhetor*. A cette époque de sa vie, comme tout jeune Romain, il fut confié à un vieil ami de la famille qui lui tint lieu de mentor.

C'est à 17 ans que s'achève son enfance.

Le voici donc au 16ème jour précédant les Calendes d'avril, le 17 mars, jour des *liberalia*, fêtes de Bacchus [48].

Publius a décidé qu'il était temps pour son fils d'être compté au nombre des citoyens. C'est l'occasion d'une cérémonie familiale. Tout comme Terentia ses poupées, Mamercus dépose sur l'autel des dieux *lares* les signes de son enfance : sa bulle et sa toge prétexte, toge blanche bordée d'une bande pourpre. On lui remet alors pour qu'il s'en revête sa toge virile. Cette cérémonie donne lieu à des festivités domestiques. Famille et amis se réjouissent de ce que Mamercus soit désormais en âge de rendre service à l'Etat. Après le festin, Mamercus est conduit au temple pour y faire des sacrifices. Dans la même journée, ses cheveux seront coupés et offerts aux fleuves, sa première barbe rasée et renfermée dans un petit coffret précieux.

Hier *puer*, aujourd'hui *adulescens*, Mamercus le restera jusqu'à 30 ans. Comme il se destine à une carrière politique, il lui faut accomplir un service militaire de dix ans sans lequel il ne pourrait s'engager dans les différents degrés du *cursus honorum*. L'éloquence, le droit et la philosophie seront les trois matières à l'étude desquelles il devra s'appliquer, et un stage dans une grande ville grecque sera alors de rigueur.

Il est peu probable que Mamercus se marie avant 35 ou 40 ans.

---

47. La bulle aurait été *scortea*, de cuir, dans une famille moins aisée.
48. Les *liberalia* sont les festivités du printemps données en l'honneur de *Liber* confondu avec *Dionysos* (Bacchus).

Bien que l'âge de la pleine capacité juridique corresponde à Rome à celui de la puberté [49] et bien que les rites fassent revêtir la toge «virile» à 17 ans, on n'en est pas moins jusqu'à 30 ans, un *adulescens*... Ce seuil de la trentaine se retrouve dans toute l'antiquité gréco-latine. Or, dans la mesure où, l'enfant, le jeune-homme, intéressent en premier chef dans leur devenir, la traduction du suffixe latin *-escens* rend bien compte de ce mouvement dynamique en désignant «celui qui est en train de». Et dans l'esprit des Anciens on ne peut prétendre, avant 30 ans, être devenu ce produit fini, (parfait ?) que représente l'*adultus*.

La confusion entre les adolescents latins et l'adolescence moderne fut totale lorsque l'on s'imagina, en utilisant — c'était tentant — ce calque linguistique, qu'elle avait toujours existé. On ne prit pas garde, quand le mot fut adopté par l'usage vers 1850 que l'*adulescentia* commençait à peu de chose près au moment où il sera convenu de faire se terminer l'adolescence. Le mot perdit en outre sa valeur neutre qui désignait, sans autre connotation, l'ensemble des hommes jeunes, pour évoquer, dans un premier temps, une entité autonome qui durant une période de notre histoire allait par toutes sortes d'inflations se trouver de plus en plus isolée et, dans un second temps, un état caractérisé par des symptômes...

En sorte que progressivement, être un adolescent ne signifierait plus, ni avoir entre 17 et 30 ans, ni même avoir entre 14 et 18 ans, mais bel et bien, être atteint d'Adolescence !

---

49. Cet usage ayant trop souvent fait des jeunes gens, des proies faciles pour les usuriers, la loi *plaetoria* institua à la fin du IIè siècle av. J.C. le délit de *circumscriptio adulescentium*, «tromperie de jeunes gens». L'Etat protégeait ainsi de toute manœuvre frauduleuse destinée à les duper et à les appauvrir les individus pubères ; et ce, jusqu'à leur vingt-cinquième année.

2

PAS A PAS LA JOVENCE

Le Moyen Age : A la Dieu merci et au droit coutumier

De bien jeunes majeurs

Dans l'Antiquité, l'importance de la vie publique donnait, dans une large mesure, priorité à l'Etat dans la formation de l'enfant après 7 ans. Il n'en est plus ainsi au Moyen Age. Que l'on considère l'époque franque [1] qui s'étend du Vè au VIIIè siècle ou l'époque féodale circonscrite entre le IXè siècle et la fin du Moyen Age, c'est désormais l'autorité parentale qui prévaut.

La majorité des garçons est fixée par la loi salique [2] à 12 ans et par les lois ripuaire et burgonde [3] à 15 ans. Mais il s'agit en réalité plus d'une majorité pénale ou politique qu'émancipatrice. L'émancipation complète ne pouvant résulter que d'une rupture d'avec la communauté familiale. Quant au « mundium » [4], il se transmet, le jour du mariage des filles, du père au mari.

Les lois d'Howel-dda [5] donnent, pour l'anecdote, une illustration pittoresque de ce que peuvent être au Xè siècle de leur histoire les préoccupations en ce domaine des législateurs cimbres.

---

1. Francs : tribus de la Germanie qui conquirent la Gaule au Vè siècle — Bructères, Chérusques, Sicambres, Saliens, Ripuaires.
2. Du nom des Saliens, Francs riverains de la Salo (l'Yssel).
3. Ripuaires : riverains du Rhin.
Burgondes : peuplade germanique soumise par les Francs au VIè siècle. A donné son nom à la Bourgogne.
4. Puissance que le roi possède sur ses sujets, le mari sur sa femme, le père sur ses enfants, concernant la personne comme les biens.
5. Pensée nouvelle et primitive de la civilisation celtique. Histoire des Kymris ou Cimbres qui pour une part d'entre eux allèrent en Cornouailles et au Pays de Galles et pour une autre part en Armorique.

« Quant à l'enfant lui-même, pauvre créature dont la filiation était à ce qui paraît complètement abandonnée aux sauvages caprices de la volonté du père, voici ce que la Loi statuait sur ses premiers ans. Jusqu'à 7 ans, son père seul était responsable de ses actes. Arrivé à sa septième année, le serment lui était déféré pour ses propres actions parce que « le joug de Dieu », dit la Loi, commençait à peser sur lui et qu'il devait prendre l'instruction du prêtre ; mais son père restait toujours responsable de ses actes, et il continuait à l'être jusqu'à ce que l'enfant eut atteint sa quatorzième année. Pendant tout ce temps, son père était son seigneur, et nul autre n'avait le droit de le châtier.

Mais dès que l'enfant avait complété sa quatorzième année, le père le conduisait à son seigneur, et l'enfant donnait sa foi, « hominium », à celui-ci. Il faisait dès ce moment partie de sa famille. Il répondait dès lors de sa personne dans toutes les affaires où il avait le droit de se défendre, et il n'était plus permis au père non plus qu'à aucun étranger de le corriger ; car s'il arrivait que le fils en portât plainte à son seigneur, le père était justifiable de l'amende en même temps qu'il devait au fils le rachat de l'injure qu'il lui avait faite. Enfin cette adjonction nouvelle à la famille de son seigneur était si complète et si absolue, que s'il venait à mourir après ses 14 ans révolus, tous ses biens revenaient, d'après la Loi, au seigneur son maître.

Quant à la jeune fille, elle ne restait soumise à la puissance du père que jusqu'à l'âge de 12 ans ; et si à cet âge, qui est celui où les signes de la puberté commencent à paraître dit la loi, son père ne l'avait point donnée à un homme, elle jouissait de ses droits personnels et pouvait se donner elle-même à celui qui lui convenait, et dès lors ne plus être dans la dépendance de son père, à moins qu'elle ne le voulût. Dans ce cas, le droit de mariage, « maritagium », n'était plus dû par le père, mais par la fille. » [6]

Alors que l'époque franque voit le maintien de la dualité de principe entre droit séculier et règles canoniques du mariage, dès leur avènement, au VIIIè siècle, les Carolingiens entreprennent de « remettre en vigueur la loi de Dieu et la discipline ecclésiastique », étendant le contrôle de l'église à toute la vie sociale. Un synode romain décide : « Il faut que les fils, quand ils arrivent aux années de la puberté, soient contraints à prendre femme ou choisir l'état ecclésiastique ; quant aux filles du même âge, c'est leur père qui choisira pour elles la chasteté ou les noces. » [7]

Evêques et curés ne doivent pas célébrer le mariage « avant qu'aidés de gens âgés, ils n'aient soigneusement enquêté sur la parenté des conjoints. » [8]

---

6. M.A. DUCHATELIER — *Des lois d'Howel-dda, Mab. Cadell, Brenin Cymru (fils de Cadell, chef du pays des Kymris)*. Roret, Paris, 1840.
7. Cité par J. L. FLANDRIN — *Le sexe et l'occident*. Le Seuil, Paris, 1981.
8. P. OURLIAC et J. de MALAFOSSE — *Histoire du Droit privé*. T. III. Le Droit familial. PUF, Paris, 1968.

Le Droit canonique classique prend sa forme définitive au XIIè siècle. Le mariage est assimilable à un contrat, impliquant l'accord nécessaire des époux ; contrat à caractère de sacrement, qui n'est toutefois réalisé que par l'*unitas carnis*, ou *copula carnalis*, l'union des sexes.

Des fiançailles [9] peuvent être conclues dès l'âge de 7 ans sans l'assistance des parents (de fait, ces fiançailles seront souvent imposées aux enfants, parfois à leur insu). Il ne s'agit pour l'impubère que d'une intention, qu'il sera libre de rompre à l'arrivée de la puberté, moment où le mineur est affranchi de la puissance paternelle. Le respect filial incite cependant à demander l'autorisation paternelle, pour les fiançailles comme pour le mariage. L'Eglise demande l'intervention d'un prêtre dans le rituel des fiançailles. Omniprésente lors des temps forts de l'existence que sont les rituels de passage donnant lieu à l'administration d'un sacrement : fiançailles, mariage, mais aussi adoubement, communion, baptême, l'église cependant ne se substitue pas aux parents dans l'éducation de leur enfant qu'ils assument totalement jusqu'à sa majorité.

Quelle que soit sa classe, le petit enfant au Moyen Age est naturellement élevé dans le cadre de la vie familiale. Il se consacre aux jeux, à la formation religieuse et à une précoce prise de connaissance de la vie, qui se fait essentiellement par l'imitation des adultes. A cette époque ce sont surtout les préoccupations futures qui ordonnent l'éducation de l'enfant grandissant. Paysans, artisans, bourgeois ou nobles : dès 8-10 ans commence le réel apprentissage de sa condition.

On a à tort, pendant des siècles, taxé le Moyen Age d'obscurantiste et de tout « rassoté » ; réputation que lui avait taillé la Renaissance. Il faut sans doute y voir un contre-sens sur la notion de culture. Certes, au XIIIè siècle la population « lettrée » n'est pas majoritaire loin de là. Cependant, à cette époque, l'illettré n'est pas forcément un ignorant. La transmission de la technique et du geste, la formation du sentiment pallient souvent la carence abécédaire. D'autre part, aussi bien en ville qu'à la campagne, tous les enfants ont la possibilité de s'instruire. Et dans ces siècles, il n'apparaît nulle trace du préjugé contre l'instruction des femmes que développera l'époque classique.

Qu'elles soient presbytériennes, épiscopales, ou monastiques, les écoles existent pour les garçons comme pour les filles. La mixité bien sûr est une invention du XXè siècle. Ces écoles sont même un des soucis essentiels du clergé. Au XIè siècle chaque paroisse a son école et au XIIIè siècle apparaissent les instituteurs laïcs [10]. Même si la lecture des psaumes et la formation aux vertus théologales prennent le pas sur le reste de l'enseignement, l'écriture et la lecture, avec le chant et le calcul font partie du programme.

---

9. De l'ancien français *fiancé* : état de l'âme qui se fie, engagement, promesse.
10. C'est le chantre de la cathédrale qui fixe le nombre d'écoles et le nombre d'élèves qu'elles peuvent recevoir. Il les inspecte lui-même ou les fait inspecter par le curé de la paroisse et reçoit le serment des maîtres renouvelé chaque année.

Les filles, le plus souvent dans les couvents, apprennent en outre des rudiments de médecine et dans certains même, non seulement le Latin mais aussi le Grec et l'Hébreu. Néanmoins, au Moyen Age, on attend surtout de l'enfant qu'il produise. Ainsi s'explique le fait que cette période de la vie ne s'éternise pas. D'ailleurs, dès la puberté une fille peut être déclarée majeure et dans tous les cas on considère garçon ou fille, qu'à 15 ans on a atteint sa majorité [11]. Ce passage est pour les filles sans transition, et c'est traditionnellement le mariage qui le sanctionne. En effet, bien que majeure dès 15 ans (parfois 12 ans lorsqu'intervient la coutume de «majorité roturière») une fille ne peut devenir vassale sans avoir de mari pour desservir son fief, ce qui fait dire que seul le mariage met fin à la garde [12].

Quant aux garçons, le passage varie pour eux selon leur condition. Le fils de paysan, initié depuis toujours aux travaux des champs dans la ferme paternelle, prend sa part de responsabilité dans le partage des tâches du domaine. Il sera libre ou sera serf, selon ce que son père aura été. Le fils d'artisan accède au métier comme apprenti pendant une durée qui va de trois à douze années avant de devenir lui-même «maître». Le fils de bourgeois entre en règle générale à l'Université. Pour le jeune noble, enfin, écuyer ou valet jusqu'aux environs de sa 17ème année, c'est le rite de l'adoubement qui, le faisant chevalier, le fait aussi homme [13]. Ce rite social de passage cherche à correspondre du plus près qu'il se peut, aux transformations physiologiques de la puberté. Les miniatures de l'époque l'attestent, mettant en scène de manière constante, des parrains barbus et des écuyers imberbes. Les armes qui lui sont remises, épée, éperons, heaume, haubert, écu, lance, attributs obligés du chevalier, sont autant de symboles d'une reconnaissance par le groupe de sa nouvelle identité sexuelle. En même temps qu'ils l'inscrivent dans une lignée représentée par les armoiries de son écu.

Tous adultes en formation continue

Bien que la place dans l'échelle sociale à la naissance détermine le plus souvent une formation particulière, au Moyen Age la possibilité est offerte à chacun de sortir de sa condition.

Le premier moyen est sans doute le plus aléatoire lorsque que l'on ne dispose pas de soutiens financiers. N'importe quel garçon peut, à 14 ans, sous réserve d'avoir appris le catéchisme et de posséder quelques

---

11. En l'absence d'état civil, l'âge ne peut être prouvé que par témoins (la mère ou le plus souvent les parrains et marraines), d'où de fausses déclarations de majorité.
12. P. OURLIAC et J. de MALAFOSSE. Op. Cit.
Qu'elle soit noble ou bourgeoise «la garde» se fonde toujours sur le même principe: elle consiste à confier le fief échu à un mineur à son plus proche parent.
13. Le droit féodal fixe la majorité du jeune noble au jour où il fait hommage à son chevalier.

rudiments de lecture, d'écriture, de grammaire et de latin, entrer à la Faculté des Arts. L'année suivante, simple formalité, il devient licencié es arts. Ensuite, le nouveau licencié est intrônisé maître es arts. En fait, le plus souvent la réalité est tout autre. Les «escholiers», de 14 à 80 ans, partagent pour écouter leur «grammaticus» un même local de fortune dans lequel ont été mises à leur disposition quelques bottes de paille... Ces élèves, tous âges confondus, portant le même costume (robe ou épitoge) sont assis «non sur des bancs ni sur des sièges élevés de terre... afin de préserver la jeunesse de toute occasion d'orgueil» [14]. Au-delà de 14 ans, tête blonde ou tête chenue on est un «escholier».

A côté des étudiants riches se forment des bandes de pauvres hères, privés de ressources régulières. Pour eux, les études coûtent cher: livres, droits d'immatriculation, honoraires de professeurs, droits et frais d'examen, logement, nourriture... On vit alors, tout en étudiant, d'expédients et de rapines, et les rixes qui opposent aux habitants sont souvent sanglantes... Mais, riches ou pauvres, les déambulations et le chahut organisé dans la cité caractérisent ces «escholiers» et les unissent.

Un autre moyen, permet bien plus sûrement de sortir de sa condition: entrer dans l'Eglise est au Moyen Age une solution aussi simple qu'enviable. On trouve tout naturel de consacrer son enfant à Dieu dès son plus jeune âge. L'oblat, celui qui a été voué à un monastère par ses parents, est considéré par l'opinion courante comme recevant la meilleure éducation, comme subissant le sort le plus excellent qui soit. Suger, fils de serf, fut oblat à Saint-Denis, et c'est à cette vocation qu'il dut de devenir un jour régent du royaume [15]. L'oblat devenu jeune homme et clerc, se garde bien le plus souvent de renoncer, comme le prévoit le Droit canon, à l'engagement pris par ses parents. En le ratifiant il s'astreint bien sûr à certaines obligations mais la hiérarchie cléricale comporte des degrés plus ou moins élevés, la cléricature, et ce n'est, à partir du XIè siècle, que ceux qui s'élèvent au-dessus des ordres mineurs, en devenant sous-diacre, qui sont astreints au célibat.

Néanmoins quel que soit le choix de ses parents et le sien propre — assumer sa condition d'origine ou en sortir — l'enfant des siècles médiévaux est censé se prendre totalement en charge dès 14 ans. A la puberté il est adulte. On peut à 15 ans être roi ou chef d'exploitation paysanne, seigneur, compagnon ou même maître, se marier, procréer... C'est sans nul doute d'ailleurs dans cet état de choses que se retrouve la trame de nombre de faits historiques, ou de récits romanesques, qui témoignent de rivalités entre père et fils, de frères félons se tuant pour un même fief, de barons guerroyant pour une tout autre cause que celle de Dieu. Au XIIè siècle en effet, les conditions matérielles s'amé-

---

14. Statut de la Faculté des Arts de l'Université de Paris, 1366. Cité par Ph. MARCHAND — *Etudiants parisiens au Moyen-Age.* L'Ecole des lettres, n° 12, 1975/76.
15. R. PERNOUD — *Histoire du peuple français.* T. I. Des origines au Moyen-Age. Nouvelle Librairie de France, Paris, 1951.

liorant, on est un homme à 15 ans mais plus tout à fait un vieillard à 35 et les «vieilles générations» ont tendance à retarder la promotion des jeunes.

Cette situation favorise à la fin du Moyen Age le regroupement de jeunes garçons en organisations structurées comme les «confréries» et les «milices». Les confréries, à caractère religieux, sont en particulier chargées de l'entretien des chapelles. Les milices — le «guet» — ont toute l'apparence de groupes militaires: capitaines, lieutenants, drapeaux et défilés. Il semble que ces deux types de mouvements aient fini par se confondre et par perdre leurs fonctions originelles, sous la pression tant de l'Eglise que des municipalités, pour ne garder qu'un rôle d'organisation des festivités et de supervision des relations des jeunes à marier. [16]

Modèle Moyenâgeux d'une «adolescence» pour cause de monde plein

Bien qu'à cette époque il soit difficile, voire impossible, de chercher à analyser un panorama démographique, étant donné l'absence de tout recensement et du minimum d'informations un tant soit peu objectives sur l'état de la population, quelques travaux cependant, témoignent d'une très forte progression démographique entre l'an Mille et le milieu du XIVè siècle ; la population française se serait multipliée par quatre durant cette période. La mutation agricole, liée en particulier au défrichement, aurait permis, grâce au remplacement de la force physique par des instruments, une accélération de la croissance démographique. A cette date, la population est estimée, selon les auteurs, de quinze à vingt millions d'habitants. Ainsi le Moyen Age nous offre durant une courte période l'exemple d'une prolongation artificielle de l'enfance pour des raisons d'économie sociale, de crise démographique très exactement. Ce phénomène est tout à fait exceptionnel pour la période donnée.

A la suite des progrès techniques des XIè — XIIè siècles l'occident chrétien se trouve en situation de «monde plein», à la limite de la surpopulation [17]. La situation n'est pas neuve, la réponse l'est totale-

16. Il en sera ainsi des «bachelleries» de l'ouest et du rite dit de «la plantation des arbres de mai» qui consiste à planter des arbres, en groupe de jeunes gens non encore mariés, devant les demeures des jeunes filles estimées suffisamment mûres et sages pour se marier dans l'année. Ainsi encore des «charivaris»... (M. PERROT — «La fin du charivari» in *l'Ane*, n° 22, juillet-septembre 1985).
Les jeunes filles pourront pour leur part, s'organiser en «abbayes de jeunesse» avec à leur tête, des «reines» et des «batonnières» et participer à l'organisation des festivités de la Sainte Catherine ou du bal de mai.
L'influence de l'Eglise sera de plus en plus marquée comme dans le cas, par exemple, des «Enfants de Marie».
Bachelleries, abbayes de jeunesse et autres «*Jovents*» disparaîtront peu à peu après la Révolution «n'élisant plus qu'un «roi d'amour» couronné le jour du carnaval ou du banquet annuel des conscrits». (E. SHORTER — *Naissance de la famille moderne*. Le Seuil, Paris, 1977).

17. P. CHAUNU — *Le temps des réformes. La crise de la chrétienté. L'éclatement, 1250-1550*. Fayard, Paris, 1976.

ment. Son aspect le plus important est le retard de l'âge au mariage, traditionnellement pubertaire. En effet, dans le même temps que le droit féodal recule à 25 ans l'accès à la majorité légale, à partir du XIIIè siècle, l'âge au mariage semble repoussé temporairement, vers 20, 25, 28 ans. C'est une solution à la crise qui paraît non pas concertée mais spontanée, informelle [18].

L'une des raisons de la mise en cause croissante du pouvoir des clercs est d'ailleurs imputée à ce phénomène, car on considère que c'est leur célibat qui les rend seuls capables d'être les médiateurs entre l'homme et Dieu, l'homme et le Salut, l'homme et l'Ecriture. Cette situation nouvelle de chasteté obligée — entre 15 et 25 ans — pour un nombre important de jeunes qui jusqu'alors auraient pu procréer, fait vaciller le prestige des clercs. Dans ces conditions nouvelles chacun se sent digne d'un rapport direct avec Dieu, avec le Salut, avec l'Ecriture, puisqu'il n'est pas souillé par le pêché de la chair.

Cette « réponse nouvelle » à un « défi ancien » [19] est une préfiguration transitoire d'un « âge entre deux » pour cause ... ici de démographie, là d'économie, et beaucoup plus tard de multiples raisons qui n'auront rien eu à emprunter aux lois biologiques.

18. Voir à ce propos les réponses apportées dans le monde animal aux situations de surpopulation ou de difficulté d'ordre écologique. C'est ainsi que se constituent parfois dans certaines espèces au-delà de la puberté des « bandes » de jeunes dont l'accès au monde adulte est reporté.
19. P. CHAUNU. Op. Cit.

3

LES ENFANCES DE L'ADOLESCENCE

De la Renaissance à 1795 : une portée à couver

L'éducation instituée
Les écrivains pédagogues

De l'Université des Arts aux collèges

Au XVè et au XVIè siècles, les collèges de l'Epoque Classique sortent progressivement des anciennes Facultés des Arts du Moyen Age. On se souvient en effet que celles-ci n'étant pas au même rang que les autres facultés (droit, médecine, théologie) ne sont qu'une sorte de propédeutique y donnant accès, et peuvent donc être considérées comme l'équivalent d'un cycle secondaire. Les collèges se voient investis par un grand nombre de jeunes qui n'ont pas besoin d'une formation très spécialisée. Ils viennent y suivre un cursus légué pour l'essentiel par les facultés médiévales. Le *trivium* (grammaire, rhétorique, dialectique) et le *quadrivium* (géométrie, arithmétique, astronomie, musique). Peu à peu l'enseignement se modifie, s'organise, la vie des élèves évolue ainsi que la façon dont on les considère.

C'est à la Renaissance qu'apparaît dans le système éducatif la notion de classes : le Moyen Age ignorait et le mot et la chose. Avec l'organisation des collèges qui commencent de séparer les enfants — de 7 à 17 ans — des adultes, vont bientôt disparaître les leçons au cours desquelles une demi-douzaine d'« aînés » — *primi inter pares* — dispense son savoir à un groupe hétérogène d'enfants ou de vieillards. A cette époque apparaît une ébauche de gradations que l'on appelle d'abord *lectiones*. Leur nombre est variable, et la rétribution du maître — payée par les élèves — s'accorde dans son importance avec celle du degré, bas ou élevé.

A la fin du XVIè siècle, les jésuites répartissent leurs élèves en quatre, six voire huit classes. Chaque classe se voit dotée d'un local et d'un régent particuliers. Les dits régents perdent de leur indépendance, soumis qu'ils sont à un recteur. Les élèves ne sont plus les jeunes vagabonds du Moyen-Age butinant le savoir et s'ébrouant dans la cité. La concentration de l'élève sur l'étude, alliée à l'apparition de l'imprimerie, facilite l'efficacité du cursus. On peut désormais entrer au collège vers 7 ans et en sortir, bien armé, entre 15 et 17 ans.

Cette tendance à la séparation des classes d'âges et des matières enseignées n'ira, on le sait, qu'en se confirmant.

Un autre fait nouveau s'affirme, la ségrégation entre une société de jeunes et une société d'adultes, réaction contre le Moyen-Age qui faisait un adulte d'un enfant de la veille. C'est une volonté de lutter contre les laisser-aller médiévaux en matière d'éducation et donc d'isoler pour préserver. Dans cet isolement, la discipline peut s'exercer pour polir et moraliser. Or de 7 à 17 ans, on confond les prescriptions : l'humiliation du fouet s'exerce sans discernement sur des reins enfantins ou sur des cuisses velues de costauds pubères.

Si au cours de cette période les cycles des études se précisent, il ne faut pas oublier pour autant qu'ils ne sont pas accessibles à tous ou simplement que leur formule ne présente pas le même intérêt pour tous. Comment tenir à l'écart du monde adulte une part de la jeunesse en fonction de déterminismes sociaux ? En s'organisant, la culture s'est souvent aristocratisée. Les humanistes par exemple, en traitant des problèmes d'éducation, n'ont songé qu'aux enfants de bonne famille. Paradoxalement la scolarisation ne cesse tout de même de s'accroître car la noblesse et la bourgeoisie tiennent dorénavant par-dessus tout à l'instruction de leurs rejetons. Cependant, même si les jésuites enseignent gratuitement, leur clientèle se recrute dans les classes aisées. Car une famille pauvre ne peut en aucun cas se permettre de ne pas placer son enfant chez un patron. A côté donc de ce type de formation, on retrouve, et pour longtemps, la formule de l'apprentissage.

Où l'on voit se forger l'avenir de deux grands groupes sociaux

Dans le courant du XVIIè siècle quelles possibilités se présentent aux parents pour leurs enfants après 7 ans, âge où l'on continue traditionnellement de juger qu'il est temps de les retirer du giron maternel ? Deux grands groupes se dégagent, l'un homogène et attendu, celui de la moyenne et petite noblesse et de la bourgeoisie ; l'autre inattendu, car composé des deux classes les plus éloignées dans l'échelle sociale, celui de la haute noblesse et des couches modestes.

Dans le premier, vers 8 ans, les fils de nobles entrent au collège sous la direction d'un gouverneur personnel. Aux études habituelles viennent s'ajouter l'équitation, la danse, l'escrime. Le plus souvent vers 13 ans, ils accèdent à l'Académie puisqu'on les destine à l'état militaire. Des fils de magistrats et de bourgeois ambitieux et les enfants que l'on destine aux ordres suivent en général le cycle complet des études proposé au collège et entrent dans l'une des trois facultés : médecine, décrets, théologie, pour accéder aux grades de bachelier, licencié, voire docteur. Ce qui est constant dans cette formation c'est qu'un enfant d'une intelligence moyenne a souvent acquis dès 12-13 ans un savoir d'une étendue considérable. Le XVIIè siècle nous offre des exemples d'aspirants de marine de 12 ans, d'enseignes et de capitaines de 14 ans et même de docteurs en droit de 18 ans. Robert Estienne manie allègrement le latin, le grec et l'hébreu. Quant à Marguerite de Valois, le latin, l'italien et l'espagnol n'ont pas de secret pour elle. Et que tel autre connaisse tout Homère par cœur à 10 ans n'émeut pas [1].

Comment expliquer cette somme de savoir ? Sans doute par le nombre restreint de matières enseignées et peut être hélas aussi par la terrible sévérité du régime scolaire. Il n'est pas rare qu'un emploi du temps d'une journée commence à quatre heures du matin. A cinq heures munis de gros livres et d'écritoires, on s'attèle à l'étude à la chandelle. On est en classe cinq heures durant jusqu'au « dîner » de dix heures. Pour se délasser ? quelques jeux : lecture de Sophocle, Aristophane, Démosthène. A une heure, la classe reprend jusqu'à cinq heures du soir. Et chez soi, avant et après le souper, il est recommandé des lectures distractives de quelques auteurs grecs ou latins. Le moindre signe de paresse est réprimé avec une violence souvent excessive et les corrections corporelles — fouet, verge, férule — sont cruelles. On peut dire qu'avant l'Emile il n'y a pas pour les pédagogues de « droiture naturelle des hommes » et que toutes les premières forces vitales sont à domestiquer et même à considérer avec la plus grande méfiance. Et l'on recommande bien aux régents de ne pas laisser aller leurs ouailles à plus de deux ou trois aux « lieux nécessaires ».

Dans le second groupe, composé des extrêmes de l'échelle sociale, qu'il s'agisse d'un enfant princier ou d'un fils d'artisan, c'est la notion d'apprentissage qui prédomine. Le futur grand de ce monde [2] comme le futur forgeron acquiert le savoir qui lui est nécessaire dans sa charge directement au contact de l'adulte, isolé le plus souvent de ses pareils et ce, dès 9 à 10 ans. A cette différence près, que pour le prince, l'adulte se nomme « précepteur » et pour le futur artisan « patron ». Il faudrait donc plutôt chercher dans les couches moyennes de la société la préfiguration du clivage qui s'est perpétré entre jeunes et adultes. A l'origine de ce clivage se trouvent sans doute des raisons de commodités et de progrès éducatifs. Cependant, on ne peut pas ne pas y déceler

1. Le Prince de Conti a 16 ans quand il se met à la tête de la Fronde (1648). Le Comte de Charolais, fils du Duc de Bourgogne n'a que 16 ou 17 ans d'âge quand il joute pour la première fois dans un tournoi. A 15 ans le Comte de Brienne obtient la survivance de la charge de son père (qui était Secrétaire d'état).
L'oncle de Mirabeau est aspirant de marine à 12 ans.
A. FRANKLIN — *La vie privée d'autrefois*. Plon, Paris, 1895.
2. Louis XIV, sacré roi à 16 ans fut, pour les besoins de sa charge, déclaré majeur dès l'âge de 13 ans.

l'effet d'une idéologie, probablement inconsciente, visant à isoler les forces montantes et à s'en défier sous prétexte de les protéger, leur accès à l'autonomie étant le plus qu'il est possible retardé. Car, si l'apprenti est très tôt, d'une certaine façon, un être autonome qui a passé un contrat avec son patron et qui est entré, comme l'on dirait aujourd'hui, dans le monde du travail, il n'en est rien pour le collégien, complètement démuni s'il interrompt son cycle d'étude.

On voit qu'à cette époque, selon l'appartenance sociale, s'organisent des devenirs différents pour l'enfant. Apprentissage et place dans la société sont toujours prédéterminés pour la haute noblesse, les artisans et les couches modestes. En revanche, pour les enfants des couches moyennes, qui constituent l'essentiel des collégiens entre 7 et 17 ans, apparaît un âge intermédiaire, nouvellement créé par le système éducatif, dont on peut se demander s'il ne résulte pas de l'absence d'une place nettement définie pour lui dans la société.

Le siècle des Lumières et l'éducation de ses enfants

Une grande mutation des valeurs affecte le XVIIIè siècle. Dans cette période, bien plus encore que dans les précédentes, l'éducateur a pour charge de former un homme qui doit répondre aux attentes de la société du moment.

L'éducation des filles, en ce qui la concerne, reste, d'une manière générale, beaucoup plus négligée. Lorsqu'une localité ne peut entretenir qu'une école, seuls les garçons sont scolarisés. Les jeunes filles de bonne famille sont confiées à des couvents ou à des congrégations féminines pour y recevoir une formation de niveau primaire ou secondaire [3].

Le siècle dit des «Lumières» conteste largement l'école que lui ont léguée l'Antiquité, le Moyen Age, la Renaissance et l'Epoque Classique. La clientèle des collèges ne se recrute plus désormais seulement dans les classes sociales aisées. Les éléments roturiers en quête de promotion, les fils de laboureurs sont nombreux à y accéder. Pour ces derniers le suprême espoir est de se faire prêtre et de quêter une cure. L'emploi systématique et imposé du latin entre maîtres et élèves et entre condisciples eux-mêmes est dénoncé. Tout comme les références abusives à la civilisation latine et l'excessif «esprit monacal» que raille Diderot. De nombreux articles de l'Encyclopédie, des traités d'éducation plaident en faveur du français et contre la place prééminente de la religion. «Un étranger à qui l'on expliquerait les détails de l'enseignement, s'imaginerait que la France veut peupler les séminaires et les cloîtres». [4]

---

3. A. LEON — *Histoire de l'enseignement* en France. Que sais-je ?, PUF, Paris.
Ce n'est qu'en 1833 que la loi Guizot imposera aux collectivités la construction d'au moins une école primaire dans chaque commune. La loi du 10 avril 1867, enfin, organisera l'enseignement primaire féminin.
4. L. R. de LA CHALOTAIS — *Essai d'éducation nationale*. 1763. Cité par Ph. MARCHAND — *L'enseignement secondaire au XVIII*e *siècle*. L'Ecole des Lettres, n° 9, 1975/76.

Montesquieu insinue même dans les *Lettres Persanes* que cet état de choses est l'une des explications de la dépopulation française. Il fait dire à son persan Usbek:

«la prohibition du divorce n'est pas la seule cause de la dépopulation des pays chrétiens. Le grand nombre d'eunuques qu'ils ont parmi eux n'en est pas une moins considérable.

Je parle des prêtres et des dervis de l'un et l'autre sexe, qui se vouent à une continence éternelle: c'est chez les chrétiens la vertu par excellence; en quoi je ne les comprends pas, ne sachant ce que c'est qu'une vertu dont il ne résulte rien».

Et Usbek d'ajouter:

«le nombre de gens faisant profession de célibat est prodigieux. [5] Les pères y condamnaient autrefois les enfants dès le berceau; aujourd'hui ils s'y vouent eux-mêmes dès l'âge de quatorze ans [6], ce qui revient à peu près à la même chose. Ce métier de continence a anéanti plus d'hommes que les pestes et les guerres les plus sanglantes n'ont jamais fait. On voit dans chaque maison religieuse une famille éternelle, où il ne naît personne, et qui s'entretient aux dépens de toutes les autres».

On proteste également contre l'indigence de l'histoire et de la géographie dans les programmes tout comme celle des sciences mathématiques et physiques qui se sont pourtant largement développées.

Au cours de ce siècle c'est surtout la vie quotidienne du collégien qui s'adoucit. Bien que l'univers reste clos et que l'on se méfie encore d'un être vulnérable, proie trouvée pour le démon, les châtiments corporels se font plus rares et peu à peu la discipline se veut libérale. On préfèrera l'émulation à la menace. Cependant la volonté d'innover se heurte au respect des traditions. C'est le grand paradoxe de cette période de l'histoire de l'éducation et, comme nul n'est prophète en son pays, les préceptes d'écrivains tels que Rousseau, Voltaire, Diderot n'auront une influence réelle dans la transformation de la réalité éducative que bien après leur époque.

Le XVIIIè siècle voit s'étendre à des catégories sociales nouvelles le processus de mise en marge, grâce aux études, d'une jeunesse de plus en plus coupée du monde adulte.

«Cet âge ne dure jamais assez pour l'usage qu'on doit en faire, et son importance exige une attention sans relâche: voilà pourquoi j'insiste sur l'art de le prolonger». [7]

---

5. 270.000 religieux en France en 1667. 200.000 en 1776.
6. Selon l'ordonnance de Blois, article 28, de mai 1579 et les canons du Concile de Trente, l'âge fixé est de 16 ans. Ce n'est qu'en 1768 que Choiseul fit élever l'âge des vœux solennels à 18 ans pour les femmes et 25 ans pour les hommes.
Notes de P. VERNIERE in MONTESQUIEU — *Les Lettres Persanes*, Garnier, Paris, 1975.
7. J. J. ROUSSEAU — *Emile ou de l'Education*. G. Flammarion — n° 117. Paris.

Trop de jeunes à marier

Du début de la Renaissance à la fin du XVIIIè siècle l'étude des systèmes d'éducation fait apparaître une mise en marge très progressive des enfants — jeunes et moins jeunes — entre la puberté et la nuptialité. Temps de latence qui s'étire démesurément pour certaines générations dont l'âge au mariage est retardé jusqu'à 30 ans ! Si l'on considère l'âge moyen de la puberté, ce décalage présente un caractère unique dans l'histoire des sociétés occidentales. Quelles raisons, qu'elles soient d'ordre démographique, économique, scientifique, moral, inconscient sont à l'origine de ce phénomène qui, en ces temps, paraît inexorable ?

Du XIVè au XVIIIè siècle, la courbe démographique en France est globalement négative. La guerre de Cent Ans, les guerres de religion, plusieurs périodes de famine, de vastes épidémies, sont autant d'éléments qui contribuent à cette tendance. Sous le règne de Louis XIV a lieu le premier recensement général, rédigé par Fénelon et Vauban entre 1698 et 1700. Il fait apparaître une population d'environ vingt millions d'âmes, c'est à dire un nombre d'habitants équivalent à celui du milieu du XIVè siècle. Il faut se souvenir que durant toute cette période, on ne peut guère espérer vivre plus de 27 ans en moyenne [8]. C'est dire que la place possible pour une « jeunesse » est bien réduite. Ce n'est qu'à la fin du XVIIè siècle que l'espérance de vie passera de 27 à 33 ans.

La deuxième moitié du XVIIIè siècle, jusqu'à la Révolution, est caractérisée sur un plan démographique [9] par une mortalité infantile élevée, une « espérance de vie » à la naissance réduite à 28 ans et une « vie probable » de 10 ans et demi. [10] La population française reflète le peu d'évolution générale d'une situation démographique ancienne (vingt millions d'habitants en 1350) et la précarité d'une vie aux limites toujours très étroites. Corrélativement, les premières répartitions établies par groupes d'âge, premiers points de repère qui ne seront plus jamais atteints par la suite, mettent en évidence la proportion très importante de sujets jeunes. [11] Ainsi en 1740, 42 % de la population sont âgés de moins de 19 ans, tandis que 8,3 % seulement ont plus de 60 ans.

Ces quelques données démographiques mettant en évidence une disproportion importante, au bénéfice des plus jeunes, entre les différents âges de la vie, sont à rapprocher de l'étude de la régulation de la nuptialité durant la période correspondante. Jusqu'à la veille de la Révolution en effet, la codification par l'autorité parentale de l'âge au

8. *Revue Population*, n° spécial, nov. 1975. Démographie historique. Ed. de l'I.N.E.D.
9. *Revue Population*. Op. Cit.
10. Lorsque l'on dit que la « vie probable » d'un enfant à la naissance est de 10 ans et demi, on veut signifier que la moitié des enfants meurt avant 10 ans et demi.
11. « A 18 ans, la moitié étaient orphelins de père ou de mère et, à 25 ans, la moitié étaient orphelins totaux » A. SAUVY — *La Révolte des Jeunes*. Calmann Lévy, Paris, 1970.

premier mariage rejoint, entre autres nécessités, une nécessité démographique. Ainsi, on voit le retard de l'âge au mariage devenir peu à peu le rouage essentiel du mécanisme démographique de l'Ancien Régime.

On se souvient avoir observé cette réponse au problème de surpopulation, de manière temporaire, à la suite des grands défrichements du XIIè siècle. La grande épidémie de peste qui sévit de 1348 à 1352, et qui fait vingt-cinq millions de morts en Europe, contribue sans doute à rendre caduques ces mesures de limitation. Pendant les quelque 150 ans qui suivent, l'âge légitime au premier mariage redevient traditionnellement précoce et l'Eglise continue d'intervenir dans le rituel des fiançailles comme dans celui des noces. Les fiançailles ne donnent plus, comme par le passé, accès à une consommation anticipée du mariage. La cérémonie ne scelle désormais que deux «intentions» et le rite de passage qu'elle constituait devient plus sûrement un rite de contrôle: «Selon le droit ancien, les Fiançailles passoient et avoient lieu de Mariage de présent, lorsque l'accouplement des parties s'ensuivait avec l'affection conjugale, c'est à dire avec l'intention de consommer le mariage. Mais celà n'a plus lieu depuis la déclaration et publication du Décret du Concile de Trente... où il est dit que par aucune copulation les Fiançailles ne passoient en vray mariage». [12]

L'étude de J. L. Flandrin [13] donne nombre de renseignements sur les différentes façons de «faire l'amour» [14] avant les fiançailles dans les sociétés paysannes. L'auteur y évoque par exemple le «maraîchinage vendéen»: «Dans ces villages, garçons et filles, depuis leur quinzième année jusqu'au moment de leur mariage, pouvaient ouvertement s'embrasser à pleine bouche et, moins ouvertement, se donner du plaisir par une masturbation mutuelle.»

Ou bien encore l'«albergement» savoyard pour lequel il cite un témoignage:

«Le samedi et les jours de fête, que les chrétiens ont coutume de réserver au repos et au service de Dieu, les jeunes paysans ont l'habitude de veiller jusque dans la nuit avec les jeunes filles nubiles et, sous couleur de l'éloignement de leurs demeures, ils leur demandent l'hospitalité et veulent partager leur lit, ce qu'on appelle vulgairement «alberger». Celles-ci, après avoir conclu un pacte pour conserver leur pudicité, et ne rencontrant pas d'opposition de la part de leurs parents, ne le leur refusent pas: elles s'en remettent follement à leur loyauté, seules à seuls dans le même lit, ayant cependant gardé leur chemise. Là, malgré le vain obstacle de la chemise, il arrive très fréquemment que la fureur sexuelle force ce pacte ridicule et les verrous de la virginité, et que deviennent femmes celles qui peu de temps avant étaient encore

---

12. P. BINSFELD — *La théologie des Pasteurs et autres prestres ayant charge des âmes.* Cité par J.L. FLANDRIN in *Les amours paysannes. XVIè - XIXè siècle.* Archives, Gallimard-Julliard, Paris, 1975.
13. J. L. FLANDRIN — *Le Sexe et l'Occident.* Points, Le Seuil, Paris, 1981.
14. Ce qui à l'époque signifie «faire la cour».

vierges. Au reste, qu'attendre d'autre d'une rencontre nocturne d'amoureux de cette sorte dans une absolue solitude ?» Flandrin fait remarquer que « toutes ces coutumes concernaient les jeunes gens qui n'étaient pas encore fiancés. » Et que l'« on peut supposer que, d'une manière générale, les libertés sexuelles étaient plutôt plus grandes après les fiançailles qu'avant, et l'on sait même que, dans certaines régions comme la Corse ou le Pays basque, les fiancés vivaient maritalement bien avant de faire bénir leur union par l'Eglise. Or toutes ces libertés traditionnelles d'avant ou d'après les fiançailles ont été réprimées et ont finalement disparu. »

Le mariage contracté par l'impubère étant, par principe nul, l'Eglise est amenée à fixer un « âge légitime », repris au Droit romain : 12 ans pour les filles et 14 ans pour les garçons. D'aucuns admettent d'ailleurs, qu'une puissance sexuelle précocement démontrée justifie la possibilité de mariage : « Et quelle aage est requise. Unze ans et demy au moins en une fille, et treize ans et demy au male : devant lequel temps le mariage contracté est invalide, sinon que la malice suppleast l'aage, comme dit la loy. Exemple : Si un garçon en l'aage de dix ans a la discrétion et complexion si forte qu'il puisse spermatizer ou deflorer une pucelle, il n'y a point de doute qu'il ne puisse contracter mariage. Aucun opinent que Salomon engendra en tel aage. Et Sainct Hierosme allègue le mesme d'un garçon qui engrossa une veuve en l'aage de neuf à dix ans. Autant s'en dit d'une fille, avec laquelle le mariage est valide dès lors qu'elle peut endurer la compagnie de l'homme. » [15] Ce à quoi Loysel répond : « Boire, manger, coucher ensemble est mariage ce me semble... mais il faut que l'Eglise y passe. »

Du contrôle du mariage au contrôle de la sexualité, l'Eglise étend ses interdits et l'on a recensé pas moins de trente-huit ordonnances synodales qui, à partir de 1507, interdisent certaines « promiscuités ». Une seule de ces ordonnances concerne la puberté, mais quinze, l'enfant de 7 ans, et deux, même, l'enfant de 4 ans :

« Nous défendons aux frères et sœurs ou autres parens de sexe différent de coucher ensemble après l'aage de 7 ans. Cet usage, qui donne lieu à une infinité d'horribles péchés, comme nous l'ont rapporté plusieurs confesseurs, est donc prohibé sous peine d'excommunication et d'une amende de 10 livres. Sous les mêmes peines nous défendons aux pères, mères, tuteurs de ces enfants et à tous ceux qui en ont la charge, de leur permettre de coucher ensemble. Nous recommandons aux pères et mères de ne pas faire coucher leurs enfans avec eux, ni les garçons avec les filles, passé l'âge de 4 ans, leur faisant entendre que rien n'est plus capable de faire perdre aux enfans l'innocence du baptême qu'une pratique si pernicieuse. » [16]

De même, depuis le haut Moyen-Age, les confesseurs dénoncent la masturbation dans la société chrétienne...

15. BENEDICTI — *Le Somme des péchés*. Cité par J. L. FLANDRIN. Op. Cit.
16. Cité par J. L. FLANDRIN. Op. Cit.

A cette mainmise de l'Eglise sur la vie des familles, par voie sacramentelle, s'oppose, dès le XVè siècle, une tendance à la laïcisation du mariage qui vise à renforcer la puissance paternelle en subordonnant le mariage des enfants de famille, même pubères, à l'autorisation parentale; idées exprimées dans les coutumes du Midi, fidèles aux conceptions romaines. L'affaiblissement de l'Eglise et la crainte du protestantisme accentuent cette laïcisation qui s'appuie sur l'autorité et les justices royales [17].

C'est ainsi que, reflet d'un inconscient collectif des générations qui légifèrent, nécessités d'équilibre démographique, raisons d'ordre économique qui retardent l'accès au partage des biens, l'édit de 1556 marque un tournant dans l'histoire de la nuptialité en France. Repris par une ordonnance de 1579, il fixe la majorité pour contracter mariage à 30 ans pour les hommes et à 25 ans pour les femmes. Après cet âge, les enfants doivent encore solliciter l'avis de leurs parents. De fait, cet «empêchement» vise une fois de plus les enfants de famille que les parents pourront déshériter à titre de sanction (une déclaration de 1639 avait ajouté, pour le mineur de 25 ans, outre la privation de toute succession, la nullité de ses propres donations).

Les ordonnances de 1560 et 1579 ajoutent une sanction pénale et punissent de mort «sans espérance de grâce ou de pardon tous ceux qui auront suborné un fils ou une fille mineurs de 25 ans sous prétexte du mariage ou autre couleur sans le gré, vouloir ou consentement exprès des pères, mères et des tuteurs.»

Plus que la mort du ravisseur c'est la nullité du mariage que l'on souhaite et que les parlements parviennent à imposer par la théorie du «rapt de séduction» [18]. C'est le plus sûr moyen de réprimer, entre autres choses, les mésalliances et, aux termes des *conférences de Paris* rédigées en 1674 sur l'ordre de l'Archevêque de Paris, qui fixent cette doctrine, le consentement des parents est nécessaire au mariage des mineurs de 25 ans.

Le rapt de séduction entraîne la privation de tout droit à succession. Les mêmes peines frappent les enfants de 25 à 30 ans qui n'ont pas obtenu le consentement de leurs parents. A partir de 30 ans, les enfants doivent user des «sommations respectueuses»: le futur époux se rend avec deux notaires au domicile de ses parents, après permission du juge; s'il n'obtient pas leur consentement, il peut passer outre sans risquer d'être déshérité. Ultime rite de passage, des plus formels [19].

Ainsi, durant la première moitié du XVIIè siècle l'âge moyen au mariage s'établit à 25 ans chez les hommes et 22 ans chez les femmes [20].

---

17. Les protestants français suivront les règles édictées par Calvin qui, après la désacralisation du mariage par Luther, fera suivre le contrat devant notaire d'une solennisation à l'église. Ferme réglementation, où le mariage des mineurs conclu sans l'autorisation des parents est considéré comme nul. En revanche, les parents ne peuvent contraindre leurs enfants au mariage.
18. P. OURLIAC et J. de MALAFOSSE. Op. Cit.
19. Ibid.
20. J. DUPAQUIER — *La population française aux XVIIè et XVIIIè siècles*. Que sais-je? PUF, Paris.

La seconde moitié du XVIIè siècle voit se renforcer cette tendance, dans les villes plus encore que dans les campagnes. Ce «vieillissement» de la nuptialité s'accompagne — confirmation de sa finalité démographique — d'une faible fréquence des conceptions prénuptiales et d'un taux non négligeable de célibataires définitifs. Chez les Ducs et Pairs cependant, les chiffres restent stables. La «protection» des fils de famille semble apparemment suffisante.

La première moitié du XVIIIè siècle témoigne, tant dans les populations rurales qu'urbaines d'une nécessité accrue de retarder la création d'une cellule familiale de base. [21] Dans le même temps, on assiste aux débuts d'une limitation volontaire des naissances chez les Ducs et Pairs où l'âge moyen au mariage ne descend pas au-dessous de 23 ans et demi chez les hommes et de 19 ans et demi chez les femmes [22].

A côté de cette contraception avant la lettre, adoptée — et adaptée — par la noblesse (moins d'enfants, moins de partages), se développe dans le monde rural un contrôle de «l'établissement»: faute de terres à partager, la constitution d'une famille sera différée, sinon empêchée:

«Dans cette civilisation agraire, la notion de tenure jouait un rôle analogue à celui du territoire chez les animaux. Les jeunes étaient privés du droit d'avoir des relations sexuelles tant qu'ils n'avaient pas hérité, ou constitué un pécule suffisant pour songer à s'établir à leur compte.» Qu'en était-il si leurs parents étaient toujours en vie? «Ils étaient condamnés à végéter dans une position subalterne, à se placer comme domestiques dans les fermes ou à la ville: c'était une sorte de purgatoire rappelant les épreuves des jeunes oiseaux privés de nids par les adultes.»

Il en résultait donc que «les jeunes célibataires constituaient un véritable stock matrimonial, dont la fonction était de permettre à la société de maintenir à peu près constant le nombre des ménages, c'est à dire des unités économiques de base. Si le besoin s'en était fait sentir, ces populations, en passant au système du mariage pubertaire, auraient pu augmenter de 50 % leur fécondité. Généralement, il leur suffisait d'accroître un peu leur nuptialité pour compenser les effets dévastateurs des grandes mortalités.» [23]

Célibat «purgatoire», stock matrimonial, voilà bien le rôle dévolu à une génération qui, à la veille de la Révolution voyait son âge moyen

---

21. A Lyon et à Caen par exemple, l'âge au mariage atteint 29 à 30 ans pour les hommes et 27 à 28 ans pour les femmes.
22. Encore faut-il remarquer qu'à partir du XVIIIè siècle, les filles nubiles sont entourées d'attention pour qu'en aucun cas elles ne s'adonnent au péché de chair. Etres passionnés, éveillés par des tensions continuelles, elles sont abîmées, pensent les adultes «par le dérèglement interne des fibres, dans la partie organique de la femme». Ainsi en parle le Docteur BIENVILLE dans la «Nymphomanie ou traité de la fureur utérine» (cité par B. KOEPPEL in *De la pénitence à la sexologie*, le Sycomore, Paris/C.F.R.E.S., Vaucresson, 1982). Couvents et institutions permettent aux familles d'organiser, voire de différer, dans les délais qu'elles jugent bons, un mariage qui, seul, arrivera à bout de cette concupiscence...
23. J. DUPAQUIER. Op. Cit.

au premier mariage atteindre 28 ans et demi pour les garçons et 26 ans et demi pour les filles, la nuptialité continuant de s'abaisser et le célibat définitif s'accroissant.

Au siècle dit «des Lumières», celles des philosophes vont tenter de briller sur cette délicate question du mariage. Tout ce qui lui est relatif ressort aux parlements, et les philosophes développent l'idée que l'union matrimoniale est avant tout un contrat civil. Pour Montesquieu, «le mariage étant de toutes les actions humaines celle qui intéresse le plus la société, il a bien fallu qu'ils fussent réglés par les lois civiles». [24] «Aux pratiques de la noblesse et de la haute bourgeoisie, on oppose les vues idylliques d'une loi naturelle qui fonderait le mariage sur la libre volonté et sur l'amour et permettrait de rompre des unions malheureuses». [25] Vers 1770, les projets de réforme se multiplient. Le Maréchal de Saxe propose un «mariage à terme» qui doterait la France de 978 millions d'habitants en 1930, chaque couple ayant six enfants... Diderot vente l'union libre dans *Le Supplément au Voyage de Bougainville*, mais reconnaît, dans *La Suite au Rêve de d'Alembert*, que sa doctrine «n'est pas bonne à prêcher aux enfants ni aux grandes personnes».

Louis XVI rend leurs droits civils aux protestants. L'assemblée constituante proclame la liberté du culte. La constitution de 1791 affirme que le mariage est un contrat civil qui peut intervenir — dès 1792 — à 13 ans pour les filles et 15 ans pour les garçons [26].

Le lit d'une laïcisation renforcée ainsi préparé va accueillir dans les dernières années de l'Ancien Régime, de par la volonté du législateur, de bien jeunes époux... Affirmation paradoxale d'une laïcité dont l'esprit novateur est le calque des statuts de l'ancien droit canon... Statuts dont on peut penser qu'au seuil du XIXè siècle — si l'on se réfère à la courbe supposée de l'âge des premières règles — ils ne correspondent absolument plus comme à Rome et comme au Moyen Age à une réalité biologique.

Perfidie des intérêts économiques en un temps, vanité des idéologies en un autre, et toujours les mêmes jeux de dupes... Car à la différence de la jeunesse que l'on «fera attendre» dans les sociétés modernes, les jeunes de ces époques patientent pour prendre époux(se), rêvent à la part du bien commun qui leur revient, mais dans l'attente, et pour leur grande majorité malgré le développement des études théoriques, ils produisent et sont en quelque sorte en situation d'actionnaires d'un capital fantôme ou d'apprentis qui depuis belle lurette en auraient fini d'apprendre !

C'est en cela que l'on peut dire encore qu'à la Révolution française, il n'y a pas «d'adolescence».

---

24. *L'esprit des Lois*, XVI, 15.
25. P. OURLIAC et J. de MALAFOSSE. Op. Cit.
26. Chiffres valables pendant douze ans (jusqu'en 1804). Néanmoins le consentement des parents demeure indispensable jusqu'à 21 ans.

Jeunes en révolution [27]

« Le 18ème Siècle avait formé l'homme pour la société, la Révolution le forme pour l'Etat. » [28]

Aux temps de la Révolution, le passage de l'enfance à l'âge adulte ne correspond encore à aucune notion clairement déterminée ; ce passage est bref et se traduit par une entrée dans la vie active, qui signe l'accès à l'âge adulte. En témoignent dans la littérature, la description par Rétif de la Bretonne du départ de chez son père à la fin de l'enfance, comme la narration par Brissot, dans ses mémoires, de son passage brutal de Chartres à Paris, véritable marque d'une entrée dans la maturité. Dans le domaine de l'exercice du pouvoir, Louis XVI hérite du trône à l'âge de 11 ans et épouse Marie Antoinette en 1770 à l'âge de 16 ans. Et l'apparition dans le dictionnaire de Furetière puis dans le Littré, des mots « Adolescence » et « Adolescent » ne signifie pas encore, loin s'en faut, que ces notions soient en jeu dans la réalité sociale [29].

Quelle est la situation de la jeunesse dans les années 1780-1790 ?

Alors que la France est la première nation d'Europe par sa population [30], qu'elle a un taux de natalité très élevé, que les moins de 20 ans représentent plus de 40 % de la population totale, ceux que l'on appellera plus tard les « adolescents », constituent la catégorie démographique la plus importante à l'époque de la Révolution. Ils seront les plus touchés par la situation économique du moment. Leur mobilisation n'en sera que plus aisée : ils formeront une part non négligeable des bataillons jusqu'à la fin de l'Empire. Mais la mortalité est encore telle [31] qu'il n'y a pas de place pour un âge intermédiaire. 35 % des enfants n'atteignent jamais la puberté ; au delà de 15 ans, la mortalité est d'ailleurs comptabilisée avec celle des adultes.

L'âge du mariage, qui traduit l'installation dans une vie adulte et la diminution de la dépendance juridique à l'égard du père, pourrait être considéré comme la fin de la jeunesse ; fin de la jeunesse que Furetière situe aux environs de 24-25 ans, comme l'est à cette époque l'âge moyen au mariage. C'est dire l'intervalle qui sépare puberté et mariage [32]. Les cas « historiques » et néanmoins isolés comme le mariage précoce du Roi à 16 ans, celui de Madame Lavoisier à 15 ans, celui de Danton avec une jeune fille de 16 ans... ne doivent pas faire oublier la situation habituelle de leurs contemporains. Ce retard au mariage, véritable

---

27. Nous tenons à remercier monsieur Marcel DORIGNY, historien, pour les informations dont il nous a fait bénéficier, lors du séminaire qu'il a animé le 1er mai 1989 dans le cadre du XIXè secteur ouest de psychiatrie de l'Essonne.
Les données démographiques utilisées dans ce chapitre sont empruntées à Y. BLAYO — Population Démographique historique. I.N.E.D., novembre 1985.
28. Les Goncourt, cités par J. ROBIQUET. *La vie quotidienne aux temps de la Révolution*. Hachette, Paris, 1939.
29. Cf à ce propos le chapitre « Des Mots Animés ».
30. 27 millions d'habitants, soit 5 millions de plus en 40 ans.
31. 30 à 38 % ; espérance de vie à la naissance aux environs de 30 ans entre 1780 et 1799 ; mortalité avant 15 ans : 35 %.
32. Age moyen au mariage, 26-27 ans pour la femme, 28-29 ans pour l'homme.

contraception sociale, entraînera une baisse de natalité tout en marquant les débuts d'une conception de la famille comme micro-entreprise. Se marier équivaudra alors à en fonder une.

La période révolutionnaire est par ailleurs marquée dans le domaine de l'instruction et de l'éducation publiques, par de nombreux projets s'intéressant essentiellement aux enfants jusqu'à l'âge de 11 ans pour les filles et de 12 ans pour les garçons, comme si au delà, la vie sociale et économique reprenait tous ses droits. Tous ces projets marquent les mêmes limites en âge, 12 ans ; et ce, quelles que soient les idéologies très différentes voire opposées qui les sous-tendent : de Talleyrand à Le Peletier de Saint Fargeau, le Montagnard, en passant par les Girondins estimant qu'après 12 ans, « c'est du ressort de la famille ». Seule exception dans ce tableau, Condorcet. Lui seul envisage un système éducatif englobant tous les âges, de l'école primaire, jusqu'à 12 ans, aux instituts (qui sont les futurs lycées), et à l'université. Il estime qu'il revient à l'Etat et non à la famille d'assumer l'éducation des jeunes. Les théories de Saint Just sur la formation de la jeunesse iront dans le même sens :

« L'enfant, le citoyen appartiennent à la Patrie. L'instruction commune est nécessaire. Les enfants appartiennent à leur mère jusqu'à 5 ans, si elle les a nourris, et à la République, jusqu'à la mort ». [33]

Saint Just prévoit des écoles, toujours établies à la campagne. Les premières, de 5 à 10 ans, pour apprendre à lire, écrire et nager. Les secondes, de 10 à 16 ans ; les élèves répartis en compagnies et bataillons y reçoivent une éducation agricole et militaire. Au delà de 16 ans, « l'élève s'émancipe. Sans avoir le droit de revoir ses parents avant la vraie majorité de 21 ans (...), il peut choisir un métier et quitter son sarrau de toile pour revêtir le « costume des arts ». Mais cette faveur ne s'obtient qu'après une épreuve solennelle : il faut traverser, aux yeux du peuple, un fleuve à la nage, le jour de la fête de la jeunesse ». [34]

Cependant, la pratique scolaire de la jeunesse est tout autre. Jusqu'avant 1789 on sait que 96 à 98 % des plus de 12 ans sont exclus du système scolaire. Dans les collèges de l'Ancien Régime les garçons seulement sont accueillis. On estime à 50.000 le nombre des 13 à 18 ans qui y sont scolarisés [35]. Quant aux jeunes filles, 10.000 d'entre elles à peu près bénéficient d'un enseignement dans les institutions religieuses.

Durant la Révolution les collèges sont très touchés par les mouvements idéologiques. C'est tout le système scolaire proposé aux pubères qui s'écroule. Il faudra attendre plusieurs années pour qu'il soit remplacé par une autre organisation.

C'est en l'An III (1795) que seront créées les écoles centrales en remplacement des collèges [36]. Il est prévu qu'il y en ait une par départe-

---

33. Cité par S. POL — *De Robespierre à Fouché. Notes de police*. Flammarion, Paris, 1906.
34. Cité par J. ROBIQUET. Op. Cit.
35. Sur un million de garçons environ de cette classe d'âge.
36. Dans ces écoles centrales les élèves sont répartis en trois sections. Agés d'au moins 12, 14 et 16 ans, ils ont la liberté de suivre à leur rythme les cours qui leur plaisent, le choix des méthodes étant laissé aux professeurs.

ment. Le nombre d'élèves qui les fréquente est très réduit. On l'estime à 15.000 élèves environ en 1797. Cet échec, au delà du refus du monopole d'Etat qu'il traduit, témoigne du désintérêt général pour l'enseignement après le cycle scolaire primaire.

Mais en-dehors de l'école, en revanche, l'ambition révolutionnaire se déploie largement en direction de la jeunesse. On ne s'adressera à cet âge intermédiaire que pour la noble cause de la «formation civique et républicaine», la «formation citoyenne». Mais quand on sait le nombre important d'heures quotidiennes passées au travail, cette formation ne peut être proposée que durant le temps des loisirs. La création d'associations de la jeunesse sera suscitée, surtout pour les jeunes hommes. Les filles bénéficieront d'un apprentissage pour être de futures bonnes mères de famille. On favorisera la lecture de «bons auteurs».

Isolé parmi ses contemporains, le Peletier de Saint Fargeau propose après le «moule républicain» [37], que l'on se préoccupe de prolonger «les soins de quelque culture morale». «(...) à cet âge placé entre la jeunesse et l'enfance, la Patrie ne peut cesser toute surveillance. Des soins sont encore dus à l'adolescence» [38]. L'utilisation, exceptionnelle pour l'époque, du mot adolescence accompagne une série de propositions visant à encadrer les jeunes déjà au travail: «des temps de délassement», «des fêtes», «des rassemblements», leur seront suggérés. Ces projets, ne recueillant aucun écho parmi les autres révolutionnaires, n'auront pas de suite.

Sous l'Ancien Régime, la majorité légale, bien différente de la citoyenneté, se situe à 30 ans chez les garçons et à 25 ans chez la fille.

La Révolution marquera de son empreinte un certain nombre de lois témoignant d'une évolution radicale des mentalités et des droits régissant les rapports entre générations. C'est ainsi qu'en 1790 la majorité est ramenée à 18 ans pour les deux sexes, majorité pénale ne reflétant probablement pas l'idée d'un accès à la maturité à cet âge, mais dévoilant plutôt les nouvelles répartitions des droits face aux intérêts économiques intra-familiaux. Alors que la puissance paternelle s'exerçait sur ses enfants quel que soit leur âge, tant que le père était vivant, elle est limitée en 1790 à l'âge de 21 ans; cette même année, sont créés des tribunaux domestiques [39] pour juger les enfants jusqu'à 21 ans. Ces tribunaux peuvent les placer en maison de redressement, mais non les déshériter. C'est toujours le père qui choisit le domicile de son enfant jusqu'à 21 ans. L'engagement militaire est le seul moyen qui permette d'échapper à l'autorité paternelle. Le père ne peut s'y opposer.

Notre réforme de 1791 sur l'égalité des partages successoraux mani-

37. de 5 à 12 ans.
38. Le PELETIER de SAINT FARGEAU, cité par: *89, Voilà la Révolution*. Bulletin n° 1, oct. 1988, Chronique du bicentenaire. Association Le Peletier de Saint Fargeau.
39. Auxquels participent huit membres de la famille.

feste des intentions « révolutionnaires » pour l'époque : égalité absolue entre tous les enfants, y compris les filles, dans tous les partages. C'est la fin du droit d'aînesse.

Si ces réformes peuvent faire penser à une fin d'enfance à 21 ans, rien dans les lois ne traduit un souci particulier pour ceux que nous dénommons aujourd'hui adolescents. L'institution du divorce en 1792 n'est accompagnée d'aucune précision sur un statut de l'enfant ou du jeune. La lutte contre le vagabondage qui préoccupe l'époque conduira en 1801 à la création du livret ouvrier. Ce livret justifiant d'un domicile et d'un emploi s'appliquera à tous, mineurs y compris. L'idéal révolutionnaire n'ira pas jusqu'à proposer une législation du travail des enfants et des jeunes !

En matière religieuse, c'est le père qui choisit pour ses enfants. Cependant tous les ouvrages d'éducation s'opposent à ce que la religion soit enseignée avant 12 ans. Ils considèrent que jusqu'à cet âge, l'enfant n'est pas en mesure de choisir, lui octroyant donc, ensuite, une capacité de décision nouvelle.

Autant durant la Révolution la jeunesse ne se voit accorder aucune place réelle, ni dans les ambitions éducatives, ni dans les lois, autant là où elle est utile lui réserve-t-on une place privilégiée. Ainsi en est-il des fêtes et des grandes manifestations révolutionnaires. [40] Les rituels symboliques sont au premier plan de ces fêtes qui se multiplient : « la fête de la Raison », le transfert au Panthéon de Mirabeau, de Rousseau..., la « fête de la Jeunesse »... [41] Dans toutes ces occasions une place particulière est donnée aux jeunes. Les sexes sont séparés, les costumes distincts. Les jeunes filles sont souvent en robe blanche, une couronne dans les cheveux, les jeunes hommes en costume coloré bleu-blanc-rouge. Ils défilent, tiennent des discours. Intégrés, mais à leur place, dans ces vastes organisations, leur ardeur est ainsi canalisée.

Il en va de même dans les assemblées et les clubs politiques qui prolifèrent durant cette époque [42]. « Les Sociétés Populaires » sont très fréquemment doublées d'une « Société de Jeunesse » composée le plus souvent des jeunes des collèges, dans lesquels ils apprennent la « citoyenneté ». Apparaît ainsi nettement la volonté politique, spécifique de cette période, de faire intervenir la jeunesse pour appuyer le discours des adultes et d'en organiser le regroupement à côté des autres âges.

Ainsi, enfin, dans l'armée, où la guerre qui se déclare en 1792 entraîne un grand besoin de nouvelles recrues. Ce sont d'abord les volontaires, normalement âgés de plus de 18 ans. Les levées d'hommes étendront progressivement leur recrutement vers des classes d'âge de plus en plus jeunes [43].

---

40. Du 14 Juillet 1790 à la fin du Directoire.
41. Elle avait lieu le 10 Germinal, c'est à dire le 30 Mars.
42. Plus de 6.000 sur tout le territoire.
43. On lira à ce sujet, à titre d'exemples :
. La lettre de François Daigneplats, 12 ans, tambour volontaire dans l'armée du Rhin, à sa mère, cité par J. ROBIQUET. Op. Cit.
. Les cahiers de Xavier Vernère, engagé volontaire à 16 ans, in *Cahiers d'un volontaire de 91*, publié par Gerin-Roze, Paris, 1910.

Ces mesures sont autant de solutions à une situation de crise familiale et économique, de même qu'elles semblent être la source d'une reconnaissance nouvelle, quasi initiatique. On estime à plusieurs milliers les recrues qui ont entre 10 et 18 ans. C'est leur mort qui révèlera leur âge. L'utilité évidente de la jeunesse dans le soutien qu'elle apporte à l'effort de guerre engagé permet alors de dépasser les frontières, toutes neuves encore, d'une nouvelle majorité. Durant les années 1792-1795, le thème magnifié de l'« enfance héroïque » tentera de faire tolérer les morts. Ainsi en est-il de Joseph Bara, enfant de Palaiseau, mort à 14 ans, représenté dans de nombreux tableaux, dont celui de David [44], ou encore de Joseph Agricol Viala mort à 13 ans, tué au cours d'un combat contre les royalistes [45].

Comme toujours dans l'histoire, le culte rendu à ces « héros », encore enfants, sera à la mesure de l'intérêt qu'il représentera. Les filles resteront quant à elles dans l'ombre, sauf durant les fêtes où elles représenteront les futures mères ou la Vertu. Elles s'occuperont au mieux des blessés...

La façon dont les jeunes ont pu, dans un premier temps, servir de réservoir de forces au service des intérêts politiques du moment, puis, dans un second temps faire figure de rivaux dérangeants est encore illustrée par l'histoire des Muscadins, autrement dénommés Brigades de Fréron. C'est durant la Contre Révolution que, parmi les forces hostiles au régime Jacobin, se constituent des bandes armées issues de la « jeunesse dorée ». Trois transfuges des Jacobins sont à leur origine : Tallien, Fréron, Barras.

« Cette jeunesse dorée sera appelée les « Muscadins » en raison de leur manière de se vêtir et de se parfumer au musc. Issus de milieux fortunés, insoumis, déserteurs, acteurs, clercs en rupture de bans, ils avaient pour mission de fomenter des troubles dans les cafés du centre de Paris » [46].

Ce sont eux qui, « coqueluche des grands salons parisiens » [47] formeront les sections d'assaut de Boissy D'Anglas. Ils s'empareront violemment des sections jacobines jusqu'à la fin de l'année 1794.

Ils inaugurent ensuite, à partir de Janvier 1795, les « Promenades civiques », qui « consistaient en déambulations forcées de sectionnaires n'ayant pas abjuré leurs opinions » [48]. Ils pratiquèrent aussi la « guerre des théâtres en contraignant les acteurs jacobins les plus connus à se déjuger publiquement » [49]. « Ils proscrivirent l'exécution de la Marseillaise, organisèrent la chasse aux bustes de Marat » [50].

---

44. Au musée Calvet, en Avignon.
45. Dont l'héroïsme a été célébré notamment dans « le chant du départ » de Chénier.
46. G. SORIA – *Grande histoire de la Révolution*. Tome III. Bordas, Paris, 1988.
47. Ibid.
48. Ibid.
49. Ibid.
50. Ibid.

C'est aussi le temps des Merveilleuses. Madame Tallien en est une très en vue. Une maladie nouvelle, préfiguration des maux ultérieurs dont elle sera affectée, frappe alors la jeunesse. Elle s'appelle la *sexa*, abréviation de « qu'est-ce que c'est que ça ? » [51].

Cet exemple, quelles qu'en soient les limites, témoigne de l'éternel mouvement de balancier, de reconnaissance ou de méconnaissance, d'utilisation ou de mise en marge d'une jeunesse que l'on reverra une quarantaine d'années plus tard, entre 1830 et 1848, se regroupant et faisant tomber les barrières de classe pour lutter contre le monde adulte qui occupe les places.

Jeunes comme vieux, à la saignée !

Ces fluctuations dans la façon dont les générations en place traitent les générations montantes, pas toujours, loin s'en faut, entièrement justifiées par des raisons d'intérêt général, s'expliquent en partie, nous l'avons vu, par le déséquilibre numérique qui peut exister à certains moments dans une société entre les différentes classes d'âge. Cette partition d'une société en classes d'âges ressort tout à la fois d'une évolution des esprits, avec la conception « momentanée » de l'homme qui en découle, et de tendances naturelles, rythmées par la démographie.

Au fil de l'histoire, l'état de la science médicale paraît devoir être associé à cette dynamique humaine. Née d'une Antiquité à la curiosité organisée, la médecine devait franchir des étapes d'inégale importance. La sagesse clinique des Anciens, qui peut passer de nos jours pour un truisme, était, pour l'époque, révolutionnaire. Les « aphorismes » d'Hippocrate en témoignent, même si la place faite aux jeunes ne répond pas à une authentique médecine pédiatrique :

« Les vieillards supportent plus aisément le jeûne, puis les adultes, ensuite les jeunes gens ; les enfants le supportent plus difficilement, notamment ceux qui manifestent le plus de vivacité ».

« Les vieillards ont généralement moins de maladies que les jeunes gens, mais ces maladies, qui chez eux deviennent facilement chroniques durent d'habitude jusqu'à leur mort ». [52]

« La nuit du Moyen-Age » médical [53] s'étend de l'extinction de la civilisation et de la culture romaine dans le monde occidental, au VIè siècle, à l'impression du premier livre médical en 1489. Les ecclésiastiques vont exercer la médecine pendant plusieurs siècles. L'église chrétienne, avec sa conception de la « maladie-expiation » et des « soins-charité », joue tout à la fois le rôle de mémoire, de référent et de

---

51. J. ROBIQUET. Op. Cit.
52. Cité par K. WALKER — *Histoire de la Médecine*. Marabout Université, Gérard, Verviers, 1962.
53. J. FAUVET — *Les étapes de la médecine*. Que sais-je ? PUF, Paris.

censeur : conservation et lecture des manuscrits grecs et latins au sein des monastères et couvents, création des premières infirmeries et des premiers hôpitaux [54], interdiction de la dissection et donc de l'étude de l'anatomie interne et des possibilités chirurgicales qui en découlent. C'est à Salerne, en Italie, que s'ouvre, sous l'égide d'ecclésiastiques et de laïcs, la première école de médecine dont les études sont sanctionnées par un diplôme, mais les médecins resteront longtemps des clercs, avec obligation de célibat jusqu'en 1452.

En France, la Faculté de médecine de Montpellier est fondée en 1220. Médecins ecclésiastiques et clercs, chirurgiens diplômés et barbiers (les chirurgiens « à robe courte »), opérateurs ambulants, n'apaiseront — un temps — leurs querelles d'influence qu'en associant leur impuissance au gré des épidémies successives : peste bubonique, peste noire, variole, lèpre... C'est une médecine sans doctrine, scolastique et dogmatique, qui fait la part belle aux « sciences » occultes ; climat d'ordre religieux, générant l'efflorescence de phénomènes d'hystérie-possession dont l'origine ne saurait être que démoniaque...

Le XVIè siècle s'il est une « Renaissance » médicale n'apporte que des progrès épars, l'érudition prenant le pas sur une véritable recherche. L'art et la littérature y ouvrent des chemins nouveaux à partir de modèles anciens [55]. La Faculté de Médecine reste peu sensible au changement, joue à l'occasion les inquisiteurs : les travaux d'Erasme sont condamnés en 1528, les protestants sont exclus en 1564. Les hôpitaux s'encombrent. Il n'est pas rare, dit-on, de voir regroupés six malades dans un même lit... La peste décime l'Europe, la grippe anglaise envahit le continent, la syphilis apparaît. La saignée conserve son pouvoir universel supposé.

Au XVIIè siècle, qualifié d'« âge d'or de la médecine », les sciences deviennent un sujet d'intérêt pour les lettrés et pour ceux qui désirent le paraître.

« Clysterium donare
postea saignare
ensuita purgare »

Ces préceptes ne sont pas qu'un effet théâtral de Molière et enfants et vieillards sont soumis aux mêmes principes thérapeutiques : « il ne se passe pas de jour à Paris que nous ne fassions saigner des enfants à la mamelle ; j'ai fait saigner autrefois un enfant de trois jours... » [56]

---

54. L'Hotel-Dieu de Paris, fondé par Saint-Léger vers 650, va dépendre du chapitre de Notre-Dame jusqu'en 1505.
55. Anatomiste célèbre rompant avec Galien et la tradition, comme Vésale, anatomiste d'art, tel Léonard de Vinci (le nu avait repris sa place dans l'expression artistique), ou anatomiste mieux connu par d'autres œuvres tel Rabelais (écrivain, médecin... et prêtre), marquent ce siècle, qui est aussi celui d'Ambroise Paré, « père de la chirurgie moderne ».
56. Le doyen de la Faculté de Paris, cité par J. FAUVET. Op. Cit.

Débarrassée des théories issues du déterminisme, la médecine du XVIIIè siècle devient enfin une science où le rationnel prévaut. Les principes légués par Hippocrate, selon lesquels les maladies ne seraient que l'expression de troubles des « humeurs », cèdent la place à la conception lésionnelle et à la pathologie des organes, puis à la pathologie des tissus. Cette nouvelle manière d'appréhender l'organisme où la notion de développement du corps prend le pas sur la théorie de répartition des liquides, va conduire à la reconnaissance de stades de croissance, représentatifs des âges de la vie.

Jenner, en mettant au point la « vaccine » anti-variolique, permet l'éradication d'un fléau dont on estime qu'il avait, pour la seule Europe, tué un habitant sur quatre au XVIIè siècle et soixante millions de personnes au XVIIIè siècle [57].

La chirurgie n'évolue guère mais l'accroissement du nombre des hôpitaux, l'amélioration des conditions d'hospitalisation et le développement de l'obstétrique [58] vont permettre une régression notable du taux de la mortalité infantile qui, selon les lieux, peut atteindre 80 %.

Les bases nécessaires se mettent en place pour que puisse s'exercer une réelle influence de la médecine sur l'équilibre des générations. Elle participera, moins d'un siècle plus tard, à la constitution d'un groupe d'âge intermédiaire, numériquement équilibré par rapport à celui de ses cadets et de ses aînés.

---

57. K. WALKER. Op. Cit.
58. Dès 1692, Louis XIV avait rendu les études de sages-femmes plus difficiles. Le forceps, mis au point par Levret en 1747, devient peu à peu d'usage courant. En 1759, une célèbre sage-femme, Le Boursier du Coudray, confectionne un mannequin pour rendre l'enseignement plus accessible aux élèves. Le collège de chirurgie de Paris crée en 1749 une chaire d'accouchement. Vingt ans plus tard, le ministre Bertin fait rédiger des manuels à l'usage des sages-femmes de province. En 1781, Jean-Louis Baudelocque publie *L'art des accouchements,* qui restera un des ouvrages de base de l'obstétrique au XIXè siècle. Il semble que, dans la seconde moitié du XVIIIè siècle, le risque de mortalité des femmes en couches n'ait pas dépassé 1 à 2 % (J. DUPAQUIER. Op. Cit.).

4

LA LATENCE DE L'ADOLESCENCE

De 1795 à 1848: une minorité influente

Moins de jeunes, plus de jeunesse

Pour quiconque essaie d'observer la place particulière que commence à occuper la jeunesse à partir de 1790, la démographie révèle une importante rupture, nette dans les chiffres et discutée dans les commentaires.

Indépendamment des progrès médicaux dont les conséquences ne seront appréciables qu'aux environs de 1810, la chute de l'Ancien Régime paraît s'accompagner d'un recul rapide et important de la mortalité [1]: entre 1790 et 1829, c'est à dire en moins de quarante ans, la vie probable est multipliée par quatre et l'espérance de vie passe de 28 à plus de 37 ans. La nette régression de la mortalité infantile est un des éléments les plus remarquables durant cette période [2]. La France passe de 24,6 millions d'habitants en 1740 à 36,35 millions en 1850. Le recul de la mortalité s'accompagne d'un glissement progressif vers une domination numérique des groupes plus âgés: en 1740, les moins de 19 ans représentent 42 % de la population, en 1850, 38 %. A titre indicatif préalable, en 1911 ce groupe d'âge ne représentera que 33 % de l'ensemble et en 1948, 29,8 % [3].

---

1. *Revue Population* — N° spécial, Démographie historique. I.N.E.D., novembre 1975.
2. M. CRUBELLIER — *L'enfance et la jeunesse dans la société française*. Armand Colin, Paris, 1979.
3. Parallèlement aux progrès médicaux, on améliore la «protection maternelle et infantile». Le Service des Enfants Assistés est créé, qui contribuera à réduire de moitié le nombre des abandons maternels.

Ainsi aux abords du milieu du XIXè siècle les conditions démographiques, par leur évolution accélérée depuis la fin du XVIIIè siècle, sont réunies... pour que les premières ébauches d'une « adolescence » adolescente se dessinent. C'est aussi la période d'ouverture du monde clos ; les frontières s'élargissent aux colonies, l'expansion démographique bat son plein, les mariages interviennent à un âge moyen décroissant...

Des condoms à Malthus

Dans ce même temps où la mortalité infantile diminue, un état d'esprit s'affirme en cette fin du XVIIIè siècle dans différentes couches de la population. Il s'agit du souhait de contrôler les naissances. C'est un désir, certes, qui n'est pas neuf dans l'histoire de l'humanité et qui n'a guère d'incidences repérables sur les statistiques démographiques. Néanmoins, en Europe, à ce moment précis, naît chez certains la volonté, bien timide et vite réprimée, de pouvoir l'exprimer. La nouveauté de l'attitude nécessite que l'on s'y attarde et qu'on lui consacre un détour historique.

A la mortalité dite « naturelle », trois facteurs se sont ajoutés au fil de l'histoire pour contribuer à ralentir l'accroissement des populations : les famines, les épidémies et les guerres. A côté de ces décès « normaux » ou « anticipés », l'homme s'est octroyé le droit de pratiquer « l'élimination des indésirables » [4] : élimination coutumière — les vieillards dans certaines sociétés primitives — idéologique — les juifs dans l'Allemagne hitlérienne — ou tout simplement circonstancielle, s'appliquant alors à toutes les formes de refus de l'enfant né ou à naître... ou à concevoir.

L'infanticide, en tant qu'acte criminel, est demeuré rare depuis l'Antiquité, si l'on excepte ses formes détournées que sont l'« exposition », qui faisait intervenir la « volonté des dieux », ou la mise à « sécher » en un quelconque grenier, pratique dénoncée encore récemment, qui ne laisse guère à l'enfant la possibilité de faire appel aux dits dieux...

L'avortement semble avoir existé de tout temps. Ses techniques seules, ont évolué. Sa législation progressive, indépendamment des formes à caractère thérapeutique, n'a fait que reconnaître officiellement une authentique pratique de régulation des naissances. Médecins et législateurs se sont même rencontrés dans une démarche de déculpabilisation en réformant sa terminologie : il est devenu de nos jours « interruption volontaire de grossesse » — plus pudiquement encore I.V.G. — voire « induction de menstruation ».

Aux côtés de l'infanticide et de l'avortement, l'imagination humaine a, dès l'origine, recherché des méthodes contraceptives.

« Onan, au début de la création, invente l'anti-création. Chaque fois

4. A. SAUVY — *Malthus et les deux Marx*. Médiations, Denoël/Gonthier, Paris, 1971.

qu'il vient auprès de la femme de son frère, nous dit la Génèse, il laisse tomber sa semence par terre, ne voulant pas lui donner d'enfant... » [5] Condom japonais en corne ou en carapace de tortue, miel et natron égyptiens [6] témoignent de préoccupations qui n'étaient sans doute le fait que de minorités cultivées [7]. Hippocrate [8] donne ainsi ses conseils à une gourgandine romaine: «je lui ordonnai de sauter de manière que les talons touchassent les fesses. Elle avait déjà sauté sept fois lorsque la semence tomba à terre en faisant du bruit.» Les ablutions «post-coïtum», employées depuis la plus haute Antiquité, font partie des pratiques romaines comme des pratiques moyenâgeuses; Villon évoque «les petits bains des filles amoureuses».

Mais les méthodes contraceptives paraissent avoir été lonptemps limitées au monde de la prostitution et à la haute société. Quelques lettres de Madame de Sévigné à sa fille en témoignent:

«Quoi, on ne connaît point les restringents en Provence? Hélas, que deviennent donc les pauvres maris...» (18 septembre 1671).

«Je veux vous louer de n'être point grosse, et vous conjure de ne point le devenir... M. de Grignan doit vous donner et à moi cette marque de complaisance.» (11 juillet 1672).

Au XVIIIè siècle, le phénomène va s'étendre en France avec, outre la diffusion de condoms plus élaborés (encore que les préservatifs en baudruche, utilisés à la fin du siècle, s'ils protègent les libertins de la syphilis, ne sont guère utilisés dans les unions légitimes) [9], l'usage répandu du «coïtus interruptus»... et de la chasteté matrimoniale. Jusqu'au XVIIIè siècle, il est vrai, on ignore tout du mécanisme de la fécondation, se tenant à l'idée de Descartes que les deux sexes mélangent leur sperme [10]. Harvey énonce le premier que tous les êtres sortiraient d'un œuf dont la femelle serait porteuse. Malpighi et De Graaf décrivent les ovules. Leuwenhock identifie les spermatozoïdes dans le sperme. La rencontre du spermatozoïde et de l'ovule ne sera pourtant observée qu'en 1877, chez l'étoile de mer.

Dès le début du XVIIIè siècle, le groupe restreint des Ducs et Pairs fait figure de précurseur dans le domaine de la limitation volontaire des naissances. Bien que l'âge au mariage s'y soit fortement réduit entre le règne de Louis XIV et celui de Louis XVI [11], le nombre moyen d'enfants par famille complète passe de 6,1 à 2, et l'âge moyen à la dernière maternité pour les femmes mariées avant leur vingtième anniversaire de 31 à 25 ans [12]. Une famille sur trois n'a pas d'enfant et

---

5. E. HERVET in *La Revue du Praticien*. Régulation des naissances, Tome XXX, n° 57, 11 décembre 1980.
6. Le carbonate de sodium naturel servait également à la conservation des momies.
7. A. SAUVY — *La prévention des naissances*. Que sais-je?, PUF, Paris.
8. Cité par E. HERVET. Op. Cit.
9. B. KOEPPEL — *De la pénitence à la sexologie*. Le Sycomore, Paris/C.F.R.E.S, Vaucresson, 1982.
10. A. MORALI — DANINOS — *Histoire des relations sexuelles*. Que sais-je?, PUF, Paris.
11. En moyenne de 25,5 à 21,3 ans pour les hommes et de 18,5 à 17,7 ans pour les femmes.
12. J. DUPAQUIER — *La population française aux XVIIè et XVIIIè siècles*. Que sais-je?, PUF, Paris.

une famille sur six n'en a qu'un. La coquetterie des femmes – «les enfants gâtent la taille...» – la liberté des parents, sont tout autant invoquées que des raisons de partage et de budget (un enfant équivaut à deux laquais...) [13]. De 1775 à 1815, la natalité française décroît, passant de 38,6 à 31,2 pour mille.

Il convient ici de situer l'influence de Thomas Robert Malthus dont les théories, si elles ne sont pas directement responsables d'une diminution de la natalité, permettent, entre autre, la diffusion de principes anti-conceptionnels. Pasteur anglais, Malthus est l'auteur d'un «Essai sur la loi de population», paru en 1798. Partant de l'idée que les hommes s'accroissent plus vite que les ressources, il préconise, au terme de considérations socio-économiques qui prêtèrent à maintes controverses politiques, différentes mesures visant à endiguer la surpopulation menaçante [14].

Le «moral restreint» appelle à la continence absolue et au mariage tardif, sans admettre le contrôle des naissances. Ces principes facilitèrent le contrôle de certains mariages par les gouvernements. En France, les militaires de carrière devaient, pour se marier, avoir l'autorisation de leurs supérieurs et assurer une dot règlementaire...

Un courant «néo-malthusianiste» se forme, admettant la limitation des naissances mais pas la continence. Francis Place, tailleur anglais, préconise en 1822 les pratiques contraceptives, mais use de l'anonymat l'année suivante pour en décrire les méthodes dans des tracts intitulés – crainte perpétuée d'une chasse aux sorcières – «diabolical handbills»... Robert Dale Owen propage ses idées aux Etats-Unis. Georges Drysdale, en 1854, répand la théorie. A côté des précisions anatomiques des ouvrages néomalthusiens, comme «les fruits de la Philosophie» du Docteur Knowlton, apparaissent les théories biologiques, dont celles de Fourier [15] pour qui, l'alimentation rationnelle et raffinée – «gastrosophie» – ou la suralimentation, entraînent l'affaiblissement des qualités prolifiques. Le pléthorique est opposé au prolétaire [16], qui, exempt de bonne chère, justifie l'étymologie de son nom... [17]

Mais l'on doit surtout aux condamnations et procès qui accompagnent, dans la deuxième partie du XIXè siècle, certaines rééditions de l'ouvrage de Knowlton, en particulier des éditions illustrées, le développement de la publicité pour les procédés recommandés. Annie Besant est condamnée pour «corruption des mœurs de la jeunesse», mais voit ce jugement cassé pour vice de forme. La grande discussion sur les

13. A. SAUVY – *Malthus et les deux Marx*. Op. Cit.
14. Selon Malthus, la population doublant tous les vingt-cinq ans, l'Europe devrait compter cinquante milliards d'habitants en l'an 2000 et n'en pourrait nourrir que deux milliards.
15. Charles Fourier, philosophe et sociologue, dont le système, ou «fouriérisme», prévoit l'association des individus dans des «phalanstères», groupes humains harmonieusement composés en vue de procurer à chacun de leurs membres le bien-être par le travail librement consenti (*dictionnaire LAROUSSE*).
16. A. SAUVY – *La prévention des naissances*. Op. Cit.
17. Voir pour l'étymologie du nom «prolétaire» le chapitre intitulé «Des mots animés».

méthodes anticonceptionnelles est ouverte et l'on redécouvre la théorie de Soranos d'Ephèse, qui exerçait à Rome, sur « la fécondité temporaire » ! [18]

Les nouveaux isolés

« Que d'analogies entre la
direction des aliénés et
l'éducation des jeunes gens » [19]

Le Consulat puis l'Empire vont poursuivre la réorganisation de l'enseignement, quand bien même la question scolaire n'apparaît pas occuper la place d'importance que lui avaient accordée les années révolutionnaires.

La loi du 1 mai 1802 prévoit quatre types d'établissements mais l'accent novateur est surtout porté sur les établissements secondaires.

Les écoles primaires, dont une enquête vient de rappeler l'état déplorable, ne connaissent toujours pas les dispositions d'obligation et de gratuité. Les Frères des écoles chrétiennes sont encouragés à les tenir.

Les écoles centrales, où certains voient le refuge de la « tradition révolutionnaire », sont remplacées d'une part par les écoles secondaires, ou collèges — l'appellation réapparaît — communaux ou privés, d'autre part par les lycées d'état. Ces derniers accueillent pour six années d'études des enfants d'au moins 9 ans sachant lire et écrire. Le latin demeure la base de l'enseignement.

Les écoles spéciales, enfin, complètent l'enseignement supérieur. [20]

Le monopole de l'état, peu à peu constitué, va prendre la forme achevée de l'Université impériale, « corps chargé exclusivement de l'enseignement et de l'éducation publics dans tout l'Empire. » [21] « La Révolution avait vu l'Etat enseignant, maître d'école ; Napoléon conçoit l'Etat doctrinaire, chef d'école ; la Révolution avait envisagé l'enseignement public comme un devoir de l'Etat envers les citoyens ; Napoléon voit avant tout l'intérêt de l'Etat et celui du souverain. » [22] Intérêt porté aux pubères mâles : les demoiselles demeurent exclues des établissements gérés par l'état. Mais l'enseignement secondaire est maintenant un ensemble structuré. [23]

Avec la Restauration et les quatre régimes qui vont lui succéder, les

18. A. MORALI — DANINOS. Op. Cit.
19. Ph. PINEL — *Traité Médico-philosophique sur l'Aliénation Mentale*, Antoine Brosson, Paris, 1909.
20. Seules les écoles de droit et l'école militaire seront ouvertes.
21. Loi du 10 mai 1806.
22. L. Liard, cité par A. LEON — *Histoire de l'enseignement en France*. Que sais-je ?, P.U.F., Paris.
23. En 1812 : 36 lycées et 337 collèges pour 44.000 élèves, 1.000 institutions et pensionnats privés pour 27.000 élèves.

« luttes scolaires » vont caractériser pendant soixante années l'enjeu d'une éducation qui devra tout à la fois se charger d'occuper le jeune enfant dont la mère travaille et veiller à préserver un ordre social que le développement de l'industrie menace, par les bouleversements qu'il entraîne. Sous la Restauration, d'abord, deux tendances contradictoires vont pouvoir s'affirmer : la reconquête par l'Eglise de certains privilèges et l'essor de l'enseignement mutuel qui apporte à l'enseignement primaire une dimension et des procédés pédagogiques originaux. [24] A partir de 1828, la fonction de Ministre des Affaires ecclésiastiques et de l'Instruction publique, instituée en 1824, est dédoublée. L'enseignement public a maintenant son responsable, le Ministre de l'Instruction publique et Grand-maître de l'Université.

Sous la Monarchie de Juillet, libéraux et ecclésiastiques réclament conjointement l'institution de la liberté de l'enseignement.

S'attachant essentiellement à l'organisation de l'enseignement primaire, la loi du 28 juin 1833 — loi Guizot — accordera cette liberté en permettant, à ceux qui possèdent les titres requis, d'ouvrir des écoles primaires.

Obligation est faite aux collectivités d'ouvrir trois types d'établissements : une école primaire, au moins, dans chaque commune ; une école primaire supérieure dans chaque chef-lieu de département ou dans chaque ville de plus de 6.000 habitants ; une école normale dans chaque département.

L'enseignement primaire est sanctionné par le certificat d'études primaires. Mais cet enseignement élémentaire n'est ni obligatoire, ni gratuit pour la totalité des élèves et les écoles primaires pour filles demeurent facultatives.

Publics ou privés, les établissements sont sous le contrôle de comités communaux de surveillance et de comités d'arrondissement. « L'enseignement élémentaire, appelé à moraliser le peuple, à favoriser l'essor économique et à consolider le nouvel ordre politique et social, repose sur l'action concertée de l'Eglise et de l'Etat. » [25]

Les lycées, appelés collèges royaux de 1815 à 1848, demeurent, quant à eux, séparés par « un fossé pratiquement infranchissable » [26], malgré

---

24. L'enseignement mutuel trouve son origine dans la prise en compte par les manufacturiers et dirigeants de fabriques de conceptions pédagogiques anglaises, suffisamment séduisantes pour que leur soit attribué l'essor d'une industrie florissante.
Les méthodes d'enseignement sont en particulier caractérisées par une répartition par niveaux, par la division des enfants en moniteurs et élèves, par une réglementation stricte et conventionnelle des exercices et des déplacements (1.000 élèves peuvent être rassemblés dans un local de 500 m2) et par une hiérarchie scolaire avec règles d'avancement, récompenses par l'argent, tribunal d'enfants sanctionnant les fautes, rachetables...
La « Société pour l'Instruction élémentaire » est chargée en avril 1815 — par décret impérial puis pendant les Cent-Jours — d'ouvrir une « école d'essai ». Les critiques ne manqueront pas vis-à-vis de cette méthode « censée former des automates ou des militaires et, par la pratique du « self-government », susceptible d'ébranler l'ordre social. » (A. LEON. Op. Cit.).
Ces écoles disparaîtront au seuil de la IIIè République.
25. A. LEON. Op. Cit.
26. Ibid.

la création des écoles primaires supérieures et la mise en place, à la fin de la Monarchie de Juillet, d'un enseignement modernisé.

L'organisation scolaire demeure donc cloisonnée, sur le modèle de distinctions sociales et sexuées. Pour une même tranche d'âge, selon son état social, on relèvera de l'école primaire, des humanités classiques ou de la vie active, point de départ d'un système toujours actuel. [27]

La diminution numérique des jeunes générations et le groupe plus homogène que la convergence de divers facteurs socio-économiques les amène à former, incite les régimes successifs à adopter à leur encontre des lois de plus en plus spécifiques. Spécificité conçue souvent de manière étroite qui conduit parfois la justice à franchir le pas entre la rigueur et l'étranglement.

En 1804, le Code civil modifie l'âge légal du mariage en le fixant à 18 ans pour les garçons et à 15 ans pour les filles. Ce nouvel âge de nubilité paraît vouloir prendre en considération la notion d'âge minimal d'aptitude biologique. Simultanément, il abaisse la majorité de 25 à 21 ans et reconnaît une émancipation tacite résultant du mariage. Arguant du fait que « les forces du corps » se développent plus rapidement que « les forces de l'âme », et faisant, dans l'esprit de l'ancien Droit, exception à la règle de majorité, le législateur exige le consentement des parents jusqu'à 25 ans pour les garçons et 21 ans pour les filles (Le consentement du père est suffisant). Garçons jusqu'à 30 ans et filles jusqu'à 25 doivent « demander par un acte respectueux et formel le conseil de leur père et mère et de leurs aïeuls » [28]. L'assentiment des parents, enfin, est nécessaire pour le divorce par consentement mutuel [29].

En dernier lieu, le Code civil règle le rite de la cérémonie, dont la solennité résulte de la présence d'un représentant compétent de l'état. Cette cérémonie tient lieu de preuve que l'on transcrit sur un livret remis à cette occasion, le « livret de famille ».

Bien que l'on soit, dans les textes, majeurs plus tôt, et bien que l'on puisse, toujours dans les textes, se marier plus vite, il est toutefois fort difficile de trouver sa place en ces premières décennies du XIXè siècle, qui sont un monde où la raison triomphe et où les adultes cherchent à protéger leurs valeurs. Ceux qui ne parviennent pas à s'y ménager un lieu, tout comme ceux qui ne se fondent pas dans sa norme, les jeunes [30] et les insensés, sont progressivement repérés puis isolés.

A toutes époques, mineurs, prodigues et fous — comme dans le Droit romain, les femmes — par les troubles qu'ils peuvent engendrer, ont suscité des réponses sociales les plaçant en statut d'irresponsabilité.

---

27. ... système où l'entrée dans la vie active n'exclut pas que l'on continue d'étudier : préconisés par Condorcet et réalisés par la Convention, les cours d'adultes, destinés à accroître les capacités professionnelles des ouvriers, prendront leur essor sous la Monarchie de Juillet, puis avec Victor Duruy.
28. Loi du premier Germinal an XII.
29. Quant à l'adopté, il doit être majeur et l'adoptant âgé de plus de cinquante ans...
30. Qui, rappelons le, représentent un pourcentage décroissant de la population par rapport aux adultes, et ce dans un contexte d'augmentation globale.

Modes de pensée anciens, ou attitudes ségrégatives nouvelles vont coexister, traduisant les hésitations d'une époque qui atteint les limites des mutations qu'elle peut assimiler. C'est ainsi qu'en 1824, P.J.G. Cabanis [31], dans la lignée des conceptions rousseauistes du siècle précédent et à l'écart des avancées considérables de la médecine de son temps, tente encore de mettre au goût du jour des théories largement dépassées. Comme si certains, devant l'émergence d'un phénomène nouveau se tournaient, pour s'en défendre ou tenter de le contenir, vers des systèmes de pensée anciens ayant déjà fait la preuve de leur incapacité. [32]

Une jeunesse dont les contours se précisent, fait partie de ces insupportables qui, depuis toujours, ont poussé des « savants » à la rationalisation, dussent-ils y perdre toute crédibilité. C'est ainsi que Cabanis, suivant en cela les Anciens, découpe l'existence en tranches de sept années, le passage de l'une à la suivante étant considéré comme « révolution climatérique », et le tout y étant sous-tendu par un système explicatif qui établit un rapport étroit entre les âges de la vie et les phénomènes physiologiques internes, et qui accorde à la circulation sanguine une place privilégiée :

« Nous avons dit que depuis la naissance de l'enfant et même depuis la formation du fœtus, jusqu'à l'âge de quatorze ans, le volume et la prédominance du cerveau appellent particulièrement le sang vers la tête ; que depuis quatorze ans jusqu'à la fin de la jeunesse, les humeurs se portent particulièrement aussi vers la poitrine. Les crachements de sang, ou plutôt les hémorragies pulmonaires peuvent distinguer pathologiquement toute cette dernière période ». [33]

A une époque où tuberculose, cancer pulmonaire, emphysème sont déjà distingués et décrits (par Laennec en particulier) un phénomène de société en formation trouve ainsi des justifications « naturelles » et « internes » à l'organisme, ce qui évite de manière temporaire d'en envisager et les raisons conjoncturelles et la dimension à venir.

On observe parallèlement, représentation tangible des profondes transformations qui sont à l'œuvre, une nette — bien qu'encore très lente — évolution de l'aspect vestimentaire. La hauteur du chapeau du pubère, la taille de la canne, la longueur de la robe de la jeune fille sont autant d'éléments signant l'âge. Cependant, bien qu'ils se différencient peu à peu les uns des autres, les âges s'inscrivent encore dans une chronologie sans rupture évidente, de l'enfance à la maturité.

---

31. P.J.G. CABANIS — *Rapports du physique et du moral de l'homme.* A Paris, chez Béchet jeune, 1824.
32. « La véritable époque de l'odorat est celle de la jeunesse et de l'amour : son influence est presque nulle dans l'enfance et faible dans la vieillesse », énoncé de J.P.G. Cabanis que l'on peut juxtaposer à celui de Rousseau : « la gourmandise appartient à l'époque qui précède l'adolescence ».
33. P.J.G. CABANIS. Op. Cit.

Néanmoins les marques qui désignent de plus en plus un groupe intermédiaire se mettent en place.

Tandis que certains persistent à méconnaître les mutations en cours, d'autres se chargent de les désigner et de les organiser. Dans la mouvance de l'industrialisation en plein développement, des cadres juridiques particuliers au travail des jeunes sont posés. La loi du 22 Germinal an 11 (12 avril 1803) sur les manufactures a pour but de faire de l'ancien apprenti un ouvrier à part entière, en l'assimilant à un aide à qui l'on peut commander un travail. Cette réponse juridique à une conjoncture nouvelle a pour effet d'éloigner les jeunes concernés des possibilités d'apprentissage et de les mettre dans une situation de travail réservée de nos jours aux adultes. Cette loi, tout en donnant aux jeunes une place apparente dans la société, les maintient en fait en position de dépendance sans possibilité d'évolution ultérieure liée à un apprentissage.

Cette entreprise de «déséducation» [34] et cette exploitation des jeunes ouvriers des manufactures conduit par ses excès à la loi de 1841 qui vient réglementer le travail des mineurs. Ces nouvelles dispositions sont l'aboutissement d'une campagne recouvrant tout à la fois des préoccupations «patronales», médicales et sociales [35]. Les employeurs se plaignent de l'insouciance et de la dissipation de leurs jeunes ouvriers, facteurs de nombreux accidents du travail. Le Docteur Villermé dénonce les conditions de vie et de travail des familles ouvrières, et leurs conséquences physiologiques, dont le rachitisme [36]. C'est une réglementation du temps de travail des enfants, soit, mais c'est de fait, la reconnaissance que le jeune peut travailler, même si les conditions qui lui sont faites sont «privilégiées»: huit heures de travail quotidien au maximum pour les enfants de 8 à 12 ans, douze heures pour ceux de 12 à 16 ans, le travail de nuit étant légal au-delà de 13 ans. D'aucuns firent observer alors que les forçats travaillaient moins qu'un enfant de 12 ans puisqu'ils bénéficiaient de deux heures effectives de repos.

A cette mise au travail précoce [37] et à la promiscuité qui en résulte, va être associée une sexualité tout aussi précoce, parfois même une prostitution infantile. «Quand une jeune ouvrière quitte son travail le soir avant l'heure de la sortie générale, on dit qu'elle va faire son cinquième quart de journée. Ce mot peut faire sourire, mais on éprouve

34. Lewis Mumford, cité par M. CRUBELLIER, Op. Cit.
35. M. PERROT — *Sur la ségrégation de l'enfance au XIXè siècle. Psychiatrie de l'enfant*, XXV, 1, 1982, PUF, Paris.
36. Une enquête avait été commanditée par l'Académie des Sciences morales et politiques au Docteur Louis-René Villermé, dont les résultats sont consignés dans le «Tableau de l'état physique et moral des ouvriers qui travaillent dans les manufactures de coton, de laine et de soie», publié en 1840.
37. L'interdiction d'embauche avant l'âge de 8 ans est une mesure qui est souvent transgressée.

un sentiment pénible à voir de très jeunes filles dont la taille n'annonce pas plus de douze à treize ans, s'offrir le soir aux passants». [38]

Dans le même temps, une autre catégorie troublante, celle des aliénés, se trouve elle aussi dans le champ des intérêts du législateur.

Mêlés aux autres exclus de la société [39] au sein des Hôpitaux Généraux, ils bénéficient à partir du 30 juin 1838 d'une loi particulière qui vise autant à les assister et à les protéger, qu'à préserver la société de ceux des siens dont les dérangements inquiètent. Dans le cadre d'établissements spécialisés institués dans chaque département par cette loi, les distinctions de fortune s'effacent pour laisser place à un nouveau groupe homogène, les fous.

Pour une autre sorte d'«irresponsables», voici venu le temps de gloire des «mesures de correction paternelle». Dès le XVIIè siècle, le Parlement de Paris décrète, par une série d'arrêts, que «les enfants des classes populaires qui maltraitent leurs pères et mères, ne veulent pas travailler par libertinage ou se livrent à la débauche pourront être enfermés, les garçons à Bicêtre jusqu'à l'âge de vingt-cinq ans, et les filles à la Salpétrière», sans limitation d'âge. Il n'appartient pas aux parents de mettre fin à leur détention [40].

De l'isolement à l'éloignement... En 1719, on autorise la Compagnie d'Occident à prendre les jeunes gens des deux sexes que l'on élève à la Pitié, à la Salpétrière et aux Enfants Trouvés, et à les transporter dans l'Amérique française [41].

Une ordonnance de 1763 précise le traitement des «jeunes gens de famille»: «les parents dont les fils seront tombés dans des cas de dérangement de conduite capable d'exposer l'honneur et la tranquillité de la famille sans cependant s'être rendus coupables de crimes dont les lois ont prononcé la punition pourront demander au Secrétaire d'Etat ayant le département de la Guerre et de la Marine leur exportation dans l'île de la Désirade. Si les motifs des parents sont trouvés légitimes, les jeunes gens seront conduits à la Désirade sur un ordre de Sa Majesté (...) Ils y seront soumis à un régime de surveillance et de travail». Ceux qui s'amendent obtiennent une concession de terre à Marie-Galande. Ils seront ramenés en France si leur famille le désire. Les nobles, pour leur part, peuvent, si le roi y consent, faire enfermer leurs fils à la Bastille et leurs filles au couvent le temps qu'ils jugent bon [42].

---

38. L. Villermé, cité par M. CRUBELLIER. Op. Cit.
39. Jeunes apprentis, fugueurs, domestiques en quête ou rupture de service, chômeur de la fabrique, déserteurs ou mendiants.
J.P. Gutton, cité par M. CRUBELLIER. Op. Cit.
40. P. MEYER – *L'enfant et la raison d'Etat*. Points, Le Seuil, Paris, 1977.
41. Ibid.
42. Ibid.

Le Code civil de 1804, tout en abaissant l'âge de la majorité civile de 25 à 21 ans, introduit une distinction entre les mineurs de 16 ans, qui pourront être maintenus en détention à la demande de leur seul père, lorsqu'il a envers son enfant des « sujets de mécontentement très grave », pendant une période maximale d'un mois renouvelable, et les mineurs de 16 à 21 ans, pour lesquels le consentement du Président du tribunal est requis.

On envisage peu à peu d'isoler les jeunes détenus dans des établissements particuliers. En 1831, la prison des Madelonettes est réservée aux enfants délinquants. En 1836, est achevée la « Petite Roquette », établissement tout à la fois expérimental et modèle où l'incarcération est conçue sur le principe de l'isolement en cellule, cellule que l'enfant ne quitte jamais, même pour recevoir l'instruction qui lui est dispensée par des instituteurs et des contremaîtres. Une loi du 18 août 1850 affectera dans chaque prison un quartier spécial aux jeunes détenus, jusqu'alors mêlés le plus souvent aux majeurs.

Quant à Fialin de Persigny, Ministre de l'Intérieur, il écrira l'année suivante, dans un rapport à l'Empereur Napoléon III : « on a pu reconnaître, chez certains parents nécessiteux, une funeste tendance à laisser ou même à placer leurs enfants sous le coup de ces jugements dans lesquels le bienfait l'emporte sur la peine. Ils se débarrassent ainsi sur l'Etat du soin de leur éducation, sauf à les reprendre au bout de quelques années, afin de profiter de leur travail, et quelquefois dans les plus honteux desseins... » Et de préconiser : « le régiment pour les uns et le couvent pour les autres constituent un patronage tout organisé, et qui présente à la société les plus sûres garanties » [43].

Reprenant un principe posé en 1791, le Code Pénal de 1810 accorde aux moins de 16 ans une « excuse de minorité », applicable à ceux ayant agi « sans discernement ». Ainsi, le jeune vagabond pourra être acquitté mais, « selon les circonstances », sera soit remis à ses parents, soit « conduit dans une maison de correction pour y être élevé et détenu tel nombre d'années que le jugement déterminera et qui toutefois ne pourra excéder l'époque où il aura accompli sa vingtième année ». Pour ceux ayant agi « avec discernement », la peine de prison encourrue ne pourra dépasser la moitié de celle applicable à un adulte pour le même délit.

En dérogeant aux principes généraux du Code pénal, qui veulent qu'à un délit déterminé corresponde une peine déterminée, le législateur engage un processus de distinction des mineurs délinquants, qui verra progressivement la répression faire place à des principes de rééducation. Ainsi, la Loi du 28 avril 1832 dispose que tous les vagabonds âgés de moins de 16 ans « ne pourront être condamnés à des peines d'emprisonnement mais (...) seront renvoyés sous la surveillance de la haute police jusqu'à l'âge de vingt ans accomplis, à moins qu'avant cet âge ils n'aient contracté un engagement dans les armées de terre ou

43. Ibid.

de mer». Cette surveillance implique une résidence connue et la déclaration de tous les déplacements. A partir de 1851, la résidence sera fixée par l'administration [44].

Des maux du siècle au «mal du siècle»

Aux attitudes des pères, à leur justice codifiée, les jeunes répondent, selon leur tempérament, soit par une agitation débridée et violente, soit par un malaise profond qui annihile leurs capacités d'action, soit encore par des manifestations plus politisées.

Dans le monde rural essentiellement, la jeunesse ressuscite la tradition des charivaris [45] et des manifestations mi-folkloriques mi-justicières [46]. Inversant les rôles, elle «ne se contente plus de recevoir les leçons des adultes, elle prétend, pendant un temps, leur en donner, mais en se fondant sur celles qu'elle en a reçues» [47]. On retrouve trace tant au XVIIIè qu'au XIXè siècle à l'occasion de remariages de vieux ou de veufs, avec des partenaires jugées trop jeunes, de mariages de filles du village avec des étrangers, ou à l'encontre de maris trompés, de véritables «tribunaux de jeunesse».

Dans les villes, collégiens, étudiants puis ouvriers adoptent d'autres formes de réponse. Le mouvement littéraire et social que provoque le *René* de Chateaubriand publié en 1802 dans *Le Génie du Christianisme* mérite qu'on s'y intéresse. C'est une œuvre qui décrit un phénomène jugé néfaste [48], en espérant le stigmatiser et qui, manquant sa cible lui acquiert surtout des émules.

La naissance de René a coûté la vie à sa mère. Il a passé une enfance mélancolique, auprès d'une sœur mélancolique, dans un grand et sombre château mélancolique. Très tôt, son âme se plonge dans la rêverie. La mort de son père vient le frapper et il songe à s'isoler du monde. Se ravisant brutalement René décide de voyager, portant avec lui le fardeau de son inquiétude en Italie, en Grèce, en Angleterre. Rien ne peut calmer en lui un trouble profond. Retiré dans un faubourg de Paris, il connaît les affres de l'ennui et de la solitude ; exilé à la campagne, les visions de la nature éveillent en son être le «mal de l'infini» [49]. Sa sœur aimée, Amélie, vient le sauver du suicide par le réconfort de sa tendre présence. Mais elle se consume d'un mal inconnu et va s'enfermer dans un couvent. René, en proie au plus grand désarroi,

44. Ibid.
45. Depuis fort longtemps l'usage en était répandu à peu près partout en France. Cause de maints incidents sanglants il avait été à plusieurs reprises interdit par la loi et condamné par les Conciles et les Synodes notamment au XIVè siècle.
46. Fort bien décrites par VAN GENNEP. *Manuel de folklore française contemporain*. Picard, Paris, 1943-1958.
47. M. CRUBELLIER. Op. Cit.
48. «Dans René j'avais exposé une infirmité de mon siècle» A. de CHATEAUBRIAND — *Mémoires d'Outre Tombe*. II, I, 11. Les Grands Mémoires, Flammarion, Paris, 1949.
49. A. de CHATEAUBRIAND — *Atala. René*. Garnier Flammarion, Paris.

assiste à la cérémonie de ses vœux et perce le secret de ce mal mystérieux. Amélie est victime du remords qu'a fait naître en elle un attachement excessif à son frère. Enfin, trouvant ainsi « un objet qui pût l'attacher » le héros puise dans son désespoir même, de quoi combler le vide de son existence. Il s'embarque alors pour l'Amérique, est accueilli dans la tribu indienne des Natchez et conte son histoire à Chactas, le vieux sachem aveugle. Une lettre vient de lui apprendre qu'Amélie est morte comme une sainte « en soignant ses compagnes ». Chactas console René cependant qu'un missionnaire, le père Souël, est chargé par Chateaubriand de condamner ces « inutiles rêveries », d'en tirer une sévère leçon et de leur opposer la vie chrétienne et la pratique des vertus sociales.

Mais, très bientôt, toute une génération contemporaine de *René*, comme de l'*Oberman* de Sénancour et de l'*Adolphe* de Benjamin Constant, surtout sensible à la poésie et au lyrisme que contient le roman s'empresse de négliger sa fin édifiante et se prend d'un engouement extrême pour le héros romantique. Le mal de René devient le « Mal du Siècle ». Personnage archétypal d'une époque de crise il parvient non seulement à incarner des pensées, des sentiments, des états d'âme mais encore à s'infliger à lui-même, transposée dans la fiction romanesque sur le mode poétique de l'exil salvateur, la mesure d'éloignement aux Amériques qui délivre une famille de l'un de ses fils tombé dans « un cas de dérangement de conduite »... Leur père vivant, n'aurait-il pu tout aussi bien envoyer Amélie et René, coupables d'un amour incestueux, l'une au couvent, l'autre dans le Nouveau monde ?

Dans *Les Mémoires d'Outre-Tombe* [50], Chateaubriand fait ironiquement le désavœu de sa propre création dès lors qu'elle devient un modèle dont la leçon se trouve pervertie : précieux témoignage aujourd'hui de ce que fut pour toute une jeunesse le déchaînement du « vague des passions ».

« Si René n'existait pas je ne l'écrirais plus ; s'il m'était possible de le détruire, je le détruirais : il a infesté l'esprit d'une partie de la jeunesse, effet que je n'avais pu prévoir, car j'avais au contraire voulu le corriger. Une famille de Renés poètes et de Renés prosateurs a pullulé ; on n'a plus entendu bourdonner que des phrases lamentables et décousues ; il n'a plus été question que de vents d'orage, de maux inconnus livrés aux nuages et à la nuit ; il n'y a pas de grimaud sortant du collège qui n'ait rêvé d'être le plus malheureux des hommes, qui, à seize ans n'ait épuisé la vie, qui ne se soit cru tourmenté par son génie, qui, dans l'abîme de ses pensées, ne se soit livré aux vagues de ses passions, qui n'ait frappé son front pâle et échevelé, qui n'ait étonné les hommes stupéfaits d'un malheur dont il ne savait pas le nom, ni eux non plus. »

On sait combien dans notre littérature cette attitude suscita de vocations. Antony [51], Amaury [52], Hernani [53], Manfred [54] sont les fils spiri-

50. A. de CHATEAUBRIAND. *Mémoires d'Outre-Tombe*. Op. Cit.
51. A. DUMAS père — *Antony* (1831).
52. C.A. SAINTE-BEUVE — *Volupté* (1834).
53. V. HUGO — *Hernani ou l'Honneur castillan* (1830).
54. G. GORDON Lord BYRON — *Manfred* (1817).

tuels de René ; l'inspiration d'un Lamartine est, elle aussi, dans sa lignée, tout comme le souffle lyrique et métaphysique, qui, de Vigny jusqu'au « spleen » baudelairien, parcourut tout le siècle.

Mais qu'en fut-il des « collégiens » que l'on retrouve dans les rues en 1830 et dans les émeutes de 1848 en quête d'une passion, d'un objet « qui pût les attacher ? » Tendance naturelle aux excès, attribuée traditionnellement à la jeunesse ou conjoncture socio-économique particulière ?

En ce début du XIXè siècle, l'événement capital pour la jeune génération est sans nul doute l'apparition de la crise des débouchés. « Tout se flétrit en France depuis l'Empire sous un régime de vieillards, de chouettes qui ont peur de la lumière et méprisent les nouveaux venus » [55]. Cette crise permet semble-t-il d'expliquer pour l'essentiel, en relation avec les différentes mesures contraignantes précédemment évoquées, le pessimisme, l'engouement pour les partis politiques nouveaux, la tendance aux solutions extrêmes ou violentes qui caractérisent la génération de 1830.

« La dureté des conditions d'existence, l'incertitude du lendemain, le manque d'appui, le sentiment du vide social conduisent sans doute au désespoir plus sûrement que les rêveries métaphysiques. Raphaël songe à se tuer « parce qu'il est un zéro social inutile à l'Etat qui n'en a aucun souci » [56]. Compte tenu de l'accroissement de la population, de 1826 à 1835, le nombre annuel des suicides augmente de dix-huit pour cent. Ces fins tragiques revêtent parmi les jeunes des allures d'épidémies surtout dans les grandes villes et dans l'armée. Si certains en accusent le « trouble jeté dans les jeunes cerveaux » par les républicains ou les Saint-Simoniens, l'opposition, par contre, en rend responsable le gouvernement qui pourrait seul, en protégeant mieux la jeunesse, « lui redonner bien vite le goût d'agir et de vivre. Mais le « mal du siècle », jusque dans ses formes extrêmes, atteint aussi bien de riches adolescents préservés de tous soucis matériels que des inadaptés ou des déclassés. » (...) [57].

Dans ce contexte, les luttes politiques sont un moyen d'oublier les difficultés et d'employer une existence que l'impossibilité de se marier, par manque d'emploi ou de ressources, a rendu libre jusqu'à la vacuité. Que faire contre ces fauteurs de troubles, fomentateurs de propagande, agents de complots ?

« Pour un grand nombre de contemporains, à vrai dire, ce goût des adolescents pour la politique ne paraît pas avoir de rapport avec la crise des débouchés. Il répondrait, affirment les uns, à l'idéalisme sincère naturel aux jeunes générations dont « l'âme toujours généreuse n'a pas encore été rapetissée par la vie », suivant une expression d'Aris-

---

55. BALZAC — *La Peau de chagrin*. Cité par L. MAZOYER — in Jeunes générations françaises de 1830. *Annales d'histoire économique et sociale*, Paris, 1938.
56. L. MAZOYER — Op. Cit.
57. Ibid.

tote rappelée dès 1825 par Villemain à la Sorbonne, sous les acclamations des étudiants. Il ne serait, pour d'autres, qu'un des aspects de l'anglomanie de l'époque. Il existerait, pour beaucoup, par un simple besoin de scandaliser. Musset s'amuse de ces «polissons de douze ans qui jettent l'épouvante parmi le faubourg Saint-Germain» et, bien souvent, les républicains sont traités de «brutus imberbes», de «collégiens qui ont ruiné leurs parents», d'«inévitables amateurs de charivaris» (...) [58]

Face à ceux qui occupent la place, dans un monde qui s'est forclos et se défend, les jeunes éprouvent le besoin de dépasser les clivages sociaux afin de regrouper des forces jusqu'ici dispersées. Certains parviennent à une conception toute nouvelle des relations entre les classes; rapprochements généreux sans doute mais principalement provoqués par une rupture récente de l'équilibre social au profit de la bourgeoisie d'affaires.

«A Paris, des étudiants républicains entretiennent avec les ouvriers des rapports de plus en plus cordiaux. A Aix, ils choisissent à dessein comme président de leur société secrète un pauvre scieur de long. Dans le Gard, les jeunes chefs bouzingots, presque tous de la bourgeoisie, «se mêlent à la populasse» dont ils affectent «les goûts, le langage, les manières». A Nîmes, dans leur cercle de lecture, ils font entrer des apprentis dont ils paient les cotisations (...)» [59]

Réagissant contre le blocage de leur évolution naturelle dans la chaîne des générations, les jeunes sont contraints d'adopter en s'unissant une attitude inédite pour défendre leurs potentialités.

---

58. Ibid.
59.

5

LA PUBERTE DE L'« ADOLESCENCE »

Au cœur du XIXè siècle, la correspondance de Lucien

Les lettres qui suivent sont bien évidemment fictives, mais elles se fondent sur des événements qui auraient pu se produire, ou qui, pour certains se sont produits, et sur des personnages qui auraient pu exister, ou qui, pour certains, ont effectivement existé. [1]

Il nous a semblé que cet échange épistolaire permettrait d'illustrer, à une époque charnière de sa constitution, l'« état » d'une adolescence dans une certaine société privilégiée, la seule alors en mesure d'en dessiner l'esquisse moderne.

---

1. Ceux qui concernent le lycée de Coutances empruntent leurs sources à la brochure remarquablement documentée de Monsieur Jean Quellien « Etre élève au Collège — lycée de Coutances au XIXè siècle »
Revue du Département de la Manche, octobre 1984.

Du Collège de Coutances,
Le 12 Octobre 1852.

Mes chers parents,

Comment pourrai-je vous déguiser ce qu'il m'en a coûté de vous quitter, vous, grand-père et ma chère Pauline ? A 17 ans, cependant, je suis capable de raison et connais l'importance pour mon avenir de cette année de rhétorique.

Au reste, une attention de l'abbé Lair, notre proviseur me réchauffa bientôt le cœur. En effet, à l'issue de la messe du Saint-Esprit qui ouvrit l'année scolaire, se souvenant que papa et grand-père avaient été élèves du collège avant lui, il me souhaita en termes fort aimables la bienvenue.

Depuis ce jour mon temps a été très occupé et les sujets d'étonnement ne m'ont pas manqué. Le plus grand je crois pour moi est la différence de vie et de régime qui existe entre nous, les internes, et nos condisciples externes. Il semble que nos maîtres les considèrent comme des individus dangereux pour nous. Pourquoi sinon serions-nous toujours scrupuleusement séparés ? Nos cours de récréation sont distinctes, à l'Eglise même nous sommes tenus à l'écart dans la nef. Isolés du monde extérieur, hors quelques heures de promenade surveillée par semaine, notre univers est clos et divisé en sections. Pour des raisons de mœurs, nous expliqua notre régent, les trois sections des petits, des moyens et des grands doivent respecter des quartiers séparés : dortoirs, études, cours de récréation, place réservée à l'Eglise. Nos maîtres déplorent d'ailleurs que l'exiguïté des lieux nous contraigne à fréquenter le même réfectoire. Nos actes, nos paroles, nos lectures et notre correspondance sont continuellement surveillés.

Je sais mes chers parents que ce zèle honore les tuteurs que vous m'avez choisis mais je ne puis m'interdire de m'étonner qu'il puisse leur paraître aussi nécessaire. J'espère de tout cœur que ma conduite ne me vaudra jamais d'avoir à subir l'une des punitions que le règlement prévoit et que l'on nous fit copier lors de la première étude. Je redoute par dessus-tout la salle d'arrêt qui se trouve sous les combles du bâtiment central ! J'ai pensé pour me consoler de toutes ces menaces que c'était la grande disparité de nos âges dans le corps même de ma classe qui nécessitait tant de règles. J'ai un condisciple de 15 ans, mais un grand nombre en ont vingt passés et trois d'entre eux en ont plus de trente.

Chère maman, cher papa, dites à grand-père que je lui écrirai bientôt pour le divertir par le récit détaillé de l'une de mes journées. L'étude du soir se termine. Vous serez bientôt unis à ma prière.

Je vous embrasse de toute mon affection.

Votre fils,

Lucien

Du Collège de Coutances,
Le 20 Octobre 1852.

Cher grand-père,

Comme je vous le promettais il y a peu, voici pour vous divertir le récit de l'une de mes journées. Vous pourrez ainsi tout à loisir la comparer avec celles que vous avez connues lors de vos études.

A 5 h 30 du matin, le concierge fait rouler son tambour. Malgré l'heure matinale, je n'ai pas grand mal à sortir de mon lit dont le matelas bourré de varech n'incite guère au prélassement. Notre répétiteur nous fait alors réciter la prière du matin. Chacun prend ensuite son pot à eau et sa cuvette et se passe un peu d'eau glacée sur le visage et les mains. L'abbé Lair déplore que l'absence de lavabo ne nous permette guère de toilette plus complète. Fort soucieux de notre hygiène il parvient néanmoins à faire donner à tous les élèves un bain de pied deux fois par mois et nous exhorte à faire usage du peigne fin et à ne pas abuser de cosmétiques.

A 6 h, après avoir enfilé nos souliers cloutés, boutonné nos gilets et nos tuniques de drap bleu, bouclé nos ceinturons et coiffé nos képis, nous gagnons en rangs bien ordonnés notre salle d'étude pour la première étude du matin, introduite par une prière.

Nous ne nous attardons guère au déjeuner qui est suivi d'une récréation.

A 8 h, débute notre classe du matin. Nous y retrouvons nos camarades externes et nous consacrons pour deux heures aux humanités grecques, latines et françaises. J'ai omis de vous dire que cette classe débute et se termine par une prière. J'ose à peine vous avouer que bien des fois je demande simplement au Seigneur d'apaiser les douleurs que me cause l'onglée qui me saisit dès le premier quart d'heure, tant le chauffage nous fait un affreux défaut. Le tambour de 10 h nous livrant aux jeux de la cour nous sauve aussi de la rigidité que nous cause le froid. De 11 h à midi, un jour sur deux, nous sont dispensés les enseignements de langue anglaise ou de dessin. L'étude de la perspective m'enchante et je me suis déjà essayé à dessiner la tête d'Apollon, seule figure en plâtre qui se trouve dans l'atelier. A midi, nous nous retrouvons au réfectoire pour le dîner pendant lequel, après une prière recueillie, il nous est permis de converser à voix basse. J'aurais mauvaise grâce de me plaindre de l'ordinaire, car si les quantités paraissent parfois un peu faibles, le choix des viandes est satisfaisant et, par chance depuis qu'un pressoir a été établi derrière la chapelle, le cidre nous est servi à discrétion.

Après une demi-heure de récréation et une heure d'étude nous retrouvons pour la classe du soir, de 2 h à 4 h, notre professeur d'humanités, une fois par semaine celui de mathématiques et une fois par semaine celui d'histoire. Bien que j'y mette grand peine vous savez combien les mathématiques me plaisent peu. Heureusement qu'il s'agit là d'une matière bien mineure. Quant à l'histoire, notre proviseur nous a exhortés à ne pas en faire une réflexion politique pernicieuse pour nos jeunes esprits.

L'heure de la collation est un heureux moment. Chacun a le loisir d'apporter au réfectoire la boîte spéciale où il remise les conserves envoyées par sa famille. Le beurre salé que vous m'avez adressé est un délice joint au miel de notre brave Tonin.

Deux fois la semaine, après la collation, une demi-heure est consacrée à la gymnastique. Lorsque le temps nous prive de la cour, nous manœuvrons dans les couloirs du collège. Tous les exercices, même au trapèze, sont exécutés en uniforme ce qui est un petit inconvénient du point de vue de la conservation de notre habillement.

De 5 h à 7 h et demi l'étude du soir me paraît parfois un peu longue. Mais après la récréation qui la suit le souper de 8 h vient nous faire oublier les peines de la journée.

Nos plus jeunes camarades regagnent leur dortoir à 8 h et demie mais nous, les grands, sommes autorisés à regagner l'étude jusqu'à dix heures moins le quart. Je vous avoue grand-père, au risque de vous paraître bien sot, que je ne suis jamais pressé de retrouver mon lit. C'est une grande caisse de bois sombre qui ressemble à un cercueil et qui jouxte, à le toucher, celui de mon camarade Colin qui occupe le plus clair de sa nuit en sauts de carpe et ronflements !

Vous aurez compris que mes journées sont bien remplies. J'y mets tout mon cœur et lorsqu'il me manque un peu, je songe au prochain dimanche. La messe y remplace la classe du matin et durant l'étude nous recevons la visite de notre professeur de chant. Nous répèterons cette semaine l'Agnus Dei et le Kyrie Eleison de la prochaine messe. Je crois qu'ils seront bien chantés.

Lors de cette étude nous recevons aussi la visite de notre Proviseur accompagné de Monsieur le Surveillant Général. Pour chaque élève ces messieurs procèdent à la revue des notes de la semaine. Dimanche dernier, trois de mes camarades ont reçu un blâme et une tâche extraordinaire et j'ai eu la fierté d'être proposé pour la mise à l'ordre du jour de la salle d'étude. Mon nom y figure donc cette semaine sur le tableau d'honneur.

Après le dîner de midi et les vêpres nous mettons une bonne heure à nous préparer pour la promenade car celle-ci est précédée de la revue de détail : nous nous y tenons en rangs et au garde à vous tandis que nos tenues sont scrupuleusement examinées. Toute notre classe s'est trouvée blâmée pour l'état de ses oreilles ! Il a été recommandé à notre maître d'internat de nous imposer l'usage des cure-oreilles. Monsieur l'abbé affirme que cet usage est facile et peu dispendieux.

Le jeudi me semble plus triste, car après la messe basse de 7 h moins le quart et le cours d'instruction religieuse, un grand nombre de mes camarades se rendent dès 10 h et demie et jusqu'au souper chez leurs correspondants. Il m'est assez pénible alors de rester en étude, mais je ne vous entretiendrai pas mon cher grand-père de ce chagrin car maman pourrait croire que j'essaie par votre truchement d'obtenir qu'elle fléchisse.

J'espère qu'en éveillant en vous quelques souvenirs anciens cette lettre aura su vous divertir.

Je vous embrasse, mon très cher grand-père, bien respectueusement,

Votre petit-fils,

Lucien

De Villedieu les Poëles,
Le 26 Novembre 1852.

Mon cher fils,

J'espère que ta toux a cessé et que tu ne crains plus de temps à autre de te laver le cou. N'oublie jamais que les quelques déplaisirs que tu déplores dans ta vie d'interne te mettent à l'abri de périls bien plus grands et te forgent le sentiment. Le zèle de tes éducateurs pour t'isoler de tes camarades externes les honore. Ils te préservent d'une influence qui pourrait à la fois amollir ta moralité et souiller ta réputation. N'en voit-on pas à l'occasion dans Coutances, traînant dans les cabarets ou même fumant sans retenue ? Qu'un élève, comme tu me l'as conté, soit renvoyé pour avoir été aperçu au cours de la promenade de ses camarades internes, à la fenêtre d'un cabaret, pipe à la bouche et verre à la main me semble la seule façon raisonnable de sauver l'honneur d'un collège. Songe que fumer est un vice. Fasse le ciel que la curiosité ne te pousse jamais à y succomber.

Tu auras bientôt le bonheur et la chance de venir passer Noël en famille. Et tu y reviendras à Pâques. T'es-tu bien aperçu de ton privilège ? Combien de tes condisciples dont les familles ne sont pas plus éloignées de Coutances, devront attendre les vacances d'été ?

Le mois prochain tu auras donc le loisir de revoir le frère de Magdeleine qui est l'un des jeunes gens les plus polis, les plus instruits et les plus vertueux que je connaisse. Tu pourras faire en sa compagnie, avec les dames qui composent ma société quelques parties de reversi.

Mon cher fils, j'allais te quitter en te célant une nouvelle familiale qui te causera grand peine, mais je crois bien qu'il me serait encore plus difficile de te la dire que de te l'écrire. Quelle désolation pour ta tante Emilie ! Imagines-tu les derniers désordres de ton cousin Frédéric ? Après avoir tant négligé ses études de droit à Paris, s'être illustré comme l'on sait en 1848... avoir frayé avec ses « amis » ouvriers des usines, me croiras-tu si je te dis qu'il a maintenant résolu d'émigrer en Amérique ? Il fait sa ruine et celle de ses pauvres parents. Nous nous demandons avec ton père si l'anesthésie générale à l'éther qu'il a dû subir l'année dernière n'aurait pas ajouté encore au trouble de son esprit. Cette technique est bien neuve encore et nul n'en mesure vraiment les conséquences. Je sais qu'il a le projet de t'écrire avant son départ et j'espère bien que tu ne te laisseras pas séduire par ses arguties.

Reçois ma tendresse et porte toi bien,

Maman

Du Couvent des Bénédictines de Caen,
Le 20 Janvier 1853.

Mon Cher Lucien,

Combien il m'a fallu de courage pour reprendre le chemin de mon couvent de Caen après ces jours si doux passés dans notre cher Villedieu. Notre tante pourtant, Mère Onésime prend un bien grand soin pour honorer la charge de mon éducation que lui ont confiée nos parents. De mon côté, je n'ai jamais cessé de la respecter et de l'aimer mais cette amitié n'approchera jamais des sentiments que j'ai pour toi, pour papa et pour maman, vous que je voudrais presque n'avoir pas vu parce que je serais moins fâchée de ne plus vous voir.

Lorsqu'à mon retour, je voulus manifester mon amitié à notre tante, elle me représenta que mes caresses devaient être contenues dans de justes bornes et que ces sortes de familiarités ne convenaient pas à des personnes bien élevées, qu'elles dénonçaient une éducation trop molle et que la meilleure preuve que je pus lui donner de mon attachement était celle de ne pas le témoigner par des signes si expressifs.

Quoiqu'il m'en coûte je crois qu'il en va de mon intérêt de m'en tenir à cette règle car pour adoucir ses propos notre tante me permit la lecture d'un livre intitulé « Le Magasin des Adolescentes ». Il est bien joli. Il y a une certaine Lady Sensée et une autre nommée Lady Spirituelle qui parlent comme des anges. Mais ce que j'aime le plus ce sont les histoires qui sont dans ce magasin, de bien belles et de bien amusantes, et surtout un abrégé de l'Histoire Sainte.

Chaque matin à 5 h 30, je songe, pour me donner du cœur au lever, que le tambour gronde à Coutances et que notre chère maman me fit observer à Noël que contracter l'habitude de me lever matin me mettrait à l'abri de devenir semblable à une multitude de femmes paresseuses et indolentes qui mettent à languir le plus clair de leur journée.

Mais je songe aussi, je rougis de te paraître sotte, à toutes mes poupées restées dans ma chambre et en particulier — que cela te semblera futile! — à Psyché, ma poupée-papier dont les costumes mobiles savent tant me divertir. J'ai craint, à mes 15 ans révolus, que maman ne me supprime ce plaisir innocent. Tu imagines bien je crois, que je tairai ces pensées à mère Onésime qui s'empresserait de convaincre notre bonne maman de me confisquer chapeaux, bonnets, turbans, manteaux, pélerines de ma chère Psyché... qui elle a le droit d'aller au bal!

Mais je m'égare en de longues digressions et voici la cloche du souper. J'aurais bien d'autres nouvelles à t'adresser et réserve pour une autre lettre la surprise que me fit maman et que j'appris en revenant au couvent.

Je te serre dans mes bras de toute mon amitié.

Ta sœur,

Pauline

Du Collège de Coutances,
Le 10 Février 1853.

Ma Chère Pauline,

J'ai senti de la tristesse dans ta dernière lettre et je t'avoue avec toute ma tendresse qu'elle me paraît fort peu justifiée. Sais-tu par exemple ce qu'il pourrait en coûter pour un élève du collège d'être un tant soit peu paresseux ? Et bien juges-en toi-même et tu me diras enfin si la règle de notre tante Onésime est si terrible !

Je te transcris ici l'article 122 que nous fit copier à la première étude de l'année notre maître d'internat : Article 122. Les punitions qui peuvent être infligées aux élèves internes suivant la gravité des fautes qu'ils auraient commises, sont :

1° La privation de la totalité ou d'une partie des récréations de la journée, avec tâche extraordinaire.

2° La privation de la promenade, avec tâche extraordinaire.

3° La table de pénitence avec privation du second plat.

4° La défense d'aller voir leurs parents, ou même de recevoir leur visite au collège.

5° La prison, qui sera une chambre suffisamment éclairée, facile à surveiller, où l'élève aura toujours à faire une tâche extraordinaire.

6° La privation de l'habit du Collège. Cet habit sera remplacé par un vêtement d'une forme particulière. L'élève ainsi vêtu occupera une place à part dans la classe et dans la salle d'étude et à tous les moments de la journée.

7° La privation des vacances en tout ou partie.

8° L'exclusion du Collège.

Sache que la « tâche extraordinaire » infligée à mon condisciple Ernest Binet pour travail insuffisant fut de 48 pages à copier et que dès la mi-novembre deux internes furent mis à la porte du collège pour avoir troublé le dortoir en faisant rouler pendant la nuit de petits cailloux sur le plancher.

Ne te méprends pas sur ces propos, je ne songe ni à te gourmander ni à me plaindre... plutôt à te consoler... et j'attends avec impatience que tu me parles de la surprise que te fit maman.

Je t'embrasse de toute mon amitié.

Ton frère,

Lucien

Du Couvent des Bénédictines de Caen,
Le 20 Février 1853.

Mon Cher Lucien,

Je t'avais promis de te conter la surprise, que, prévenant tous mes désirs, maman me fit.

J'appris après nos vacances à Villedieu, que nos parents avaient décidé de me donner un maître de musique à condition m'écrivaient-ils que je n'abuse de mon talent pour chanter des chansons qui renferment des maximes ou des images dangereuses. Tu imagines mon bonheur et ma surprise, car tu te souviens sans doute du chagrin de maman lorsque je l'avais priée de me donner un maître de danse et quel combat entre son amour et sa conscience lui déchira le cœur avant de s'y résoudre. Une lettre d'elle m'explique sa détermination à prévenir mon désir pour la musique : elle me fait observer que j'ai su lui prouver qu'en apprenant à danser je ne me proposai d'autre vue que de former mon maintien, de régler ma démarche et de me procurer un honnête délassement dans certaines assemblées où l'on peut danser sans danger. Que je n'ai appris que des danses décentes et qu'enfin je n'en ai jamais abusé. Quelle fierté pour moi de l'avoir ainsi, bien malgré moi, réconfortée.

Me voici comblée, mais ce n'est pas tout, car maman m'exhorte dans la même lettre à apprendre des pièces de poésie. Mère Onésime n'a pas manqué de se conformer à ses intentions et elle m'a donné une fable en me disant que dès que je la saurai, elle me la ferait déclamer en présence des autres pensionnaires. Elle m'objecta néanmoins que l'étude de l'histoire, après celle de la religion devait être ma principale occupation, qu'elle me mettrait entre les mains des livres de littérature propres à me former le goût sans pouvoir nuire à mes mœurs mais qu'elle ne souffrirait pas, quoique je semble aimer les vers que je lise d'autres pièces que ces sortes de petites fables envoyées par maman. Elle me fit remarquer que les ouvrages de poésie sont en général trop dangereux pour les jeunes gens et qu'en amusant leur imagination ils ne manquent presque jamais de leur gâter le cœur.

Je dois t'avouer mon cher Lucien que lorsque nous étions enfants dans notre cher Villedieu j'étais bien loin d'imaginer tous ces dangers qui nous guettaient dans le monde.

Je t'embrasse de toute mon amitié et je te transcris la fable que j'apprends, intitulée «Les Souriceaux et leur Mère», telle qu'elle est dans le livre de M. Richer d'où je l'ai copiée. Notre tante m'a dit que les souriceaux étaient les jeunes personnes et que le chat était le monde. Si cela est, le monde est donc bien méchant!

Ta sœur,

Pauline

«Un chat jouait avec une souris,
De ses pareils passe-temps ordinaire.
D'un spectacle nouveau des souriceaux surpris
Le regardaient de loin, et disaient à leur mère:
De notre jeune sœur que le sort est heureux!
L'agréable animal qui badine avec elle!
Que sa douceur est naturelle!
Courons prendre part à leurs jeux.
Mes enfants, dit la mère, arrêtez, je vous prie,
Et ne vous mettez pas surtout de la partie;
Craignez un feint amusement.
Vous êtes sans expérience:
Ces jeux ne sont jolis qu'en apparence.
Mais voyez-en la fin. Dans le même moment
Le perfide Raton, tout-à-coup en furie,
En croquant la souris, finit la comédie.
Souriceaux de rentrer dans le fond de leurs trous:
Vous qu'enveloppe encore l'ignorance profonde,
Que tout plaisir séduit en entrant dans le monde,
Cette fable s'adresse à vous.»

De Villedieu-les-Poëles,
Le 24 Mars 1853.

Mon Cher fils,

Ta dernière lettre nous apprenant ton second « satisfecit » et ton inscription sur le Grand Tableau d'Honneur du parloir nous a comblés de joie.

Je me félicite que tu aies passé dans le calme et dans l'étude toute cette période si troublée du carnaval. Quelles folies ! Ce ne furent partout que danses et mascarades, masques risibles et quelquefois indécents, et nous nous crûmes revenus aux temps des orgies et des bacchanales. Pour moi, je ne peux comprendre comment des personnes qui ont la moindre lueur de bon sens ou de religion peuvent tomber dans des abus si répréhensibles. Il me semble que, quand même je ne craindrais pas d'offenser Dieu, la seule crainte de me rendre méprisable aux yeux des hommes suffirait pour m'en préserver.

Nous nous félicitions ton père et moi que Pauline soit aussi à l'abri que toi de tous ces excès, elle dont la nature si douce est encore bien influençable. Hélas, une lettre d'elle, tout innocence pourtant, nous a plongés dans la consternation. Que nous apprenait-elle ? Quel chagrin, quelle surprise d'y lire que Mme Beauvoisin, notre propre parente, après l'avoir fait sortir du couvent à l'occasion de quelque fête avait eu l'imprudence de la mener à la comédie ! Je suis très persuadée que ta chère sœur a cru qu'on pouvait y aller sans offenser Dieu et je reconnais ses sentiments et son erreur, mais la chose est faite et le mal est sans remède.

A ton âge tu penseras peut-être que j'ai bien tort de tant m'alarmer pour Pauline. Songe cependant ce que, sur son jeune esprit, put produire le spectacle conjugué des charmes de la musique, des prestiges des décorations, de l'immodestie des parures, de la liberté des danses. Tout se réunit au théâtre pour endormir la raison, pour amollir le cœur et enflammer les passions !

Il me fut doux, pour me consoler, de penser à la

sagesse de ta conduite et à l'attrait que doivent être pour toi le dimanche ces délicieuses promenades des Vignettes, de l'Ecoulanderie, de Monthuchon et de bien d'autres encore.

Mon cher fils, continue, pour toi-même plus que pour nous encore de t'appliquer à satisfaire tous les vœux que nous formons pour ton avenir.

Porte toi bien.

Maman.

De Villedieu-les-Poëles,
Le 2 Mai 1853.

Mon cher fils,

Tu nous annonçais dans ta dernière lettre, et je loue ta droiture, un fléchissement de tes résultats en latin. Je ne saurais assez t'exhorter à considérer l'importance de cette matière pour toi qui désire me succéder dans l'exercice de la médecine. D'une façon générale ouvre largement ton esprit aux humanités, mets-toi à l'école de la belle Antiquité classique. Elle est bien propre à te former le cœur autant que l'esprit. Quant à cette année de rhétorique, elle sera déterminante pour ton avenir. Car si tu veux être de quelque utilité à ton pays et mener la moindre activité politique n'est-ce pas en premier lieu l'art de la parole qu'il te faudra maîtriser ? Je te fais toute confiance. Songe à la chance de ta condition, toi qui ne la gâcheras pas comme ton cousin Frédéric.

J'ai à t'adresser le bonjour de Tonin, le fils des fermiers de Sourdeval. Te souviens-tu que déjà lorsque vous étiez tout enfants il quittait les bancs de l'école entre mars et octobre pour aider aux travaux des champs ? Il a de bien lourdes charges désormais à la ferme. Depuis ses 15 ans il s'occupe du bétail, bat au fléau et m'a dit être responsable de former ses frères pour le nettoyage des étables. C'est un beau garçon, très robuste, assez confiant pour demander quelquefois à ta mère de lui écrire quelque lettre ou de lui lire un ouvrage de la vie des Saints que Monsieur le Curé lui a prêté.

Mon cher fils, encore deux mois d'application et tu te sentiras récompensé autant par le souvenir d'une année de collège honorable que par la représentation de ton retour parmi nous et des joies estivales que t'offrira notre vert bocage,

Porte-toi bien,

Papa

De Paris,
Le 5 Mai 1853.

Mon cher cousin,

Je ne sais si ma tante Hortense t'aura parlé de mon départ prochain pour l'Amérique, elle qui a toujours redouté, dès nos jeux d'enfants, l'été sur nos chères plages de la Manche, la mauvaise influence que je pouvais avoir sur toi !

Dans dix jours, mon billet de troisième classe en poche, je prendrai le train qui relie Paris au Havre. Me croiras-tu si je te dis qu'il atteint la vitesse folle de 60 kilomètres à l'heure ? Puis j'embarquerai, non sur un « clipper » de 4 mâts mais sur un prodigieux bateau à vapeur qui file ses 13 nœuds à l'heure et avale ses 150 tonnes de charbon par jour ! Seize nuits plus tard je serai à New-York.

Mon exaltation transparaît et peut-être fausse-t-elle ton jugement. Vois-tu, je n'entreprends pas un voyage d'agrément, c'est tout mon avenir que j'engage là et c'est à toi, mon cousin préféré, que j'ai souhaité de m'en ouvrir.

Tu sais, cela a suffisamment engendré de drames dans la famille, que jeune lycéen encore, ma vie a été profondément bouleversée par les journées que j'ai vécues à Paris en février 1848. Eh bien, malgré tous mes efforts pour suivre ensuite un cursus normal à la Faculté de Droit, mon esprit avait été trop transformé, ouvert à d'autres réalités. Ce sont des rencontres aussi, des amitiés nouées à cette époque qui m'ont fait tant changer.

Je crois t'avoir parlé de Jules et de Ginette, c'est avec eux que je pars. Depuis l'âge de 14 ans Jules est ouvrier. Il en a 22 aujourd'hui et se trouvait à l'usine Cail de Grenelle dont tu as dû entendre parler car elle est célèbre pour monter une locomotive par jour. Mais les récentes mécaniques venues d'Angleterre en ont modifié la marche et dans les nouvelles chaînes Jules n'était plus désirable. Le voici donc contraint de chômer. Ginette qui a passé son enfance à Lyon et dont toute la famille travaillait dans les manufactures de textile a été employée dès l'âge de 8 ans à ramper sous les métiers pour rattacher les fils rompus. Elle m'a conté que le contremaître ne manquait jamais de la battre lorsque quelques fils échappaient à sa vigilance et qu'elle avait toujours vu sa mère à la tâche 14 heures par jour, suspendue par des courroies pour pouvoir se servir sur la machine à la fois de ses mains et de ses pieds. Je l'ai rencontrée à Paris voici deux ans lorsqu'elle épousa Jules. Ils habitent un taudis des faubourgs, dorment sur la paille et vivent dans l'humidité. Ces conditions misérables viennent de tuer leur fils de 10 mois. Il avait contracté la tuberculose comme nombre d'enfants d'ouvriers. Jules sans travail, leur fils mort, il ne leur reste plus rien. Ils se refusent à mendier ou à être internés. C'est ainsi que leur est venue l'idée, l'espérance de l'Amérique. Mais moi, me diras-tu, pourquoi ? Eh bien, mon cher Lucien, j'étouffe, je me sens à l'étroit, révolté par notre milieu qui n'est pas plus méchant qu'un autre mais qui vit dans l'inconscience. Maman pratique la charité et l'inculque à ma sœur Lucile, mais la misère n'est pas pour elle un problème de conscience. L'oncle Alfred fait partie du « Club des gros estomacs », il est soupeur rue Montorgueil, arrive avec les autres convives le samedi à 6 heures du soir et n'en repart que le lendemain à midi après avoir englouti ce que mes amis n'auront pas, pour tout un mois, de subsistance. Il soigne sa goutte et dort sur ses deux oreilles. Quant à papa dont j'admire tant la pratique médicale, il vient de céder à la perroquetmanie de la capitale. Il a mis dans son salon un superbe ara jaune et bleu qui tient compagnie à ces dames qui attendent ses soins.

Ne me juge pas injuste et ingrat, mon cher Lucien. J'aime mes parents, je vais longtemps pleurer la tendre complicité de Lucile, mais je suis ici trop malheureux.

Je ne te dis pas adieu, je t'écrirai d'Amérique.

Je te serre fraternellement la main.

Ton cousin,

Frédéric

Du Collège de Coutances,
Le 10 Juin 1853.

Chers parents,

Quelle joie d'imaginer que nous nous retrouverons dans quelques jours pour de longues et belles vacances. Je ne peux résister cependant au désir de vous narrer sur l'heure notre distribution des prix.

Ma reconnaissance mon cher papa vous est tout acquise de m'avoir tant exhorté à l'étude de mes humanités. J'ai obtenu le 1er prix de version latine et le second prix de thème grec. Quant à la rhétorique je crois avoir assez répondu à vos aspirations puisqu'en me félicitant, Monsieur l'abbé Lair m'en remit aussi le 1er prix.

Mes chers parents, je ne saurais avoir la fausse humilité de vous cacher mon orgueil, mais je sais néanmoins tout ce que ces résultats vous doivent. Vous qui partagez si fort les convictions de notre professeur de rhétorique et sa foi dans l'instruction. Il nous fit hier, un merveilleux discours dont j'ai retenu que l'enseignement avait pour but de former le cœur autant que l'esprit, de donner aux futurs membres de notre société des convictions arrêtées, des aspirations élevées. « N'est-ce pas, conclut-il, cette jeunesse bien élevée qui donnera le juge intègre à la magistrature, au barreau l'avocat consciencieux, à l'administration le mandataire impartial, à toutes les carrières le représentant probe et éclairé ? »

Je ne vous quitterai pas, cher papa, chère maman, même pour si peu de temps, sans vous avoir annoncé ce que l'abbé Lair nous annonça hier et qui me gonfle de fierté. L'année prochaine, ma classe de Philosophie ne se déroulera plus au collège royal de Coutances mais au Lycée Impérial. C'est l'insigne honneur que nous fera, dès le mois prochain, notre Empereur. Le premier lycée, qu'il créera depuis le début de son règne ! Comment mieux terminer cette année ?

Je vous embrasse de toute mon affection.

Votre fils,

Lucien

6

L'ADOLESCENCE DE L'« ADOLESCENCE » 1850-1936

Le coup d'état du 2 décembre 1851 abat une jeune République — la IIè — instaurée trois années plus tôt, après l'abdication de Louis-Philippe. Si l'Empereur saura venir à bout d'une forme de « résistance » nationale (l'état de siège sera déclaré dans trente deux départements), les conflits armés auront raison d'un régime de transition. Proclamée le 4 septembre 1870, la IIIè République aura longue vie [1]. « Les Français avaient enfin la « République », institution à laquelle la grande majorité du pays aspirait, plus ou moins confusément, depuis la chute du Premier Empire. » [2]

Le succès des listes monarchistes ou conservatrices lors du vote de février 1871 pour constituer l'Assemblée Nationale, ne répond qu'aux vœux du rétablissement de la paix. Progressivement, tant dans les assemblées qu'au gouvernement, de nouveaux hommes apparaissent, dont très peu font partie de la grande bourgeoisie. Loubet est fils de cultivateur, Gaston Doumergue de vigneron, Paul Doumer de poseur de rails, Gambetta d'épicier, Daladier et Vincent Auriol de boulangers. Les parents d'Aristide Briand tiennent un « beuglant ».

Si leurs pères ont accédé précocément à la vie professionnelle, tous ces élus ont fait leurs humanités et beaucoup lisent le grec et le latin. Cette érudition contraste —pour l'époque— avec une tenue vestimentaire sans recherche et un « système pileux développé » [3]. Ce sont les vieux étudiants pubères, moustachus et barbus, que s'est donné, à son

1. 65 ans, depuis l'entrée en vigueur de la constitution, en 1876, jusqu'en juillet 1940.
2. R. ESCAICH — « La démocratie sous la IIIè République ». *Les dossiers de l'Histoire*, n° 10, novembre-décembre 1977.
3. J. Chastenet. Cité par R. ESCAICH. Op. Cit.

image, le peuple électeur [4]. Ils sont porteurs d'un idéal libéral et démocrate. Ils se promettent de faire disparaître l'analphabétisme, par l'éducation du peuple et la réforme de l'enseignement.

Ils n'abordent toutefois les problèmes économiques et sociaux que par des mesures ponctuelles et successives. Gambetta n'a-t-il pas déclaré qu'il n'y avait pas de « question sociale » mais « des questions sociales » ? La réparation des accidents du travail [5], le repos hebdomadaire [6], les retraites ouvrières et paysannes [7], la journée de 8 heures de travail [8], les assurances sociales pour les plus défavorisés [9], n'empêcheront pas les enfants d'être autorisés à travailler à l'âge de 13 ans, voire de 12 ans s'ils sont détenteurs du certificat d'études primaires et d'un certificat d'aptitude physique.

Le décalage accru entre une société en pleine mutation économique et culturelle, et la trop lente prise en compte des aspirations individuelles, ne pourront qu'aboutir à une crise, que la première guerre mondiale et ses chaos accentueront. Chômage et crise économique feront le lit du Front populaire comme celui des régimes autoritaires. Dans la fragile liberté de l'entre-deux-guerres, alors même que les puissances européennes, par leurs empires coloniaux, font autorité sur le tiers de la population du globe, quelques « hommes forts » vont mettre en œuvre des techniques nouvelles de conquête du pouvoir. Ces techniques feront bonne place à l'utilisation d'une jeunesse que la situation démographique a fait décroître, mais rend par là plus présente dans ses débordements [10].

Malgré les progrès faits par la médecine, qui contribuent à la forte baisse de la mortalité infantile [11] et à un gain notable dans l'espérance de vie [12], le pourcentage des jeunes de moins de 19 ans ne cesse de décroître [13], en particulier dans les grandes villes [14].

Ce « manque » de jeunesse, loin d'apporter un calme attendu par les aînés se montre —s'exhibe— dans des tumultes dérangeants. Tumultes

---

4. Le suffrage universel a été institué par un décret de 1848.
5. 1898.
6. 1906.
7. 1910.
8. 1919.
9. 1928.
10. La croissance démographique note un franc ralentissement puis stagne:
35.783.000 habitants en 1850
39.605.000 habitants en 1911
41.835.000 habitants en 1931
A. ARMENGAUD — *La population française au XIXè siècle.* Que sais-je?, P.U.F., Paris.
A. ARMENGAUD — *La population française au XXè siècle.* Que sais-je?, P.U.F., Paris.
11. 1930 marque, à ce sujet, un tournant.
J. VALLIN — *La mortalité par génération en France depuis 1899.* Cahier n° 63, P.U.F., Paris.
12. 16 à 19 ans à la naissance: de 35 à 55 ans pour les hommes, de 41 à 60 ans pour les femmes.
13. 37 % en 1850, 29,8 % en 1948.
14. L'urbanisation progresse fortement: 25,5 % en 1850, 52,4 % en 1936.

de la puberté et de la sexualité, de la participation active des jeunes à tous les mouvements politiques et révolutionnaires. Il est temps d'endiguer cette jeune marée.

On en parle

S'il était possible à un Français de cette seconde moitié du XIXè siècle, de remonter le temps pour se retrouver en 1642 dans le salon de la Divine Arthénice, il ne pourrait plus être sensible à la moquerie que nous y avions perçue concernant le vieux marquis de Trouville lorsqu'on le qualifiait de «jeune adolécent» [15]. A partir de 1850, en effet, signe d'une transformation des mentalités, le terme perd sa connotation railleuse. C'est en outre à peu près au cours de la même période que le mot Adolescence s'installe peu à peu dans le lexique.

Il y a dans la conjonction de ces deux évolutions sémantiques, un double témoignage qui confirme nombre de constatations, faites dans divers autres domaines, sur la tournure — et le tournant — que prend alors le phénomène. Cet emploi, à la fois rendu «neutre» et collectif, atteste qu'il y a bien dans l'appréhension sociale non seulement des individus dénommés particulièrement à un stade de leur devenir, mais de surcroît, un groupe qui se constitue et commence d'être isolé.

Sujet de fiction

Dans la littérature de cette époque, les héros adolescents, bien qu'ils ne soient pas systématiquement, surtout avant 1900, nommés comme tels, sont tous, à des degrés divers «atteints» de symptômes identiques renvoyant à ce qui fait dans les esprits la particularité de ce groupe d'âge. Ils sont donc tout à la fois, uniques au niveau de chaque création romanesque, et pluriels au niveau des signes qui les inscrivent dans ce groupe. En conséquence, même s'il est bien évident qu'aucun des grands auteurs de fiction ne s'est fixé comme objectif — tout au moins au début de cette période — une étude de l'adolescence comme entité autonome, les personnages qu'ils ont créés, porteurs des signes inscrits dans le vécu ou l'inconscient de leurs créateurs, ont contribué, à leur échelle, à un enracinement de cette notion nouvelle dans un fonds culturel et, par un jeu d'interactions, dans le quotidien des mentalités.

1850-1900

Les textes littéraires n'ont pas attendu, cela va de soi, le milieu du XIXè siècle pour nous offrir des modèles de protagonistes «adolescents». Que l'on se souvienne, par exemple, des jeunes disciples de Socrate croqués par Platon dans ses Dialogues ou de ces couples immor-

15. Cf. le chapitre «Des Mots Animés».

talisés par différents courants littéraires: Tristan et Iseut, Paolo et Francesca, Roméo et Juliette, Paul et Virginie. Que dire encore de héros de la mythologie dont les traits de caractère ne font qu'anticiper les descriptions des «savants» des débuts du XXè siècle: le fol orgueil d'Icare et son refus des conseils paternels, l'amour de soi de Narcisse et ses pulsions suicidaires, la passion des voyages d'Enée et d'Ulysse et leur fâcheuse propension à la fugue, l'entêtement d'Antigone et son refus de l'autorité. Qu'est-ce qui fait donc, l'originalité de la production littéraire en ce domaine entre les années qui vont de 1850 à la fin du siècle?

Le premier fait saillant est sans nul doute la concentration et le nombre de jeunes gens entre 16 et 25 ans qui peuplent le paysage romanesque français. Cette véritable éclosion s'était amorcée dans les années 1830/1840 grâce à Balzac et à Stendhal et aux figures de Rastignac [16], de Félix de Vandenesse [17], de Lucien de Rubempré [18], de Julien Sorel [19], et de Fabrice del Dongo [20].

Elle se poursuit après 1850 et va même en s'amplifiant puisque bien souvent ces personnages sont le centre de véritables «romans d'éducation». Ainsi, dans *René Mauperin* en 1864, les Goncourt souhaitent faire le portrait du «jeune homme moderne» dans la personne d'Henri Mauperin et celui de la «jeune fille moderne» dans celle de Renée. C'est aussi de roman d'éducation qu'il s'agit en 1868 avec *Le Petit Chose* de Daudet. La meilleure illustration de ce courant restant sans doute *l'Education Sentimentale* [21] dans laquelle Flaubert crée le type le plus parfait de l'adolescent de son époque à travers le personnage de Frédéric Moreau.

Dans les romans de Balzac et de Stendhal le héros était un adolescent romantique, héritier de René. Après 1850 ce sont les romanciers eux-mêmes qui ont été, dans leur jeunesse, ses héritiers. Pour la plupart, des lycéens partageant avec leurs condisciples la même exaltation romantique. Au lycée de Rouen, Flaubert est un élève doué mais indiscipliné, rêveur, tantôt mélancolique tantôt extravagant qui se «crevait les yeux à lire au dortoir des romans».

Devenus écrivains, ils engagent, par choix esthétique et par doctrine, le roman dans la voie de l'observation méthodique et objective et fondent le réalisme, voire le naturalisme. Leurs œuvres sont donc porteuses d'un éminent et double témoignage, d'une part parce qu'elles mettent en scène les jeunes gens qu'ils ont eux-mêmes été, au moment où la conjonction de divers faits de société mettait en place les premières «fabrications» d'adolescents, et d'autre part, parce que la méthode

---

16. Balzac — *Le Père Goriot* (1834/35).
17. Balzac — *Le Lys dans la Vallée* (1835/36).
18. Balzac — *Les Illusions Perdues* (1837/43).
19. Stendhal — *Le Rouge et le Noir* (1830).
20. Stendhal — *La Chartreuse de Parme* (1839).
21. Edition définitive: 1869.

qu'elles choisissent pour analyser cet état est une garantie de recherche de la vérité, souvent teintée d'ailleurs d'une certaine ironie:
«Un jeune homme de dix-huit ans, à longs cheveux et qui tenait un album sous son bras, restait auprès du gouvernail, immobile (...)

M. Frédéric Moreau, nouvellement reçu bachelier, s'en retournait à Nogent-sur-Seine, où il devait languir pendant deux mois, avant d'aller faire son droit. Sa mère, avec la somme indispensable, l'avait envoyé au Havre voir son oncle, dont elle espérait, pour lui, l'héritage; il en était revenu la veille seulement (...) Frédéric pensait à la chambre qu'il occuperait là-bas, au plan d'un drame, à des sujets de tableaux, à des passions futures. Il trouvait que le bonheur mérité par l'excellence de son âme tardait à venir. Il se déclama des vers mélancoliques; il marchait sur le pont à pas rapides (...) Il relut la lettre trois fois de suite; rien de plus vrai? toute la fortune de l'oncle! Vingt-sept mille livres de rente! — et une joie frénétique le bouleversa, à l'idée de revoir Mme Arnoux. Avec la netteté d'une hallucination, il s'aperçut auprès d'elle, chez elle, lui apportant quelque cadeau dans du papier de soie, tandis qu'à la porte stationnerait son tilbury, non, un coupé plutôt! un coupé noir, avec un domestique en livrée brune; il entendait piaffer son cheval et le bruit de la gourmette se confondait avec le murmure de leurs baisers.»

Les traits quelque peu archétypaux qui composent le personnage parlent d'eux-mêmes. Il reste néanmoins à évoquer le contexte et le milieu social, dans lequel une certaine jeunesse seulement a accès à cet état, qui est encore, dans la réalité, un luxe. D'autres romans, de cette même époque, nous montrent aussi que l'adolescence n'a pas encore été inventée pour tout le monde. Qu'il s'agisse des héros du *Tour de la France par deux enfants*, ou de *David Copperfield*, de *l'Enfant* de J. Vallès ou de *Poil de Carotte* de J. Renard, pour nombre de jeunes toujours, la fin de l'enfance est le moment qui fait sans transition basculer dans la vie d'adulte.

1900 — 1936

Aux débuts du XXè siècle, la France connaît une véritable révolution intellectuelle qui explique dans la littérature une nette évolution des intérêts. Le roman d'éducation cède le pas à un genre qui s'adapte mieux aux préoccupations du moment, le «roman à idées», encore appelé «roman à thèse». Anatole France publie *Les Dieux ont soif* et Paul Bourget *Le Disciple*, romans dans lesquels se retrouvent des figures de jeunes gens finement analysées: le jeune peintre Evariste Gamelin pour le premier, Robert Greslou le disciple, pour le second dont les mémoires doivent s'intituler *Confessions d'un jeune homme d'aujourd'hui*. Mais pour chacun de ces deux exemples, l'ambition idéologique est plus vaste.

Au même moment, Romain Rolland inaugure avec *Jean-Christophe* le genre du «roman-fleuve». C'est une forme qui se rattache à une

longue tradition : sorte d'épopée moderne englobant l'analyse psychologique des caractères, la fresque historique et sociale et le symbolisme moral ou philosophique. On devine aisément comment, dans de tels ensembles, qui comprennent en moyenne une dizaine de volumes, celui consacré à l'adolescence sera une sorte d'étape obligée. De fait, le troisième volume de Jean-Christophe, faisant suite à *l'Aube* et au *Matin* et précédant *La Révolte*, s'intitule en 1905 *L'Adolescent*. Dans *Les Thibault*, Roger-Martin du Gard met en scène Jacques, adolescent fugueur, révolté contre son milieu, que son père fera enfermer dans la maison de redressement qu'il a lui-même fondée [22]. Georges Duhamel écrit de 1933 à 1945 *La Chronique des Pasquier* qui raconte l'histoire d'une famille et plus spécialement celle de Laurent, récit d'une existence en devenir. Le second des dix volumes qui la composent, intitulé *Le Jardin des Bêtes Sauvages* [23] offre un des portraits de jeune pubère les plus modernes de ce début de siècle :
« Je me promène dans les allées du jardin désert. Parfois pour empêcher mes mains de s'envoler, je les enfonce dans mes poches. Mon agitation est grande. Je suis dans ma quinzième année. On m'appelle « jeune homme ». Je suis un adolescent. Eh bien ! Pitié pour moi ! Pitié pour tous les adolescents du monde ! Je ne suis pas heureux. Tout en moi est discordance et combat. Mon cœur est d'un enfant, mais j'ai la voix grave d'un homme, les mains, les pieds, les muscles d'un homme. Le poil commence à me pousser aux joues, et pourtant, comme un très petit garçon, j'ai parfois envie d'un gâteau, d'un bonbon. Je donnerais avec ardeur cinq ans de ma vie ! Oui cinq ans, pour en avoir fini de cette odieuse adolescence ! Cinq ans et je serai tout-à-fait un homme ! J'aurai des droits que nul n'osera tourner en dérision. Je déteste qu'on se moque de moi. Les gens qui rient en me regardant, je voudrais les tuer... Vraiment, je voudrais tuer ? Je suis un enfant tendre et pacifique. Il m'arrive de me moquer de moi-même... Cinq ans ! et je serai le maître du monde. Cinq ans et je regarderai le soleil en face... »

Dans ces années qui précèdent la seconde guerre mondiale, l'adolescence, fait de société en pleine croissance, s'installe dans la littérature par deux autres voies encore.

Cas isolé mais emblématique, Raymond Radiguet reste dans l'histoire du roman d'analyse la figure du génie adolescent, qui, à 15 ans collabore à diverses revues et à 16, correspond avec Breton, Tzara et commence à écrire *Le Diable au Corps* qui paraîtra en 1923. Pendant la guerre de 1914-1918, un adolescent devient l'amant d'une jeune femme dont le mari combat au front. Mais mis devant ses responsabilités, le héros s'avère n'être pas encore un homme... et l'auteur nous dit qu'« on y voit la liberté, le désœuvrement, dûs à la guerre, façonner un jeune

---

22. *Le Pénitencier* (1922) Second volume des huit qui composent l'ensemble.
23. 1934.

garçon et tuer une jeune femme.» L'œuvre fit une forte impression sur la jeunesse, car elle était non seulement écrite par un pair, mais elle dépassait le cadre de la simple révolte contre la génération précédente; elle témoignait d'un nouveau malaise social.

Seconde des deux voies enfin, par lesquelles choisit de s'exprimer le phénomène, les écrits destinés aux adolescents eux-mêmes. On pense au *Grand Meaulnes* d'Alain Fournier [24], à *La Vie Inquiète de Jean Hermelin* de Jacques de Lacretelle [25], à *Juliette au Pays des Hommes* de Giraudoux [26]. On pense surtout à la production Gidienne qui se flatte d'être directement adressée aux adolescents, d'exalter ce qu'elle considère comme les valeurs propres à cet âge, anti-valeurs adultes, agitation, révolte, anxiété, éveil sexuel, désir… «Belle fonction à assurer, celle d'inquiéteur» dit *Le Journal* de Gide à la date du 28 mars 1935…

Les romans qui fleurissent entre 1830 et la fin du siècle, lorsqu'ils sont consacrés à des figures d'adolescents, démontrent à la fois que ce temps d'attente qui s'étire entre la puberté et l'âge adulte n'existe pas pour tous et que, quand il existe — la plume devenant ironique — il vaut mieux s'employer à en sortir, à en abandonner les travers pour devenir adulte. Entre les deux guerres, les intentions et le ton des romanciers changent; analyse (complaisante?), autobiographie, valeurs magnifiées, polémiques, il s'agit bientôt de la peinture d'un vaste malaise social. Malaise que Montherlant, dont les héros aspirent, eux, à se surpasser, et à «faire progresser quelque chose dans le monde», stigmatise sous le nom d'«Adolescentisme».

Et c'est bien de cela dont il est question… puisque nous voyons ces «spécimen», croqués en personnages de fiction, être aussi, et de manière privilégiée, «objets d'étude».

Objet d'Etudes

Si l'on épouse la thèse soutenue par Philippe Aries, ce n'est qu'à la fin du XVIIè siècle que l'enfant sort de son «anonymat» [27]. La famille devenant un lieu d'«affection nécessaire» entre les époux et entre parents et enfants, commence alors à s'organiser autour de ces derniers. En même temps, l'école se substituant à l'apprentissage auprès des adultes, l'enfant entre dans un «long processus d'enfermement»… qu'on appelle la scolarisation.

Auparavant, la société dite traditionnelle n'avait, semble-t-il, qu'un sentiment superficiel de l'enfant, ce qu'Aries a appelé le «mignotage… réservé aux toutes premières années, quand l'enfant était une petite

24. 1913.
25. 1920.
26. 1924.
27. Ph. ARIES — *L'enfant et la vie familiale sous l'Ancien Régime*. Le Seuil, Paris, 1973.

chose drôle». Petite chose qui mourait facilement mais était tout aussi facilement remplacée. Le regard nouveau que l'on porte sur elle n'entraîne pas pour autant une évolution suffisante des mentalités pour que les études dont elle devient l'objet au XIXè siècle aient une large audience. Les barrières moralisatrices autant que l'opposition railleuse de certains milieux intellectuels entravent la diffusion d'idées comme celle de la puériculture, l'art d'élever *les tout-petits* [28]. L'Impératrice Eugénie juge le sujet indécent. En 1865, les Sociétés Savantes Provinciales de la Sorbonne refusent d'en débattre, le président estimant que ce sujet «provoquerait l'hilarité» [29]. Il faut attendre 1919 pour que s'ouvre la première Ecole de puériculture, sous le patronage de la Croix Rouge américaine.

La psychologie de l'enfant sort, elle aussi, difficilement du «Moyen-Age». Un des premiers ouvrages qui lui est consacré est celui de Bernard Perez, en 1882, qui insiste sur le rôle des facteurs innés, héréditaires, dans le comportement de l'enfant, assimilé à un animal inexpérimenté [30]. D'autres considèrent que l'enfant est naturellement mauvais et pervers... [31]

Alfred Binet, dont le nom reste attaché à la mise au point de mesures de l'efficience intellectuelle, tente de faire admettre l'idée que le système éducatif n'est pas adapté aux aptitudes et aux besoins individuels [32]. Le Docteur Victor Pauchet —dont les travaux sont couronnés par l'Académie Française— associe l'idée de caractère à celle de constitution physique. Il préconise toutefois, à côté des traitements hormonaux, des attitudes d'autorité en remède à la «faiblesse morale» [33]. De fait, reprenant l'ancienne théorie des humeurs — bilieuse, sanguine, mélancolique et flegmatique — la psychologie est longtemps restée en France imprégnée des théories de la caractérologie, en proposant une classification en un certain nombre de types. Si bien que l'on a pu recenser, chez certains auteurs, jusqu'à cent vingt types différents. La notion d'adolescence doit-elle à ce besoin manifeste de systématisation?

Dès avant la fin du XIXè siècle, un certain nombre d'ouvrages témoignent de cette conceptualisation, qui s'efforce d'individualiser et de décrire un état intermédiaire entre l'enfance, comme autrefois définie, et l'âge adulte.

C'est à l'initiative américaine que l'on doit les premières véritables études sur «l'adolescence». Après les travaux de Burnham [34], Stanley Hall publie en 1904 sous le titre *Adolescence* un ouvrage tout à la fois psychologique et encyclopédique. Certains y relèvent l'influence des

28. On en doit le nom au Docteur A. Ch. Caron.
29. T. ZELDIN — *Histoire des passions française, 1848-1945*. T.1, Ambition et Amour. Points-Histoire, Le Seuil, Paris, 1980.
30. B. PEREZ — *La psychologie de l'enfant: les trois premières années*. 1882.
31. G. COMPAYRE — *L'évolution intellectuelle et morale de l'enfant*. 1893.
32. A. BINET — *Les idées modernes sur les enfants*. 1910.
33. V. PAUCHET — *L'Enfant*. 1929.
34. W. H. BURNHAM — *The study of Adolescence*. 1891.

théories énoncées par Jean-Jacques Rousseau dans *l'Emile* et avancent l'hypothèse, qu'une fois de plus, « les théories sur l'adolescence fleurissent en temps de crise et de changements sociaux ». [35]

La conception de Hall repose sur l'application des principes de la théorie de l'évolution à la compréhension du développement. Pour lui, les lois du développement sont inscrites dans les données biologiques, et c'est à la période d'adolescence qu'apparaissent des changements qui vont se transmettre à l'espèce et feront progresser l'évolution de la race humaine. « A tous points de vue, pour les âmes prophétiques intéressées par l'avenir de notre race et désireuses de la faire progresser, le domaine de l'adolescence constitue la mine dans laquelle elles trouveront à la fois leurs objectifs et leurs moyens. Si notre race accède un jour à un niveau supérieur, ce sera le fruit de développements progressifs au stade de l'adolescence qui constitue le bourgeon de la promesse de la race ». [36] Mais la confrontation aux pressions sociales va reproduire des tumultes ancestraux, définis par le concept de *storm and stress* — tempête et tension — qui caractériseront l'expérience adolescente.

Ce caractère précieux attribué à l'adolescence et les menaces résultant de ses excès préfigurent toute l'attention qui sera portée à cette classe d'âge et à son organisation. En Europe francophone, deux tendances vont se dessiner : les ouvrages à vocation éducative et pédagogique, et les travaux à valeur scientifique et psychologique. Les premiers seront émaillés de propos souvent riches en préceptes moraux : « Ce n'est pas en vain que tous les mois la nature prive la jeune fille d'une quantité notable de matériaux organiques, la dépouille de forces en excès. Il est probable que les règles constituent pour elle une exonération naturelle, une décharge volontaire qui lui permet, jeune fille, de rester vierge, épouse de contenir ses sens, d'être fidèle et de garder l'honneur du foyer ». [37]

Les autres se situeront essentiellement dans le sillage de Pierre Mendousse et de *L'âme de l'adolescent*. [38] Mendousse se réfère à Aristote : « Il est nécessaire de diviser l'enfance en deux périodes dont la première va de sept ans à la puberté, la seconde de la puberté à vingt et un ans ». [39] Son ouvrage est ainsi divisé :

---

35. G. LUTTE — *Supprimer l'adolescence ? Essai sur la condition des jeunes*. Vie ouvrière, Bruxelles, 1982.
36. G. S. HALL — *Adolescence*. Appelton, New-York, 1904-1905.
37. Docteur SURBLED — *La vie de jeune fille*. Cité par M. CLAES. L'Expérience adolescente. Pierre Mardaga, Bruxelles, 1983. De même que : BAETEMAN — *La formation de la jeune fille*. 1922.
HUMBLET — *Pour l'âge des fleurs*. 1925.
TOTH — *La chaste adolescence*. 1936.
RENAULT — *Nos adolescents*. 1936.
CASBA — *La vie en fleurs, ce qu'une adolescente doit savoir*. 1937.
38. P. MENDOUSSE — *L'âme de l'adolescent*. P.U.F., Paris, 1909. (dont le titre est à rapprocher de celui de PREYER : *l'âme de l'enfant*, paru en 1881).
G. COMPAYRE — *L'Adolescence*. 1910.
A. LEMAITRE — *La vie mentale de l'adolescent et ses anomalies*. 1910.
P. GAULTIER — *L'Adolescent*. 1914.
39. ARISTOTE — *Politique*. IV, XV, 11.

Livre Premier, *La seconde naissance*, qui comporte deux chapitres : les signes précurseurs et la puberté.
Livre Deux, *Les Facultés nouvelles* : l'amour, le rêve, la dialectique, le courage.
Livre Trois, *L'anarchie des tendances* : discordances organiques, instabilité mentale, fatigue et délassement.

Autant de titres qui ne dépareraient pas un ouvrage moderne sur la question. Prolongement du succès, ou nécessité d'admettre que l'adolescent est sexué, un ouvrage au titre féminisé paraît dix neuf ans plus tard, *L'âme de l'adolescente*. [40]

Il se décompose, lui aussi, en trois livres :
L'âge de disgrâce : les troubles précurseurs, la crise de formation, pédagogie de la puberté.
L'âge d'indécision : les vaines tendresses, l'esprit romanesque, la plasticité mentale, le règne des mobiles.
L'âge de grâce : l'appel à l'amour, l'épanouissement.

Et Mendousse de conclure qu'il a fait là la démonstration de ce que pourrait être un traité de l'éducation des filles...

En 1912 et 1913, les enquêtes sur les problèmes de la jeunesse fleurissent dans la presse [41]. Où l'on voit des « adultes » à l'écoute des rêves de leur jeunesse... Un numéro de la revue *L'éducation* est consacré en 1919 à « la crise de l'adolescence ». Certaines études ne manquent pas d'attribuer aux parents une responsabilité éducative quant à la genèse du malaise constaté : « On ne peut pas se figurer l'indifférence de la grande majorité des parents pour tout ce qui regarde l'avancement intellectuel et moral de leur fils ». Le paysan est jugé particulièrement négligent : « Uniquement préoccupé de sa terre, il abandonne ses fils à leurs instincts ». Et le professeur, auteur de cette enquête, de conclure « Ils ne sont pas heureux ». [42]

Rêve et crise. Fascination et crainte. C'est d'ambivalence qu'il s'agit ; pour l'adulte, la relation qu'entretient la jeunesse avec la vie et avec le sexe n'est-elle pas une provocation ? L'androgyne romantique se reconnait sexué, même si cela peut passer par la masturbation et les amitiés particulières. Et l'appétit naissant est jugé excessif, sinon coupable. La vie est liberté. Liberté de se déplacer : d'aucuns parleront d'instabilité ou encore de fugues. Liberté de vivre : mal de vivre pour Durkheim qui relève la fréquence de leurs suicides. De là à en faire

40. P. MENDOUSSE — *L'âme de l'adolescente*. Alcan, Paris, 1928.
41. H. MAZEL — « Nos enfants, à quoi rêvent-ils » ? *La Revue des Français*, janvier-avril 1912.
F. LAUDENT — « Enquête sur la jeunesse ». *Revue hebdomadaire*, mars-avril 1912.
H. MASSIS et H. TARDIEU (sous le pseudonyme d'AGATHON) — « Les jeunes gens d'aujourd'hui » *L'Opinion*, 1913.
E. HENRIOT — A quoi rêvent les jeunes gens ? *Le Temps*, 1913.
G. RIOU — *Aux écoutes de la France qui vient*. 1913.
Cités par T. ZELDIN. Op. Cit.
42. J. FONTANEL — « Psychologie de l'adolescence. Nos lycéens ». *Etudes documentaires*. 1913. Cités par T. ZELDIN. Op. Cit.

des malades, violeurs, criminels ou irresponsables il n'y aura qu'un pas qui sera, nous le verrons, vite franchi. Les observations se multiplient — Debesse parle d'exploration —. Elles sont en particulier le fait des élèves de Stanley Hall [43], et de chercheurs de langue germanique [44].

A partir de 1935, les travaux de Maurice Debesse vont dominer les recherches françaises sur ce qu'il nomme l'hébélogie. Dans une perspective qui se veut objective il propose d'abord une étude qui n'emploie pas une méthodologie scientifique [45]. Il utilise à la fois les confidences et les productions des jeunes, les enquêtes, les évocations littéraires. Il individualise ensuite la « crise d'originalité juvénile » [46], qu'il juxtaposera secondairement à une évolution plus régulière, préfiguration d'une véritable psychologie différentielle de l'adolescence.

La notion de crise d'adolescence fait, pour certains, partie d'une tradition culturelle occidentale [47]. On en retrouve, certes, un tableau évocateur dans les écrits de Platon et surtout d'Aristote :

« Les jeunes gens, de par leur caractère, sont enclins aux désirs et capables de faire ce qu'ils désirent. Parmi les désirs du corps, c'est surtout pour les désirs amoureux qu'ils ont du penchant, et ils ne savent pas se maîtriser. Ils sont inconstants et se dégoutent vite de ce qu'ils ont désiré ; s'ils désirent violemment, ils cessent rapidement de désirer. Vives sont leurs volontés, mais sans durée, comme les accès de faim et de soif chez les malades. Ils sont coléreux, prompts à s'emporter et suivent généralement leurs impulsions. Leur ardeur les domine... »

« ... en tout ils mettent de l'excès ; ils aiment avec excès, haïssent avec excès et se comportent de même en toutes autres occasions. Ils pensent tout savoir et soutiennent avec force leurs opinions, ce qui est encore une des causes de leurs excès en tout ». [48] Continuant d'attribuer aux « désirs du corps » le mécanisme-clé de cet âge, la théorie rousseauiste de l'adolescence et son prolongement par Hall mettent en relation puberté physiologique et bouleversements romantiques.

Le XXè siècle, son réalisme et son approche analytique [49], vont bouleverser les romantiques en leur parlant de sexe. Voire de sexe et d'Etat [50]. Où l'on voit que l'« objet d'études » demeure bien un objet

---

43. Lancaster, Patridge, Swift. En se souvenant que Freud fut, en 1909, l'invité de Stanley Hall...
44. Stern, Spranger, Busemann, Bûhler.
45. M. DEBESSE — *Comment étudier les adolescents*. P.U.F., Paris, 1936.
46. M. DEBESSE — *La crise d'originalité juvénile*. P.U.F., Paris, 1936.
47. G. LUTTE. Op. Cit.
48. ARISTOTE — *Art rhétorique*. Garnier, Paris.
49. L'« économie » n'est-elle pas un terme commun aux industriels et aux psychanalystes ?
50. Reich, en particulier, expose les conséquences d'une puberté que la société empêchera d'« agir ». La maturité sexuelle est acquise, mais le mariage est impossible. Le refus social de la satisfaction génitale sera source de régression à des formes et objets de sexualité primitifs et infantiles comme la masturbation. Les rites religieux confirment également, d'après lui, le détournement de la sexualité. Il distingue la jeunesse paysanne et la jeunesse ouvrière de la jeunesse bourgeoise en ce sens que, si la première pratique couramment les rapports sexuels à partir de 13 ans, la seconde à partir de 15 ans, la troisième est privée de cette liberté par les interdits d'un code moral imposé par une société conservatrice...

— au sens manipulatoire — aux yeux de ceux qui l'étudient. « La jeunesse est un dieu aux millions de visages : chaque faiseur d'enquêtes en obtiendra les réponses qu'il désire ». [51]

En 1905, à Vienne, un certain Freud...

En 1905 [52] à Vienne, un certain Sigmund Freud publie son célèbre ouvrage « Trois essais sur la théorie de la sexualité » [53], premier écrit de la littérature psychanalytique s'intéressant aux mutations psychologiques qui accompagnent la puberté.

Alors même qu'un chapitre entier est consacré aux « transformations de la puberté », Freud n'évoque pas une fois la notion d'adolescence. Au moment où ses contemporains se laissent prendre au piège d'une « adolescence » fraîchement créée, Freud, qui s'intéressait, lui, aux profondeurs du fonctionnement humain, n'avait pas de raison d'accorder de valeur à ce concept artificiel. Il y est question de « période de la puberté », d'« âge de la puberté ». « Avec le commencement de la puberté apparaissent des transformations qui amèneront la vie sexuelle infantile à sa forme définitive et normale », disent les premières lignes de son texte. Dans ses conceptions, l'adolescence n'existe ni comme classe d'âge, ni comme période particulière du développement humain. D'un côté l'enfant, de l'autre l'adulte portant « de l'enfant » en lui. Entre les deux, la puberté. Il ne s'agit que de la reprise et de la poursuite de la petite enfance et particulièrement des questions concernant la sexualité et les relations aux autres qui s'y posent. La sexualité infantile étant reconnue par Freud comme première, les formes nouvelles qu'elle revêt à l'âge de la puberté, période finale des transformations corporelles et psychiques, présentent à ses yeux un intérêt manifestement réduit. Le créateur de la psychanalyse n'y voit qu'une remise en scène ou une réactualisation des désirs et impossibilités précoces.

Dora, célèbre patiente de Freud qui justifierait de nos jours l'appellation d'adolescente, tant par ses dix-huit années d'âge que par les crises qu'elle manifestait, n'est jamais désignée ainsi par le maître viennois.

Il s'arrêtera chez les pubères à la question du changement d'objet d'amour : le modèle prégénital est barré par le refoulement à la puberté, ainsi en est-il particulièrement des fantasmes incestueux et de leur

---

W. REICH — *La révolution sexuelle* (Plon, Paris, 1968 et 10/18 pour la traduction française).
On en rapprochera l'approche historique de la jeunesse de M. Crubellier et sa distinction de trois types sociaux : le paysan, l'apprenti et le lycéen.
M. CRUBELLIER — *L'enfance et la jeunesse dans la société française. 1800-1950.* Armand Colin, Paris, 1979.

51. F. MAURIAC — *Le jeune homme*. Hachette, Paris, 1926.
52. Cette année là, encore un jeune homme de 16 ans, Adolf Hitler, arrive à Vienne pour y chercher la reconnaissance d'un talent d'aquarelliste au milieu des formidables bouleversements qui secouent un monde ancien qui agonise.
53. S. FREUD. *Trois essais sur la théorie de la sexualité*. Folio.

interdit; les désirs menaçants qui émergent sont alors détournés vers l'idéalisation romanesque, ou vers d'autres formes moins dangereuses.

Il faut attendre le psychanalyste Ernest Jones et son article intitulé *Quelques problèmes de l'adolescence* en 1922, pour voir le terme et l'entité «adolescence» remplacer ceux de «puberté». Il y reprend et y poursuit l'une des thèses de Freud, en montrant comment l'«individu récapitule et développe dans la deuxième décennie l'évolution qu'il a accomplie pendant les cinq premières années de sa vie». «L'adolescence», poursuit-il, «récapitule la première enfance; la manière précise selon laquelle une personne donnée traversera les étapes obligatoires du développement pendant l'adolescence est dans une grande mesure déterminée par la forme du développement de son enfance.»

Dans le même temps Siegfried Bernfeld à Vienne «explore la jeunesse» et décrit «un mode spécifique de développement chez l'adolescent garçon qu'il appelle «prolongé» et qui s'étend bien au-delà de la durée moyenne normale de l'adolescence». [54] La porte est désormais ouverte pour les «découvreurs analystes» des années 20 qui prennent pour acquise une notion quelque peu précairement créée par leurs contemporains et achèvent de transformer en donnée préalable ce qui aurait pu ne rester qu'un artifice commode. Peu soucieux de tirer profit de l'enseignement de Freud qui ne parlait, lui, que de puberté, ils n'hésitent pas, en réponse à une pression sociale, à se mettre à l'unisson d'un certain concert... La psychanalyse s'intéresse alors à tout ce qui inquiète et dérange, comme le problème des jeunes délinquants [55].

Enfin, dernière étape d'avant-guerre, Anna Freud publie en 1936 *Le Moi et le Çà à la puberté* et *Anxiété instinctuelle pendant la puberté,* faisant ainsi la jonction entre la puberté Freudienne telle qu'en parlait son père Sigmund et l'«adolescence» qui connaîtra le succès que l'on sait. Mais ces premières pistes de réflexion tracées ne suffisent pas à satisfaire les demandes nouvelles qui émanent tant des parents que des éducateurs. Les uns et les autres, confrontés à cette «nouvelle» jeunesse, attendent plus des chercheurs: «Malgré des progrès partiels, l'état de nos connaissances psychanalytiques en ce domaine n'est pas brillant, il est même décevant si on le compare à celui de la première enfance... Quand il s'agit de l'adolescence nous sommes perplexes et nous ne pouvons pas satisfaire les éducateurs et les parents qui en appellent à nous et à nos connaissances... Ces doléances... justifient, à mon avis, plus d'attention qu'elles n'en ont reçu jusque là.» [56]

Devant l'intensité de la demande sociale et devant le trouble nouveau des adultes, certains psychanalystes se sentent en devoir de produire des discours, des techniques et des actes qui colleraient au plus près

---

54. Propos cités par A. FREUD in *L'enfant dans la psychanalyse* — NRF, Gallimard, Paris, 1976.
55. Ainsi en est-il en particulier d'August Aichhorn et de son essai paru en 1925 *Wayward youth* — «capricieuse jeunesse» — qui eut un écho international.
56. A. FREUD, op. cit.

d'un phénomène, lui-même en pleine «adolescence», échappant aux contrôles habituels et aux systèmes de compréhension acquis. Il est surprenant de voir alors Anna Freud, par exemple, être en position de répondre à ces pressions, oubliant du même coup le sens même de la démarche psychanalytique. C'est une illustration, parmi d'autres, de la tentation pour des intellectuels, avec les risques et les limites qu'elle comporte, de développer recherches et travaux en réponse à une question donnée, sans analyse préalable des contradictions conjoncturelles qui la sous-tendent.

On s'en préoccupe, occupons-la

Ça fait peur.

La seconde moitié du XIXème siècle voit nettement croître les manifestations de peur à l'égard de la jeunesse. L'adolescent, puisque tel est son nom désormais, cet «Unique» dont parle Max Stirner à la fin du XIXème siècle [57] devient, outre l'objet d'un intérêt grandissant, la cause dénoncée de bien des maux. Durkheim, sociologue de l'intégration, le stigmatise comme étant un facteur de désintégration de la société. Il affirme, dans son ouvrage intitulé *Le Suicide* «si les jeunes se suicident plus aisément, c'est justement qu'ils sont mal intégrés à la société. D'autre part... l'appétit sexuel de l'adolescent le porte à la violence, à la brutalité, voire au sadisme. Il a le goût du viol et du sang». [58] Un pas de plus, et c'est Duprat et son ouvrage publié en 1909 chez Alcan: *La criminalité dans l'adolescence, causes, remèdes d'un mal social actuel.* «L'adolescent est un vagabond-né». Epris de voyages, de déplacements, profondément instable, il fait des «fugues analogues à celles des hystériques et des épileptiques». «L'adolescent est un malade en puissance...» [59]

Certains — Freud en particulier — tenteront de comprendre les mobiles qui induisent ces apparents dérèglements et d'autres jugeront et condamneront. Et en tout premier lieu, la sexualité nouvelle à la puberté. Elle sera l'objet de l'intérêt et de la crainte des parents, des médecins et des éducateurs. «Le sexe des collégiens» [60] préoccupe; notamment les amitiés particulières, les pratiques masturbatoires et homosexuelles des internats. Il faudra le gérer, le contrôler, le surveiller. «Quand on voit deux jeunes gens ensemble, écrit Lombroso, criminologue de la fin du XIXème siècle [61], il faut se méfier, probablement

57. M. STIRNER — *L'Unique et sa propriété* — STOCK, Paris, 1899.
58. Cité par M. PERROT — «La peur de la jeunesse au XIXè siècle». *Le groupe familial*, n° 113, octobre-décembre 1986.
59. Cité par M. PERROT. Op. Cit.
60. Expression employée par M. FOUCAULT in — *Histoire de la Sexualité* — I — La volonté de savoir — Gallimard, Paris.
61. Cité par M. PERROT — Op. Cit.

ils font quelque chose de mal». Roger Martin du Gard [62] évoque dans un roman posthume l'homosexualité dans les grands internats durant les années 80.

Dans le même temps, cause et effet de cette méfiance, quasiment en miroir, la jeunesse réagit. Une partie d'entre elle se réfugie dans les plaisirs individuels de la lecture, de la poésie, des journaux intimes. Flaubert dévorant des romans le soir, à l'heure où l'on doit dormir dans les collèges, en est une célèbre illustration. D'autres organisent des révoltes collectives. Leur malaise s'incarne dans des personnages comme Jules Vallès ou Arthur Rimbaud.

Après les paroxysmes de 1830 et 1848, l'agitation reprendra dans les années 80. En outre, en dehors des ces vagues marquées, les mouvements dans les établissements d'enseignement secondaire seront habituels tout au long du XIXème siècle. «Ensuite il y a beaucoup moins de révoltes collectives et on ne peut plus parler que de chahuts. Le Quartier Latin était, en dehors des lycées, le théâtre de beaucoup de manifestations». [63]

Pour d'autres enfin, les bandes sont le refuge et l'organisation où peuvent se jouer et se développer les passions de l'âge. Ces bandes ont existé de tous temps. Dans cette «Belle Epoque» du début du XXème siècle elles sont soupçonnées des pires intentions. L'histoire des Apaches [64] est à cet égard révélatrice: «A Paris, dans les années 1903-1904, dans le quartier de Belleville, deux bandes de jeunes gens rivales se battent pour une femme *Casque d'or* [65]. Il y a des morts et le procès s'engage. Au cours du procès, le président du tribunal dit: «Vous vous conduisez comme des sauvages, vous êtes de vrais Apaches!». Les bandes de jeunes gens ont repris ce terme à leur compte. A partir de ce moment-là, toutes les petites bandes (...) se sont baptisées Apaches. On assiste dans le Paris de (...) l'avant première guerre, à une véritable psychose de l'Apache qui va bientôt gagner la France entière. Cette psychose de l'Apache est due en grande partie à la presse (...) dont c'est (...) l'âge d'or. La presse est à ce moment le seul «médium». Il y a quatre quotidiens parisiens sans compter les organes régionaux très vivants, qui tirent chaque jour plus d'un million d'exemplaires. Le journal *Le Matin* s'est en quelque sorte emparé des faits divers apaches et en fait sa «une». Tous les jours, à partir de 1906-1907, la rubrique «Paris-Apaches» relate tous les faits de délinquance qui se produisent ou non par des bandes, à Paris ou en dehors. Par conséquent, cela finit par créer une véritable peur de la jeunesse (...). A ce moment-là on écrit des articles sur «la France va à sa perte»,

---

62. R. MARTIN du GARD — *Le lieutenant-colonel de Maumort.* La Pléiade, Gallimard, Paris, 1983.
63. M. PERROT — Op. Cit.
64. Lire à ce propos: M. PERROT — «Dans le Paris de la Belle Epoque, Les Apaches, premières bandes de jeunes, les marginaux et les exclus de l'histoire». *Cahiers Jussieu* n° 5, 10/18, Bourgois, Paris, 1978.
65. Fait divers mis en scène par Jacques Becker dans son film *Casque d'or*.

«la jeunesse est complètement pervertie» (...). Il y a même des députés qui proposent de revenir aux châtiments corporels. Le docteur Lejeune, député, a publié un petit livre qui s'intitule *Faut-il fouetter les Apaches?* La réponse était: oui, il faut fouetter les Apaches... Un débat sur l'abolition de la peine de mort a lieu à cette époque sur proposition des radicaux. Un des principaux arguments hostiles avancé au cours du débat de l'Assemblée en 1908, était: «ce n'est pas le moment d'abolir la peine de mort avec la jeunesse que nous avons.» [66]

Pour répondre à ces dérangements et à cette peur, suscités par la jeunesse mais conçus en grande partie par la société des adultes elle-même, vont se mettre en place un nombre important de mesures qui viseront principalement au contrôle de certaines limites...

On l'endigue

«Avant 1850, le cours de la vie des jeunes se caractérise à Hamilton par une période de «semi-autonomie» entre la puberté et le mariage. A 16 ans, la majorité des adolescents et des adolescentes trouvent un emploi, quittent leurs parents pour vivre comme pensionnaires ou comme servantes dans un autre foyer, pendant une période pouvant atteindre dix ans (...) Le mariage est tardif: 24 ans en moyenne pour les filles, 27 ans pour les garçons.» [67] Un certain nombre de jeunes continuent cependant de vagabonder dans la ville, sans fréquenter l'école, mobilisant le conseil municipal pour leur fournir des lieux d'accueil. L'évolution de ce portrait d'une jeunesse canadienne d'une ville moyenne d'Ontario, illustre, outre-Atlantique, le changement d'état d'esprit — et l'organisation qui en résulte — dans les populations urbaines soumises à l'industrialisation de la seconde moitié du XIXè siècle.

Que constate-t-on, en effet, vingt ans plus tard?

«En 1871, 15 % des garçons et 20 % des filles seulement résident en dehors de la maison familiale; les jeunes quittent la maison beaucoup plus tard: à 22 ans en moyenne pour les garçons, 20 ans pour les filles. La date de mariage reste tardive mais le départ de la maison ne coïncide plus avec le début de la vie professionnelle.» [68] En effet, et c'est là tout le changement, deux tiers et non plus la moitié des jeunes fréquentent l'école ou travaillent. Mais, «l'origine sociale est déterminante ici, car si l'évolution de la jeunesse d'Hamilton au tournant du XIXè siècle entraîne une prolongation de la tutelle parentale entre la puberté et le mariage, elle démontre aussi clairement l'accentuation des différences de classes dans l'orientation vers la vie scolaire ou la vie professionnelle» [69]

66. M. PERROT. Op. Cit.
67. Etude de M.B. Katz commentée par M. CLAES. Op. Cit.
68. M. CLAES. Op. Cit.
69. Ibid.

Qu'en est-il en France à la même époque et quel est le rôle des réformes du système éducatif ?

« On façonne les plantes par la culture, et les hommes par l'éducation. » « Aucune éducation ne transforme un être : elle l'éveille. »

Cette apparente contradiction entre Jean-Jacques Rousseau et Maurice Barrès pourrait servir d'illustration aux attitudes et choix éducatifs ambivalents qui prévaudront pendant la seconde moitié du XIXè siècle et la première moitié du XXè. Il va s'agir, à la fois, d'aider l'ensemble de la jeunesse montante à accéder à une plus large culture, et de contrôler, voire d'orienter son éveil à la réalité sociale. La perception de la jeunesse et les conceptions éducatives du temps vont donner le ton aux débats et décisions concernant l'enseignement et ses institutions.

« C'est l'adolescent pur qui fait l'homme sage et vigoureux. » [70]

« La naissance de passions nouvelles apporte en même temps un élément de trouble pour la moralité. Aussi l'adolescence est-elle l'âge où l'hygiène et l'éducation doivent préparer et fonder en quelque sorte la santé physique et morale de l'homme. » [71]

A la manière des « lignes de développement » chères à Anna Freud, qui caractériseraient selon elle la maturation adolescente, éléments parallèles évoluant indépendamment et à vitesse variable, plusieurs tendances idéologiques et politiques vont s'affronter autour de principes éducatifs : pour une école confessionnelle ou laïque, pour une scolarité distincte ou commune des filles et des garçons, pour une hiérarchie scolaire ou « l'école unique ». Le consensus n'apparaît préalable que sur l'obligation de scolarité. Les hommes et les lois vont se succéder, « progrès » ou « réaction » selon chacun.

La Constitution du 4 novembre 1848 retient les principes proposés à l'Assemblée constituante par Hippolyte Carnot : obligation, gratuité, laïcité, mais maintient la liberté de l'enseignement. Moins de deux ans plus tard, la loi Falloux [72], apparaît comme une réaction « aux progrès des idées révolutionnaires » [73] et accroît les prérogatives scolaires de l'église. Elle supprime les écoles primaires supérieures, institue la liberté de l'enseignement secondaire, réduit les fonctions des écoles normales. Elle astreint les communes de plus de 800 habitants dont les ressources sont suffisantes à ouvrir une école de filles. Elle prévoit, enfin, l'ouverture d'écoles d'adultes et d'apprentis.

Le Second Empire voit le passage progressif d'une législation autori-

---

70. Bernardin de Saint-Pierre, cité, à la rubrique « Adolescent-ente » du *Grand dictionnaire universel du XIXè siècle*. Larousse, Paris, 1866-1876.
71. Du même ouvrage, à la rubrique « Adolescence ».
72. 15 mars 1850.
73. A. LEON — *Histoire de l'enseignement en France*. Que sais-je ? P. U.F., Paris, qui rappelle qu'en 1849 avait été fondée l'Association fraternelle des Instituteurs, Institutrices, et Professeurs socialistes.

taire [74] à une libéralisation de l'enseignement. L'enseignement secondaire est réformé : une orientation est prévue en fin de classe de 4è, suivie de deux sections différenciées, littéraire et scientifique, jusqu'à une Terminale commune ; Victor Duruy met fin à l'« impérialisme » du grec et du latin. Mais il s'attache surtout à organiser un véritable enseignement pour les jeunes filles, primaire et secondaire, ébauche d'une considération nouvelle de la femme et de sa place dans la société. « Dans la société du XIXè siècle (...) la femme existe pour l'homme tandis que l'homme existe pour la société. » [75]

Après la défaite de 1870, le modèle allemand prévaut, un parallèle étant établi entre la supériorité technique et la qualité des institutions scolaires. Sont, de même, dépassées les conceptions de certains philosophes du XVIIIè siècle, qui redoutaient de la généralisation de l'instruction un facteur de corruption et de désordre. La démocratisation de l'enseignement est maintenant considérée comme un facteur de stabilité sociale. C'est l'ensemble des structures d'enseignement qui va être concerné par les réformes de la IIIè République, dans un principe d'organisation — de la prime enfance à l'âge adulte, de la maternelle au supérieur, du classique au technique — et d'intégration — éducation des délinquants et des déficients—.

Le principe de gratuité est d'abord généralisé à l'enseignement maternel et primaire public. [76]

La scolarisation est obligatoire de 6 à 13 ans, qu'elle soit pratiquée en écoles publiques ou privées, ou dans les familles. Mais elle peut être interrompue à 11 ans par ceux qui possèdent le Certificat d'Etudes Primaires. [77] Les programmes sont laïcisés. L'éducation religieuse est remplacée par l'instruction morale et civique.

Paradoxe du législateur, il est maintenant possible d'aller à l'école en âge pré-scolaire... Les écoles maternelles remplacent les salles d'asile [78]. Ces dernières étaient ainsi définies : « Etablissements charitables où les enfants des deux sexes peuvent être admis pour recevoir

74. Les instituteurs sont placés sous l'autorité des préfets : les professeurs sont nommés et révoqués par l'Empereur. Il leur est interdit de porter la barbe...
75. M. CRUBELLIER. Op. Cit.
76. Loi du 16 juin 1881.
77. Loi du 28 mars 1882.
78. L'enseignement pré-scolaire doit une part de son inspiration à l'influence des « Infant schools » anglaises mises en place à partir de 1817.
Dès avant la fin du XVIIIè siècle, des « écoles de commençants » ou « écoles à tricoter » avaient été fondées dans les Vosges. Au début du XIXè siècle, certains jardins d'enfants entreprenaient, de même, d'apporter une dimension éducative à la garde des enfants. Simultanément, se développaient les refuges, puis les crèches ou « salles d'hospitalité ». Les « salles d'asile » sont l'œuvre de Denys Cochin en 1828. Elles passent de l'administration des hospices au Ministère de l'Instruction publique en 1836 et sont officialisées par une ordonnance de 1837.
L'appelation « école maternelle » apparaît en 1848. Abandonnée en 1855, elle sera reprise en 1881.
Des classes enfantines, enfin, aux fonctions analogues, sont ajoutées aux écoles élémentaires.

les soins de surveillance maternelle et de première éducation que leur âge réclame.» Les écoles maternelles deviennent des «établissements de première éducation où des enfants des deux sexes (âgés de 2 à 6 ans) reçoivent en commun les soins que réclament leur développement physique, intellectuel et moral». D'aucuns seraient même allés plus loin, dans une perspective unificatrice, tel Cochin qui préconise, par exemple, «la création d'établissements à six divisions dont la première tiendrait lieu de crèche tandis que la dernière recevrait des adolescentes de 13 à 16 ans...» [79]

Au terme de la loi du 30 octobre 1886, l'enseignement primaire ne comprend pas moins de six structures différentes [80], tentant par là, en rendant difficile la possibilité d'échapper à l'institution scolaire, de réduire un illettrisme préoccupant. [81] La population enfantine concernée atteindra 6.300.000 «petites têtes» en 1900, chiffre qu'une baisse de la natalité ne permettra de retrouver qu'en 1950. [82] Parallèlement à l'enseignement classique, «où s'opère la reproduction des privilèges culturels, garants des privilèges sociaux et économiques» [83], un enseignement secondaire spécial est mis en place en 1848 dans les collèges royaux (les anciens lycées impériaux) et communaux, à partir de la classe de 4è, à tendance économique et commerciale [84]. «Classes d'épiciers», «classes de pas-latin», décriées par les parents. Le Second Empire tentera lui aussi, en vain, de réduire l'importance des humanités. L'orientation proposée en classe de 3è, telle que justifiée, ne cache pas le désir de mettre main sur la houle des élèves du secondaire: «Notre devoir est d'observer nos élèves, de les diriger à leur insu, de pénétrer par une sorte de divination presque infaillible, qui est le caractère propre de l'expérience pédagogique, dans les ténèbres de leur avenir.» [85]

Après suppression de la bifurcation des études, Victor Duruy crée, en 1865, un enseignement spécial court destiné à former «les sous-

---

79. Rappelé par A. LEON. Op. Cit.
80. Ecoles maternelles, classes enfantines, écoles élémentaires (ouvertes aux enfants de 6 à 13 ans), écoles primaires supérieures, cours complémentaires, écoles manuelles d'apprentissage.
81. En 1863, un quart des enfants d'âge scolaire n'est pas scolarisé.
Une autre enquête estime qu'à l'aube de la IIIè République 28 % d'adultes sont illettrés (34 % des femmes et 22 % d'hommes). A. LEON Op. Cit.
Au même moment, la Scandinavie, les Etats allemands, la Suisse et la Hollande ne comptent que 0,5 % d'illettrés.
Au sujet de l'illettrisme, on pourra lire A. LE BRETON — *L'adolescence illettrée.* Editions Universitaires, Paris, 1989.
82. On comptait 1.370.000 élèves en 1829. 3.500.000 élèves en 1848 (dont 1.300.000 filles) 6.300.000 élèves en 1880.
83. M. CRUBELLIER — Op. Cit., qui insiste sur l'«extraordinaire stabilité de ce «camp retranché» (73.200 élèves en 1881, 77.100 en 1930), ainsi que sur la permanence des contenus pédagogiques, s'appuyant sur les trois piliers que sont le latin, la référence à l'antiquité et la culture langagière, «car la maîtrise de la «rhétorique» fut toujours source de pouvoir». (M. CLAES. Op. Cit.).
84. Dès 1829, des sections particulières avaient été crées où étaient favorisées les langues vivantes et les sciences appliquées.
85. Du Ministre Fortoul, cité par A. LEON. Op. Cit.

officiers de l'industrie». La France compte 81 lycées en 1868 et 251 collèges communaux. Le quart des élèves est affecté dans des sections d'enseignement spécial. Le baccalauréat, dont les matières soumises à épreuves ont peu à peu augmenté, est divisé — pour ceux qui l'atteignent — en deux partie en 1874. [86] L'enseignement supérieur se développe peu à peu avec la création, à côté des facultés, de nouvelles écoles. Sa «liberté» est acquise en 1875. L'enseignement technique, enfin, s'est parallèlement structuré depuis le niveau élémentaire [87] jusqu'au niveau supérieur. On y rattache l'enseignement secondaire spécial, pré-professionnel. Un enseignement agricole spécifique, à trois niveaux, est instauré. [88] Mais «il s'agit d'un enseignement de relégation et non de choix, malgré le discours officiel» [89], et, bien que l'apprentissage décline à son profit, un ensemble de résistances rendront son évolution problématique: non seulement les préjugés humanistes, mais la méfiance ouvrière et patronale et les problèmes de coût. [90]

Les temps qui suivent seront d'un relatif calme législatif, signe d'une lente absorption de ces mouvements de réforme. Le système est en place; les jeunes y sont maintenant contenus. Scolarisation obligatoire, précoce et prolongée, diversifiée et adaptée: le temps de la dépendance s'est étiré. Tout au plus ne cesseront les conflits idéologiques: doit-on privilégier l'humanisme classique ou l'enseignement réaliste? Doit-on sélectionner par le baccalauréat? Les jeunes filles doivent-elles recevoir la même formation que les garçons?

Les années 30 voient successivement, établir la gratuité de l'enseignement secondaire, remplacer le Ministère de l'Instruction Publique par le Ministère de l'Education Nationale, porter, en 1936, la scolarité obligatoire à 14 ans.

En 1940, lycées et collèges accueillent 500.000 élèves. «L'enrôlement progressif des adolescents de 14 à 17 ans à l'école secondaire passe de 10 à 70 % entre 1910 et 1940.» [91] Mais l'idéal de «l'Ecole unique», prônée par Jean Zay, se heurtera à la résistance d'un cloisonnement qui rend plus aisé le choix, au moment voulu, d'orientations dictées par les adultes en place.

Dans cette France de la fin du XIXè siècle, seule l'éducation des filles de la bourgeoisie préoccupe les pouvoirs publics. Ces demoiselles,

---

86. L'épreuve écrite de français était apparue en 1830.
87. Introduction des travaux manuels à l'école primaire.
88. Loi du 3 octobre 1848 qui prévoit trois types d'établissements: les fermes-écoles, les écoles régionales et l'Institut National Agronomique (créé en 1850). Des écoles pratiques d'agriculture complèteront, en 1875, cette organisation.
89. M. CLAES. Op. Cit.
90. Parallèlement — et en prolongement — de l'enseignement technique, l'enseignement professionnel s'organise: la loi Antier, en 1919, fait «obligation à tous les jeunes gens et jeunes filles âgés de moins de dix-huit ans, employés dans le commerce et l'industrie, soit en vertu d'un contrat écrit d'apprentissage, soit sans contrat, de suivre des cours professionnels.»
91. M. CLAES. Op. Cit.

ces «jeunes filles» [92], achèvent leurs études vers 15 ou 16 ans: «On a retiré sa fille du couvent ou de la pension à quatorze ou quinze ans, c'est à dire l'heure où la grande et solide éducation allait pouvoir se faire, et cela afin de cultiver plus à l'aise les dispositions prétendues remarquables de cette jeune personne pour les arts.» Or, «c'est de seize, dix-sept à dix-neuf et vingt ans que se fait le mal, et c'est de vingt à vingt-cinq ans qu'il se consomme.» [93] Mais, n'en déplaise à Monseigneur Dupanloup, les cours féminins, créés par Victor Duruy, vont se développer. La pratique des arts d'agrément ne participe-t-elle pas, entre autre, à la formation des futures maîtresses de maison? Car il s'agit d'arriver au mariage — d'affaires et de convenance — avec un garçon dont on aura parallèlement prolongé la dépendance. L'incitation à l'éducation des filles apparaît, certes, comme une exigence de la société moderne [94], mais il faudra attendre les années 30 du XXè siècle, pour voir le système scolaire féminin aligné sur le masculin.

Dans le domaine de la sexualité, la «terreur pédagogique» [95] se maintient au XIXè siècle. Le principe de l'ignorance prévaut, comme celui de la chasteté avant le mariage. Mais il n'est pas dit si la masturbation et l'homosexualité — tant répandue dans les grands internats de garçons — parviennent à déjouer la surveillance des duègnes attitrées. Le mariage attendu, arrivé et consommé, n'apportera pourtant pas le légitime plaisir: «Après ces trois, quatre ou cinq années, le mariage en tant qu'il a promis la satisfaction des besoins sexuels, tombe en panne, car tous les moyens trouvés jusqu'à présent pour empêcher la conception gâtent la jouissance sexuelle...» [96]

L'idée contraceptive a pourtant fait son chemin. Le procès pour obscénité, intenté à Annie Besant, active propagandiste, contribue à son développement. Le courant néo-malthusien, emmené par Paul Robin, fait école au début du nouveau siècle. Mais la loi du 31 juillet 1920, inspirée tout à la fois par le conservatisme et le souci de réparer la perte des quelques 1.300.000 hommes morts pour leur patrie, vient «punir» toute forme de discours, de publicité ou de vente pouvant favoriser la prévention des naissances. La sexualité, pour ceux qui y sont autorisés, doit rester productive. [97]

---

92. C'est ainsi que le dictionnaire les nomme depuis 1690.
93. Mgr DUPANLOUP — *Lettres sur l'éducation des filles.* (1879) Cité par M. CRUBELLIER. Op. Cit.
94. Le premier lycée pour filles est ouvert en 1883.
95. B. KOEPPEL — *De la pénitence à la sexologie. Essai sur le discours tenu aux jeunes filles.* Le Sycomore / C.F.R.E.S. Vaucresson, 1982.
96. S. FREUD — *La vie sexuelle.* P.U.F., Paris, 1969.
97. Ogino, médecin japonais, découvre en 1924 la période d'ovulation des femmes entre le douzième et le seizième jour du cycle. La vulgarisation de la méthode de continence périodique qu'il mettra ultérieurement au point avec Knaus, qui repose sur l'abstinence sexuelle entre le onzième et le dix huitième jour, devait être responsable, du fait de l'irrégularité des cycles de nombreuses femmes, de bien des naissances.

Mais, la trangression étant l'apanage de la jeunesse, il faudra bien canaliser ses transports amoureux. Un certain nombre de principes et d'organisations vont y contribuer.

L'éducation physique participe de ces conceptions. Au début du XIXè siècle, Amoros met au point une méthode de gymnastique « qui se veut à la fois rationnelle, attrayante, moralisatrice et utilitaire. » [98] L'enseignement de la gymnastique est organisé en 1869 dans l'ensemble des établissements primaires et secondaires.

Sur cette base d'un « corps sain », au lendemain de la Première Guerre Mondiale, certaines initiatives visant à promouvoir des mouvements de solidarité intéressent la jeunesse. Le « scoutisme » est introduit en France en 1911. « Si l'idéologie du scoutisme s'apparente sur plusieurs points aux principes de la vie militaire — port de l'uniforme, respect du chef et de la discipline, sens de l'honneur — son succès s'appuie sur diverses tendances ancrées dans la mentalité adolescente : l'esprit de groupe transcendé dans la vie de patrouille, l'aventure et le rituel préconisé dans de multiples cérémonies : promesse, totémisation, feux de camp... » [99] Les mouvements de Jeunesse chrétienne se développent peu après, en particulier dans les milieux ouvriers et paysans. L'état d'esprit qui prévaut à la naissance des loisirs populaires, est à l'origine des patronages, des colonies de vacances puis des auberges de jeunesse. [100]

Mais, plus encore que toutes ces formes d'encadrement d'un âge trop remuant, l'exemple des jeunesses politiques illustre bien combien les portes d'accès au monde adulte peuvent être parées des atours d'une séduisante identification : même modèle, en réduction, des mouvements d'adultes ; groupes non pas marginalisés, mais à l'écart, en réserve. Au service potentiel. « La classe de seconde, c'était l'année scolaire 1934-1935, entre le 6 février et le Front populaire. C'étaient les ligues, l'Action française, les Croix-de feu, les Jeunesses socialistes, les défilés avec des bérets, noirs ou rouges, et de grosses cannes. Maurras et Léon Blum, La Rocque et Thorez. Toute cette marée qui grondait dans la rue venait battre aux abords du lycée, secouant jusqu'à la cour de récréation. » [101] Inéluctable dérapage de la récupération idéologique d'une jeunesse qui n'attend qu'à exprimer ses excessives passions, on sait ce qu'il adviendra des Jeunesses Hitlériennes et autres Jeunesses Mussoliniennes...

Loisirs embrigadés ; jeunes au travail.

8 ans en 1841, 12 ans en 1851, 14 ans en 1936, l'âge minimum de « mise au travail » s'élève. Parallèlement, au moins officiellement,

---

98. A. LEON. Op. Cit.
99. M. CLAES. Op. Cit.
100. L'idéal culturel y étant adjoint, les M.J.C. — Maisons des jeunes et de la culture — sont ouvertes après le deuxième conflit mondial.
101. F. JACOB — *La statue intérieure*. Editions Odile Jacob, Le Seuil, Paris, 1987.

le temps de travail diminue. Il n'en était pas moins, au crépuscule du XIXè siècle, de dix heures par jour encore, pour les jeunes de 13 à 16 ans, lorsque l'Inspection du travail — instituée en 1874 — était à même de faire respecter la loi...

Jeunes au travail; jeunes sans travail.

« Depuis longtemps chaque génération d'adultes affirme que la génération qui suit va plus mal que la précédente. Il devrait donc se produire une dégradation progressive de l'homme et, actuellement, l'humanité devrait être dans un état catastrophique. Sur quels critères peut-on affirmer que la jeunesse va bien ou mal ? Cela dépend en partie de ce que l'adulte peut supporter et une telle assertion montre surtout que l'adulte se sent mal parce qu'il est dérangé par l'adolescent. » [102]

Aussi, est-il facile de stigmatiser le plus voyant de ses dérangements qu'est la délinquance.

« C'est peu de dire que la délinquance juvénile intéresse. Elle fascine. Elle fascine même tant qu'on en vient parfois à se demander si, dans une société comme la nôtre, il existe un réel désir de voir disparaître ou même simplement s'amenuiser un phénomène grâce auquel il est possible périodiquement de faire la une avec la mauvaise conduite d'une « certaine jeunesse ». [103]

Et de s'interroger: « Pourquoi ne pas oser écrire: « la délinquance juvénile n'existe pas » ? Et pourtant il est vrai qu'elle n'existe pas en tant que phénomène bien défini, bien isolé (...). A quelques exceptions près, les infractions sont les mêmes que celles commises par les adultes. La prise en compte de l'âge des auteurs n'intervient que pour attendrir les uns pendant qu'elle pousse les autres à l'exaspération. Comme on le sait, les sociétés anciennes ne faisaient pas le détail. » [104]

Dans la deuxième moitié du XIXè siècle, le nombre d'enfants soumis à la détention s'accroît de façon considérable. Les lois sont multipliées, inappliquées parce qu'inapplicables. [105] Il faudra attendre 1912 pour voir instaurée une loi sur les tribunaux pour enfants et la liberté surveillée.

Plus marginale encore, est l'enfance déficiente aux yeux des adultes, qui n'en cherchent pas moins à l'intégrer, dans les apparences d'une société paternaliste.

Hippocrate croyait à la possibilité de remédier à l'« idiotie » par une modification du crâne. A partir de l'idée — moins anatomique — d'une « latence » supposée de l'intelligence, des méthodes pour réduire la déficience ont été envisagées.

---

102. A. HAIM — *Les suicides d'adolescents*. Payot, Paris, 1969.
103. Y. ROUMAJON — *Enfants perdus, Enfants punis. Histoire de la jeunesse délinquante en France: huit siècles de controverse*. Robert Laffont, Paris, 1989.
104. Y. ROUMAJON — Op. cit.
105. A titre anecdotique, celle de 1904 sur les enfants « vicieux et difficiles ».

Vers 1830, Ferrus, médecin-chef de l'hospice de Bicêtre, s'intéresse aux «infortunés», les «idiots» d'alors. «Il organisa une école où, chaque matin, et dans le courant de la journée, il faisait conduire les enfants et les adolescents qui lui paraissaient offrir quelque ressource dans l'esprit; il leur faisait contracter des habitudes d'ordre et de travail; leur faisait apprendre à lire, à écrire, à calculer, les livrait aux exercices de gymnastique, les plaçait presque constamment sous les yeux de l'administration locale, les arrachait à l'oisiveté, les enlevait à la violence de leurs mauvais penchants et fortifiait par tous les moyens possibles leur faible constitution.» [106]

En 1842, à Bicêtre encore, Séguin élabore une méthode d'enseignement et crée la première école pour «arriérés», marquant les débuts de «l'école dans l'asile», qui perdure en certains lieux. A partir de 1879, Bourneville met en place une véritable action éducative, institutionnalisant l'action éducative à l'égard de ces enfants. Mais la politique réformatrice de l'asile échoue. Des classes spéciales sont annexées aux écoles ordinaires.

«C'est précisément l'existence constatée de toutes ces variétés dans les infirmités mentales, et la détermination de leur curabilité qui a donné à l'Etat — enseignant la conscience des devoirs nouveaux et qui rend indispensable aujourd'hui l'élaboration du règlement attendu, dont les dispositions devront s'étendre à toutes les catégories d'anormaux éducables.» [107] Le concept d'«enfance anormale» était né.

«Dès lors, les missions relatives à la création des classes spéciales et à leur population (...) visent une tout autre population, désignée par le terme générique d'«anormaux», concept fourre-tout qui recouvre bien sûr les anomalies physiques et intellectuelles, mais surtout une population «moralement déficiente», ou perçue comme telle, somme toute, les «réfractaires» qui embarrassent les enseignants. [108] Pour parachever le système, une loi instaure en 1909 les classes et internats dits de «perfectionnement».

Talleyrand ne disait-il pas déjà, dès 1791, devant l'Assemblée Constituante: «L'instruction doit exister pour tous. Elle doit, quant à son objet, être universelle... L'instruction doit exister pour l'un et l'autre sexe... Elle doit exister pour tous les âges; c'est un préjugé de l'habitude de ne voir toujours en elle que l'institution de la jeunesse; l'instruction doit conserver et perfectionner ceux qu'elle a déjà formés...» [109]

---

106. F. VOISIN — *De l'idiotie chez les enfants et des autres particularités d'intelligence ou de caractère qui nécessitent pour eux une instruction et une éducation spéciales.* De leur responsabilité morale. J. B. Baillère, Paris, 1843. Cité par J. GATEAUX-MENNECIER — *Bourneville et l'enfance aliénée. L'humanisation du déficient mental au XIXè siècle.* Centurion, Paris, 1989.
107. Rapport de M. Charlot, inspecteur général de l'Instruction publique au ministre Chaumié, le 3 septembre 1904. Cité par J. GATEAUX-MENNECIER. Op. Cit.
108. J. GATEAUX-MENNECIER. Op. Cit.
109. Cité par Y. ROUMAJON. Op. Cit.

En un peu plus d'un siècle, la jeunesse a ainsi, tout entière, fait l'objet de l'attention vigilante du « système éducatif » de l'Etat-adulte. Mais, alors qu'ils ont mis en place ce qu'il faut pour la contenir, les adultes, dans les remous des années 30, vont sortir des carcans qui les contiennent eux-mêmes. Moment de rupture, où l'enjeu devient « clos », hexagonal, entre classes d'âges et classes sociales, aveuglant la perception des menaces alentour. « Apprenez, tôt et longuement. Reproduisez-vous tardivement. Acceptez et subissez notre système. Vous êtes un groupe, nous en avons conscience. Prenez-en conscience. Vous êtes tous concernés. Nous ne laisserons pas d'isolés.

Nous vous avons isolés. »

Et que vienne la guerre.

7

L'AGE ADULTE DE L'ADOLESCENCE 1937-1968

Une jeunesse «des-armée»: les années 1937-1958, la guerre et l'après-guerre

Une jeunesse s'en va-t-en guerre

«L'adolescence n'est pas faite pour le plaisir mais pour l'héroïsme»
Claudel [1]

Tandis que les secousses de la grande crise des années 30 n'en finissent pas d'affecter la société et d'y imprimer leurs effets les plus dépressifs et leurs perspectives les plus sombres, la jeunesse de France, «atrophiée, stérilisée» [2] symbolise un avenir fermé.

«Le sommet dans le vieillissement des idées est atteint en 1938» [3]. La jeunesse: «ça n'est pas le moment..., il n'y a pas d'argent» [4].

Dans le même temps, sous l'influence hitlérienne, outre-Rhin, la natalité reprend, la production d'acier triple en six ans, les armements de pointe sont multipliés par vingt. «L'atrophie de la jeunesse» [5] est constatée: c'est le Volk Ohne Jugend (Peuple sans jeunesse) de Burgdörfer. La jeunesse est alors «glorifiée, portée aux nues, moyen classique pour l'embrigader et la soumettre» [6].

---

1. Cité par R. DEBRE, E. LESNE, P. ROHMER — *Pathologie infantile*. Doin-Masson, Paris, 1954.
2. A. SAUVY — *La révolte des jeunes*. Calmann-Lévy, Paris, 1970.
3. Ibid.
4. Ibid.
5. Ibid.
6. Ibid.

C'est ainsi qu'avant-guerre deux jeunesses se trouvent face à face ; l'une, qui est une charge portée par un pays essentiellement préoccupé par sa situation économique [7], déconsidérée et muette, l'autre, qui est une jeunesse objet de toutes les attentions, préparée activement à servir jusqu'au bout les intérêts d'une idéologie. Position de gêneur pour l'une, d'indispensable pour l'autre.

Ce ne sera qu'en pleine crise, le 5 juin 1939 que seront créés le Ministère de la Famille et le code du même nom : « tout en perdant tout, faute de jeunesse, la France mise sur la jeunesse » [8]. D'indésirables, éternel mouvement de balancier, les jeunes deviennent alors promesse de salut.

Les nombreux textes et mesures qui se mettent promptement en place prouvent la fonction primordiale qu'on leur attribue soudain : ce temps de l'adolescence est un fonds de ressources dans une société en péril.

Mais voici que la seconde guerre mondiale vient balayer ce dispositif nouveau. L'adolescence redevenant soudain, pour cause de guerre, inutile : « jeunes gens de France, où êtes-vous ? » [9]

L'été 1940 fera coïncider pour beaucoup la défaite avec la fin du monde de l'enfance. « Tout au long de la première année de guerre, elle a lutté contre la maladie, s'affaiblissant peu à peu, ... Et les rôles se sont inversés. C'était moi, jeune étudiant en médecine, qui venait m'asseoir sur son lit pour lui raconter des histoires, ..., tenter avec maladresse de la rassurer. (...) Elle s'est éteinte sans bruit, au début du mois de juin 1940, au plus fort de la tempête (...) Elle est morte au moment précis où s'écroulait un monde. Où, pour aller me battre, j'ai dû quitter la France. Dans ma mémoire, défaite de la France et mort de ma mère se sont confondues. Elles ne forment qu'un seul et même événement. Là s'est arrêtée mon enfance. » [10]

Pour d'autres jeunes, déjà engagés, s'impose l'abrupte réalité d'une rupture : « Le mercredi matin 19 juin à 1 heure, nous repartons pour Neuvy S/Barangeon où nous arrivons vers l'aube. Sur la route, ce n'est qu'une immense pagaille : hommes ou femmes isolés, chevaux fous crevés, voitures abandonnées, fusils dans les fossés ; c'est à partir de cette nuit là que j'ai compris que nous avions perdu la guerre. » [11]

C'est le temps où des « zazous » tentent de surnager par la provocation, donnant des « parties » où ils se grisent de musique « swing » :

---

7. Alors que le nombre des naissances a beaucoup augmenté, passant de 382.000 par an en 1916 (chiffre le plus bas de toute l'histoire) à 612.000 en 1939, et que l'espérance de vie moyenne est de 55 ans pour les hommes et de 60 ans pour les femmes en 1933, gain de plus de 6 ans depuis 1920.
8. A. SAUVY, Ibid.
9. *La GERBE* du 16 août 1940, dans l'histoire intitulée « Amertume ».
10. F. JACOB — *La statue intérieure*. Editions Odile Jacob, Le Seuil, Paris, 1987.
11. Henri HUERRE, 18 ans, lettre du 14/07/1940.

«Malgré les cent mille morts de cette guerre, malgré les centaines de milliers de prisonniers encore en captivité, alors que la France a la pudeur d'interdire les bals, ils dansent.» [12] Phénomène marginal mais signaux symboliques d'une adolescence engloutie dans la tourmente et qui tente de faire comme si elle pouvait encore et malgré tout survivre à ces temps là, non plus entre deux âges seulement, mais plutôt entre deux mondes, celui de l'occupant et celui de ses origines.

Quant aux autres pubères, «la belle jeunesse» vantée par le régime de Vichy, ils sont au service des adultes, enrôlés.

Seuls, les chantiers de jeunesse qui, dès juillet 1940, regroupaient quelques 92.000 jeunes appelés, apparaissent comme les prolongements des organisations particulières à cet âge. «Ils constituèrent peu à peu un service du travail obligatoire en remplacement du service militaire. Ils furent dissous en 1944.» [13] Ces chantiers illustrent la «politique de la jeunesse» que s'efforça de mettre en place le régime de Pétain pour lutter contre «l'esprit de jouissance», conséquence du relâchement dans l'éducation.

Oscillant entre le scoutisme avec ses veillées, ses causeries morales, et la hiérarchie et la discipline militaires, ils accueillent 360.000 jeunes de la zone sud. S'y adjoignent en outre, de multiples initiatives, dont certaines subventionnées par l'Etat [14], ayant l'ambition de faire «travailler des jeunes déstabilisés dans une atmosphère mi médiévale, mi scoute.» [15]

Mais les quelques traces du temps d'avant-guerre, affirmation d'une différence ou utilisation aux fins des intérêts adultes du moment, ne doivent pas cacher le sort nouveau du plus grand nombre.

Pour la plupart, il va s'agir d'occuper la place laissée vide par l'adulte ou d'être en position de responsabilité nouvelle : retrouvailles avec une maturité physique et une fonction sociale claire.

Pour d'autres, la guerre a déjà commencé, les transformant en soldats quel que soit leur âge — les soldats n'ont pas d'âge—. Héros ou lâches, ils partagent alors le destin commun des hommes : «... et surtout ce qui était dur, était de voir cette fuite éperdue de tous, chacun de son côté, des réfugiés, des gosses errant tout seuls, de voir les hommes jeter leurs armes pour alléger leur course, des jeunes assis sur des canons de 75 qui fuyaient et d'avoir en plus ces bombardements perpétuels qui vous mettent à bout, de voir ces avions à quelques dizaines de mètres au-dessus de vous, et enfin, au moment où l'on va se battre, de recevoir l'ordre de repli. Par moment j'en avais honte, de voir certains officiers détaler affolés, comme des lièvres.» [16]

---

12. S. de BEAUVOIR in *Je suis partout*. 1942.
13. *Grand Larousse encyclopédique*.
14. Comme les «Compagnons de France» d'Henry DHAVERNAS.
15. J. P. AZEMA — «Les beaux jours de la Révolution nationale». *Le Monde* du 19 août 1989.
16. H. HUERRE, 18 ans, lettre du 14/07/1940.

J 3 des villes, J 3 des chants

La guerre est terminée. La France est un pays ruiné, ravagé et désorganisé. Une génération d'adultes vient d'être décimée. Les jeunes parents réagissent pour la vie ; les naissances se multiplient, c'est le « baby boom » : entre 1941 et 1946 elles passeront de 519.000 à 836.000, soit plus de 50 % d'augmentation. Ces J3 [17], comme on les appelle alors, nourris grâce aux tickets de rationnement, formeront à la fin des années 60 les classes pleines qui déborderont dans les rues.

A la suite de la démission du général de Gaulle en janvier 1946, une nouvelle constitution, approuvée par referendum, voit le jour un an plus tard : la IVè République est née. C'est le temps du plan de reconstruction, des nationalisations, de la Sécurité Sociale, des allocations familiales... et le début des combats en Indochine, de la guerre froide et des pratiques politiques d'avant-guerre, les ministères tombant les uns après les autres. Les villes et les banlieues se développent avec la reprise des constructions et de l'activité industrielle.

Dans le même temps, après le tournant des années 30, la mortalité infantile diminue fortement, permettant que l'espérance de vie augmente de 7 années entre 1945 et 1958.

Dès la fin des hostilités, l'adolescence, qui s'était trouvée empêchée, pour cause de guerre, de poursuivre la croissance dans laquelle elle s'était engagée, explose. Les adultes ont besoin, après tant de morts, d'une adolescence bien vivante ; après tant de défaites, ils la souhaitent victorieuse. Les jeunes, eux, en réaction contre les drames qu'ils viennent de cotoyer, ont un besoin pressant de fête, de chants, de vie. [18]

Les Américains viennent d'introduire le jazz en Europe, les zazous aux tenues excentriques imposent à travers leur nom, une certaine représentation de la jeunesse de l'immédiat après-guerre. C'est la « Fureur de vivre », le rock and roll, le be bop, le jazz, la nuit, les caves de Saint-Germain des Prés. C'est aussi Albert Camus, Merleau Ponty, Raymond Queneau, Jean-Paul Sartre et Simone de Beauvoir, Jean Cocteau et Boris Vian, Prévert... « Tous, tous ceux de Paris et d'ailleurs, ceux des quatre coins du monde et de toutes les couleurs se presseront les uns contre les autres, respireront la même irrespirable atmosphère et partageront pour quelques heures privilégiées le temps suspendu, retenu par les fils invisibles d'un certain bonheur, d'une jeunesse vécue ou retrouvée. » [19]

Les caves, abris d'hier contre les bombardements, deviennent le refuge de la jeunesse qui prend de nouveau ses distances à l'égard des plus âgés : « les gens huppés débarquent en foule chaque soir au Tabou pour essayer d'apercevoir dans l'épaisse fumée cette nouvelle sorte de

---

17. Abréviation que portaient les cartes de rationnement en France entre 1941 et 1945.
18. Ils jouissent « du mot libération jusqu'au bout de ses significations. » J. GRECO — *Jujube*. Stock, Paris, 1982.
19. Ibid.

jeunes humains. »[20] « Les enfants du petit jour et des courants d'air »[21] croisent les « existentialistes » du café de Flore. Ceux qui veulent « retrouver la liberté de rire »[22] cotoient peintres, poètes et créateurs sur le fond musical de la « trompinette » de Boris Vian.

Bonjour Tristesse, roman dont l'héroïne est une adolescente, écrit par une adolescente,[23] marque les derniers temps de la IVè République, son essor économique exceptionnel, mais aussi ses difficultés financières majeures et la poursuite de ses guerres coloniales.

Ces années d'après-guerre sont caractérisées pour les jeunes adultes par une contradiction très grande entre cette position d'adulte qui s'est imposée à eux du fait de la situation de guerre et de ses nécessités, et le désir de vivre une jeunesse qu'il leur fut impossible de vivre auparavant. L'exagération des conduites des survivants et le défoulement qu'ils recherchent est l'exutoire d'un trop plein de retenues, d'inquiétudes et de drames; exutoire mis en relief par le fond de culpabilité à l'égard des morts, sur lequel il s'exprime.

La jeunesse s'impose au monde adulte.

Tout était prêt pour qu'une « guerre-catalyseur » la fasse exploser.

Les adolescents objectivent brutalement la représentation subjective qu'avaient d'eux les plus âgés. L'image et la fonction de l'adolescence, qui préexistaient, deviennent soudain réalité; une réalité ressentie comme une outrance et un danger, car elle s'écarte du conformisme des représentations antérieures des rapports entre classes d'âges, si l'on exclut bien-sûr les exceptions suscitées ou tolérées par la société en place telles les traditions des carnavals ou des charivaris.

Les excès de l'adolescence, miroir exagérant les manques, les sentiments coupables et les refoulements douloureux des anciens, constituent désormais une image difficilement supportable.

L'organisation d'une scolarisation massive et d'une scolarité prolongée, causes nobles entre toutes et progrès social irrécusable, seront aussi un des moyens d'élection pour façonner cette image et modeler cette réalité nouvelle.

Sous surveillance: 1937-1968

Toute une jeunesse à l'école

Succédant au thème de la « gratuité de la culture » qui domine les discours sur l'enseignement jusqu'en 1930, « apprendre à apprendre » répond, entre 1931 et 1940, aux préoccupations suscitées par l'augmentation nouvelle des effectifs scolaires. L'après-guerre, jusqu'aux années

---

20. Ibid.
21. Ibid.
22. Ibid.
23. F. SAGAN — *Bonjour Tristesse*. Julliard, Paris, 1954.

60, marque le «retour à l'esthétisme», interprété comme un «réflexe de rétraction» face à l'essor socio-économique des années 50. [24]

Les années 30 voient poindre une révolution de l'enseignement : celle du nombre des enseignés. [25] La croissance démographique n'explique pas, à elle seule, cette augmentation (elle ne serait responsable que du cinquième de l'augmentation globale) [26]. La gratuité pour tous déclenche, en 1930, une première poussée des effectifs du secondaire [27]. Cet effet est renforcé en 1936 par la prolongation pour tous les enfants de la scolarité jusqu'à 14 ans. [28] En 1937, les classes de premier cycle des lycées et collèges sont assimilées aux classes des écoles primaires supérieures par Jean Zay, ministre de l'Education Nationale du Front populaire, avec institution de programmes communs. En 1941, Jérôme Carcopino, ministre du gouvernement de Vichy, baptise collèges les écoles primaires supérieures. Le «classique» continue de bien se porter : plus du quart des élèves pour des sections A (latin-grec) en 4è comme en 1ère en 1939 [29].

Le préambule de la Constitution de 1946 exprime la volonté d'un enseignement étendu à tous : «La nation garantit l'égal accès de l'enfant et de l'adulte à l'instruction, à la formation professionnelle et à la culture. L'organisation de l'enseignement public, gratuit et laïque à tous les degrés, est un devoir de l'état.» Ce préambule, qui ne précise pas le sexe de l'enfant, oublie d'affirmer que «l'identification» [30] des enseignements des filles et des garçons «a été un des moyens de l'égalisation des sexes». [31] Mais la scolarisation des filles de plus de 13 ans est, avant la prolongation de la scolarité, plus tardive et moins technique que celle des garçons.

En 1947, le plan Langevin-Wallon, qui ne sera pas appliqué, envisage de fixer à 18 ans le terme de la scolarité obligatoire. A partir de 1959, la scolarité obligatoire est repoussée de 14 à 16 ans. L'âge de 14 ans marquait jusqu'alors la fin des études et l'entrée dans la vie active de 60 % des enfants. [32] Les 40 % persévérants étaient répartis, pour un

---

24. M. CRUBELLIER — *L'enfance et la jeunesse dans la société française. 1800-1950*. Armand Colin, Paris, 1979.
M. Crubellier estime, en outre, que cette tendance ne fait que renforcer une scission interne à la bourgeoisie, amorcée au temps de l'affaire Dreyfus, avec constitution d'une caste d'intellectuels, marginale et conservatrice.
25. *Juniorscopie*. Larousse/Bayard, Paris, 1986.
26. L'évolution démographique va faire passer de 500.000 à plus de 800.000 enfants l'effectif de chaque classe d'âge.
27. 783.000 en 1950, 2.919.000 en 1964, 5.642.000 en 1984.
28. Rappelons que jusqu'à cette date, et depuis 1882, si l'obligation de scolarité était de 6 à 13 ans, les élèves qui avaient obtenu le certificat d'études primaires dès 11 ans étaient dispensés du temps complémentaire de scolarité obligatoire.
29. M. CRUBELLIER. Op. Cit.
30. F. MAYEUR — *L'enseignement secondaire des jeunes filles sous la Troisième République*. Fondation nationale des Sciences politiques, Paris, 1977.
31. M. CRUBELLIER. Op. Cit.
32. Différents exemples de prolongation imposée de la scolarité sont toutefois antérieurs, en particulier dans le domaine de la formation professionnelle, comme l'organisation de cours «post-scolaires» obligatoires, à partir de 1938, pour les jeunes de 14 à 17 ans qui se destinent à l'agriculture. Cité par A. LEON — *Histoire de l'enseignement en France*. Que sais-je ?, PUF, Paris.

quart en titulaires du certificat d'études primaires poursuivant leurs études en cours complémentaires —les futurs collèges d'enseignement général— ; les trois-quarts restants avaient intégré le lycée dès la fin des classes primaires. L'institution d'un «Collège pour tous», en 1963, concrétisera la tendance à la démocratisation de l'enseignement résultant de la scolarité obligatoire. Toutes les filières sont rassemblées, de la 6è à la 3è, dans un même collège d'enseignement secondaire [33].

En 1975, la «réforme Haby» supprimera les filières en instituant le «collège unique», au tronc commun d'enseignement dès la 6è: La scolarité se prolongeant, 90 % des enfants d'une classe d'âge entameront un cycle secondaire en 1985, alors qu'ils n'étaient que 30 % en 1950. Les effectifs du second degré vont ainsi croître de près de 100 % en vingt années. [34] L'accroissement des bacheliers est concomitant: s'ils représentaient 1 % de leur génération au début du siècle, ils sont 3 % en 1930, 15,3 % en 1967 et plus de 25 % en 1982. [35] Une différence significative continue de persister entre enfants de cadres et enfants d'ouvriers: 65 % des premiers accèdent à l'enseignement supérieur contre seulement 13 % des seconds.

Plus d'élèves, «inflation» du corps enseignant [36]: 28.000 en 1951, 80.000 en 1960, 331.287 en 1985...

La crise des années 30 a fait apparaître la nécessité d'une formation professionnelle mieux adaptée. Les centres de rééducation, créés en 1935, ont des débuts modestes. Le gouvernement de Vichy, en particulier sous l'impulsion des mouvements de jeunesse, développe les centres de formation professionnelle pour les jeunes de 14 à 18 ans, transformés en centres d'apprentissage, puis en collèges d'enseignement technique. Parallèlement, les écoles professionnelles de commerce et d'industrie deviennent collèges puis lycées techniques. Un baccalauréat technique est organisé, à côté du certificat d'aptitude professionnelle et du brevet technique. Structuré et hiérarchisé, l'enseignement technique demeure une voie de «relégation», où une forte place est accordée aux principes de morale et d'ordre, comme si la population concernée, ayant fraîchement accédé aux possibilités d'enseignement, devait être éduquée ; prolongement ou apport d'une éducation que les familles n'auraient pas apporté à leurs enfants, s'ils avaient dû, comme auparavant, accéder précocément à la vie active.

---

33. Les enfants d'ouvriers représentent alors 43,8 % des effectifs, alors qu'ils n'étaient que 36,7 % en 1958.
34. 2.919.000 en 1964, 5.642.000 en 1984.
35. Les parents bacheliers ayant habituellement des enfants bacheliers, on peut prévoir la progression de ce pourcentage, progression par ailleurs souhaitée par les sphères ministérielles successives. 80 % des jeunes d'une même génération accèderont-ils au baccalauréat en l'an 2000?
36. H. HAMON, P. ROTMAN — *Tant qu'il y aura des profs*. Le Seuil, Paris, 1984.

Filles comme garçons, fils d'ouvriers et de bourgeois, collégiens obligés, apprentis étudiants et étudiants apprentis, jeunes pubères comme jeunes adultes, vont grossir les rangs d'une cohorte en attente d'autorisation d'exercer le métier d'homme. A défaut d'être reconnus comme tel, ils se verront contraints de subir, puis d'assumer, l'institutionnalisation de leur identité nouvelle.

Plus elle s'exprime, plus on la bride

La résurgence après-guerre d'une adolescence dérangeante par ses excès, rappelle tout ce qui a été perdu, manquant ou impossible pour des adultes ayant dû trop tôt assumer leurs responsabilités. Ce rattrapage effectué, les années suivantes vont voir la jeunesse, qui a pris goût à l'expression, susciter des questions et poser des problèmes nouveaux comme pourrait le faire un être qui prend toute sa place. L'installation de l'adolescence dans un état de maturité jamais encore aussi prégnant, induit des demandes multiples qui s'adressent aux théoriciens et aux praticiens du fonctionnement humain.

Dans la mouvance d'une société qui n'en finit pas de découvrir sa jeunesse et à la suite des «pionniers» [37] qui ont contribué à en inventer les contours psychanalytiques, l'après-guerre voit en effet la production des «contributions» [38] croître considérablement. L'afflux d'articles sur le sujet, émanant de penseurs américains est déterminant. A partir de ce moment, d'ailleurs, les U.S.A. feront l'épreuve, par anticipation sur la vieille Europe, de tous les mouvements qui affecteront nos jeunesses par la suite.

L'inflation théorique va de pair avec le désarroi social; comme si une société, plongée dans le trouble par un phénomène qu'elle a elle-même organisé, en appelle à des théoriciens qu'elle suppose en mesure de l'analyser. Mais les théories qui s'échafaudent alors, peu conscientes du caractère artificiel de la situation nouvellement créée, piétinent et s'obstinent, pour l'expliquer coûte que coûte, à lui appliquer les méthodes habituellement employées dans la compréhension des autres mécanismes humains.

Chemin faisant, cependant, ces théories ont contribué à consolider l'idée de l'existence —évidente, naturelle, atemporelle— de l'adolescence... puisqu'elles en parlaient. [39] Aux U.S.A., la priorité donnée au pragmatisme et donc à la recherche d'applications directes de la théorie à la pratique en matière d'adolescence, se déploie dans le courant, dit de l'Egopsychologie. [40] Le temps est venu de la surenchère dans les concepts: l'adolescence période de transition, la post-adolescence... Et Anna Freud de rapporter: [41]

37. E. Jones — S. Bernfeld — A. Aichhorn — A. Freud.
38. Léo Spiegel cité par A. FREUD. Op. Cit.
39. E. Bernfeld, O. Fenichel, H. Deutsch, Erikson, A. Freud, M. Klein sont quelques uns des principaux auteurs influents durant cette période.
40. Les principaux initiateurs en sont Hartmann, Kris et Loewenstein.
41. A. FREUD — *L'enfant dans la psychanalyse*. NRF/Gallimard, Paris, 1976.

«Nous étions toujours insatisfaits de nos connaissances sur la question; nous mêmes et les parents n'accordions pas plus de confiance à nos talents de psychanalystes pour le traitement d'adolescents. Il y a eu alors de nombreuses publications pour prouver le contraire; cependant, l'adolescence demeurait ce qu'elle avait été jusqu'alors: un parent pauvre de la théorie psychanalytique.»

Et d'insister sur l'inadaptation de la méthode d'évaluation et d'analyse en matière d'adolescence. Mais peut-être faut-il, paradoxalement, considérer cet échec comme rassurant. Car, si des modèles théoriques et une pratique destinés à l'élucidation des mécanismes humains les plus intimes, les plus enfouis et les plus particuliers à chaque personne, s'appliquent si mal à cet âge de la vie, c'est bien qu'ils ne peuvent embrasser l'ensemble des éléments sociaux, culturels, économiques, démographiques... qui pèsent sur les pubères et contribuent à en confectionner l'apparence, du même coup inanalysable. Mais cet échec relatif, au lieu d'inciter à réévaluer le phénomène «adolescence», et à se souvenir de sa récente constitution, et donc de son caractère artificiel, pousse au contraire certains à la mise en place d'organisations institutionnelles. Ces réponses qui abandonnent l'idée de comprendre, visent avant tout le contrôle d'un mouvement qui s'échappe et réclame son autonomie.

«Dans ces conditions, on ne s'étonnera pas que, outre la thérapie analytique, on ait eu recours, pour les adolescents, aux modes les plus variés de traitement: remaniement de l'environnement, traitement institutionnel, création de communautés thérapeutiques, etc.»

Anna Freud ajoute: «quelle que soit, *d'un point de vue pratique**, la valeur de ces tentatives expérimentales, on ne peut évidemment pas en attendre un enrichissement direct de notre insight théorique sur le contenu inconscient de l'esprit adolescent.» [42]

Quant aux plus tapageurs, la société, lasse d'attendre d'hypothétiques résultats, va dès l'après-guerre s'en soucier. La croissance des grandes métropoles et de leurs satellites banlieusards, les migrations à partir des provinces qu'elles provoquent, avec leur cortège de ruptures familiales et culturelles, le développement d'une économie de consommation, sont autant d'éléments qui favorisent chez les jeunes la création des bandes; c'est à dire que chaque groupe d'âge, chaque génération va petit à petit apprendre à s'organiser pour son propre compte, à défendre ses propres intérêts.

La délinquance juvénile qui donnait lieu, jusqu'avant la guerre, à l'enfermement en maison de correction, devient l'objet d'une préoccupation sociale: le juge pour enfants et les mesures éducatives (la notion de rééducation, l'éducation surveillée) voient le jour le 2 Février 1945. L'idée du maintien du jeune «à problème» dans le milieu social

---

* *souligné par nous.*
42. A. FREUD — Op. Cit.

ouvert [43] se répand et aboutit à travers l'ordonnance du 23 décembre 1958 à la recherche de solutions préventives, en particulier de la récidive. On assiste dès lors au déploiement progressif, mais déterminé, des réflexions, des réponses juridiques et socio-éducatives, témoin du trouble que la jeunesse engendre et de la tendance à y apporter des réponses particulières. Point d'orgue à cette mise en œuvre, la Déclaration des droits de l'enfant est proclamée par l'Organisation des Nations Unies le 20 novembre 1959.

Ceux qui sont hors normes se trouvent donc dépendre d'instances ou de circuits institutionnels conçus pour eux. Mais, au-delà encore, la marginalisation des questions soulevées par la jeunesse s'étend. Il en va ainsi par exemple des avatars médico-psychologiques banals liés à la crise pubertaire: ils se trouvent de plus en plus fréquemment désignés comme pathologiques.

Le regard change: d'une patience contenante face aux bouleversements de la puberté, l'on passe, tout comme on pourrait le faire à propos d'une espèce nouvelle mystérieuse, à la mise en place d'instruments de repérage nosographiques, débouchant sur des traitements socio-médico-psychologiques. La puberté devient une maladie, comme la vieillesse et la grossesse le deviendront. Il faut attendre Winnicott, pédiatre et psychanalyste anglais, pour s'entendre rappeler que la crise pubertaire est la norme et que c'est son absence qui est pathologique!

Avalons la pilule

«La structure anthropologique, au contraire du système idéologique, se perpétue automatiquement. La famille est, par définition, un mécanisme reproducteur des hommes et des valeurs.» [44] Dans cette «cellule élémentaire» qu'est «la famille de procréation», «chaque génération, dont les valeurs de base sont modelées dans le creuset familial, peut réinventer, lorsque vient l'adolescence, l'idéologie dominante de son univers social...» [45]

L'Europe des années soixante, puis soixante-dix, fut le théâtre de ce qu'il est convenu d'appeler une «révoluttion sexuelle». Cette révolution —il conviendrait plutôt de dire «re-évolution»— viendra faire brèche dans l'autoreproduction de la famille par le rejet de la tradition dans le domaine des mœurs. Le «deuxième sexe» s'émancipe. Il désigne, pour le montrer, ses ambassadeurs, à charge pour eux —pour elles— de se montrer. Au festival de Cannes de 1952, Ulla Jacobson apparaît dans toute sa nudité dans le film «Elle n'a dansé qu'un seul été». Six ans plus tard la «scène primitive» est portée à l'écran par Louis Malle. Les amants n'existent plus seulement dans les fantasmes.

43. «Assistance Educative en Milieu Ouvert» (A.E.M.O.).
44. E. TODD — *La troisième planète. Structures familiales et systèmes idéologiques*. Le Seuil, Paris, 1983.
45. Ibid.

L'amour libre est institutionnalisé, à partir de ce nouveau «creuset» qu'est Saint-Germain-des-prés... La jeune fille, devenue femme, ne deviendra pas mère.

En rupture avec le Tiers-Monde — mais s'agit-il vraiment là d'une réaction à la crainte du péril démographique qu'il représente? — la société occidentale va passer de la natalité «naturelle» à la natalité «volontaire». Celle-ci peut résulter de trois démarches: «préventive, parallèle ou corrective». Ou bien les individus ne courent pas le risque, ou bien par des moyens mécaniques ou chimiques ils empêchent l'acte sexuel d'aboutir à ses fins; ou encore, la conception étant survenue, ils en éliminent le fruit...» [46] Les démarches préventives et correctives, connues depuis les origines, vont céder une place — mais pas la place — à la démarche «parallèle» que constitue la contraception moderne. Les procédés contraceptifs intra-utérins — le stérilet —, critiqués en ces temps de vent libertaire, du fait de la dépendance mécanique qu'ils supposent (permanence d'un objet dans le sujet...), vont être secondés par des méthodes issues des progrès récents de la biochimie. Le contrôle supposé de ces méthodes par l'individu masque, en fait, une autre dépendance, intime, moléculaire. Et la gestion, au quotidien, de la contraception, ne sera qu'une pseudo-liberté.

S'appuyant sur l'identification, en 1930, de deux hormones ovariennes [47], le chercheur américain Grégory Pincus bâtit l'hypothèse d'une contraception hormonale. La première «pilule» naît en 1956 [48]. Son indication est d'abord limitée au traitement des troubles menstruels. Peut-être faut-il voir dans ce prudent faire-part de naissance les dernières résistances du tabou de la procréation contrôlée. Devant la perspective d'un probable usage répandu, des craintes sont émises quant aux éventuelles incidences biologiques. Une nouvelle pilule, deux fois moins dosée, apparaît en 1960, avec une indication contraceptive limitée à deux ans. L'autorisation de mise sur le marché intervient en France en 1961, pour la seule indication, une fois encore, du traitement des troubles menstruels. Ce médicament «de confort» n'est pas remboursé par la Sécurité Sociale.

Dans le même temps, en rupture avec la loi interdisant toute forme d'information sur la contraception, est créé le Mouvement français pour le planning familial. La femme s'affirme, prend son vol [49], se met, avec Brigitte Bardot, à chevaucher des Harley-Davidson. La femme-objet-du-désir remise le porte-jaretelles, et impose à l'homme ses collants, portés par mères et filles, tous âges confondus.

La loi «Neuwirth» est adoptée le 28 décembre 1967. Elle autorise

46. J. BEAUJEU-GARNIER — *3 milliards d'hommes. Traité de démo-géographie*. Hachette, Paris, 1965.
47. L'œstrone et la progestérone.
48. «Les années pilule racontées à Charlotte». Film des Laboratoires SCHERING.
49. Valentina Terechkova tourne soixante douze heures autour de la terre.

la fabrication, l'importation et la vente en pharmacie, sur prescription médicale, de la pilule contraceptive. Mais elle ne prévoit pas qu'elle puisse être délivrée aux adolescentes sans autorisation familiale.

L'idée contraceptive prend ainsi place dans la vie et l'organisation familiale. Mères et filles, jeunes filles et femmes, vont avoir accès à la non-procréation. Et l'amour-libre le sera d'autant plus. L'enfant est enfin biologiquement planifiable. On le compte. Il compte. Il devient précieux et sera à protéger. L'adolescent — le déjà-né — aîné d'une fratrie limitée, est porteur d'ambitions accrues. Mais aussi, témoin d'une «nouvelle sexualité» parentale, qui ne craint plus la grossesse, il envisagera la sienne —et donc son avenir d'adulte— avec plus d'assurance.

L'adulte n'a plus besoin de guerres, et autres moyens de régulation, pour maîtriser le renouvellement des générations et choisir le nombre de ses remplaçants... «La liberté sexuelle, dans les pays de structure familiale autoritaire, ne mène pas à l'anarchie mais au «Brave New World» de Huxley, qui écrase l'individu en toutes choses, mais le laisse libre de jouir» [50].

Elle fait parler d'elle : 1958-1968

Un monde qui tourne

«La jeunesse est une acquisition de l'âge mûr»
Jean Cocteau

L'Indochine est devenue indépendante, la guerre d'Algérie est à son paroxysme, la IVè République meurt. Le général de Gaulle «assume les pouvoirs de la République», la Vè, qu'il dote d'une nouvelle constitution. L'aube des années 60 est marquée par la fin de la décolonisation qui permet que l'attention nationale se concentre sur l'hexagone et ce qui s'y déroule. Dans une situation de stabilité relative des équilibres économiques, l'industrialisation, la modernisation de l'économie entraînent une augmentation rapide du niveau de vie pour un grand nombre et une mise à l'écart pour d'autres, agriculteurs, ouvriers, petits commerçants, étudiants.

Malgré les documents prévisionnels de l'INED dès 1948 [51], et un rapport alarmant du conseil économique dès 1954, l'Etat ne paraît pas avoir réalisé la dégradation des conditions d'accueil à l'école (classes surchargées, bâtiments inadaptés...). Tout entier tourné vers l'industrialisation et l'immédiat, il néglige et négligera longtemps après encore, les données démographiques de l'après-guerre et leurs conséquences.

50. E. TODD. Op. Cit.
51. Prévision des enfants d'âge scolaire de 6 à 13 ans établie en 1948.
1951 : 4.267.000 — 1955 : 5.241.000, soit 1 million d'enfants en plus en 4 années !

Jamais pourtant jusqu'alors n'avaient été réunies de telles conditions pour qu'une place, un espace nouveau et une expression soient possibles pour l'adolescence.

Une culture en formation

« Flower power », « beat generation », ou « nouvelle vague », « c'est le temps des copains et de l'aventure... » Une aventure qui entraînera simultanément jeunes Américains et jeunes Français sur des routes aux horizons variés. Les chemins de Katmandou, la poussière des routes de l'Ouest et la promenade en MG ont des relents bien différents.

Au début de l'année 1961, « un certain Timothy Leary, ancien catholique converti à l'hindouisme et chercheur en psychologie appliquée à l'université de Harvard se passionne pour la recherche sur les hallucinogènes. Il rencontre lors d'un symposium sur « le contrôle de l'esprit humain », le célèbre écrivain Aldous Huxley (dénommé plus tard par les jeunes Saint-Aldous). Ce dernier y développe l'idée que certaines drogues peuvent repousser ou même élargir la pensée humaine. » [52] Les deux hommes vont s'associer dans leurs recherches sur les expériences « psychédéliques » procurées par les hallucinogènes, dont la psilocybine et le L.S.D. 25. [53]. L'auteur du « Meilleur des mondes » et des « Portes de la perception » n'aura pas de mal à convaincre les étudiants du campus à participer à ses travaux, dont le but est de faire accéder la conscience à un niveau supérieur de connaissance « et qui sait, peut être même de rencontrer Dieu. » Car c'est bien à la recherche d'une forme de religion nouvelle que sont ces jeunes que la guerre du Vietnam, la menace atomique et l'« american way of life » ont préparé à une fuite pacifique. Cette « religion expérimentale de l'Amour Universel et de la connaissance totale » sera d'inspiration indienne. Le mouvement « hippy » ainsi né, repose sur trois « lignes de force » [54] : C'est un mode d'expression —parmi d'autres— de la révolte de la jeunesse de l'époque, révolte dont l'originalité est la non-violence ; c'est un phénomène sous-tendu par l'espoir et la quête du bonheur ; le moyen essentiel choisi pour atteindre les buts fixés est la drogue. On est loin des « beatnicks » mais l'on se prépare aux « junkies ».

Mais comment être non-violent lorsque l'instinct agressif [55] et la violence fondamentale ne sont pas encore canalisés par l'enracinement de

52. Confédération francophone des Ligues de santé mentale. Rencontres internationales. Bruxelles, 21-22-23 avril 1983 — *L'Adolescence. Un temps, un discours, un acte. Rencontres ou rendez-vous manqués?*
53. La psilocybine est extraite du psilocybes, champignon d'Amérique centrale. Le L.S.D. 25 est extrait de l'ergot de seigle.
54. J. M. OUGHOURLIAN — *La personne du toxicomane*. Privat, Toulouse, 1974.
55. Instinct qui contribue « comme tous les autres à la conservation de la vie et de l'espèce » selon l'ethnologue Konrad LORENZ (*L'agression, une histoire naturelle du mal*. Flammarion, Paris 1969), « l'agressivité constitue une disposition instinctive et autonome de l'être humain ». « La civilisation y trouve son entrave la plus redoutable » (S. FREUD — *Malaise dans la civilisation*, PUF, Paris, 1971).

la jeunesse ? Le sexe est là comme substitut, et les slogans ne cacheront pas son rôle : « Matraquez-les tous avec l'amour », « Faites l'amour, pas la guerre ». Comparés par certains aux premiers chrétiens, ces jeunes seront assimilés par d'autres à des « délinquants juvéniles » du type « démissionnaire... » [56] La démarche est, certes, originale par rapport aux mouvements de jeunesse politisés et para-militaires. Le désir de se débarrasser des valeurs sur lesquelles la société est édifiée conduira le mouvement à l'isolement et, sur des bases qui se voudraient neuves, au développement d'une néo-culture.

Le berceau en sera la constitution de communautés marginales — défensives pour ne pas être agressives — dont la cohésion reposera sur la drogue, autre moyen d'annihiler l'agressivité et « machine à arrêter le temps ». La libération sexuelle [57] participe à la communion. Le renoncement à la propriété en fait des néo-rousseauistes... En rupture avec le passé, c'est le « culte de l'expérience », centré sur le présent, sur l'aujourd'hui, l'ici et le maintenant. L'existence dans le provisoire et l'éphémère vont justifier que le désengagement confine à la négation de l'identité : pas d'état-civil, pas de garde-robe. C'est l'innocence retrouvée et l'accès à la contemplation intérieure. Le mouvement croît, s'étend [58]. Le 6 octobre 1966 se déroule, à San Francisco, le premier « Love-in » qui regroupe 28.000 hippies.

L'usage de L.S.D. a depuis bien longtemps débordé des communautés et étudiants et collégiens, à défaut de porter des fleurs, pratiquent l'art de la fugue. Timothy Leary, plusieurs fois poursuivi en justice « commence à fatiguer beaucoup de ses adeptes, en raison de sa mégalomanie. » [59]

Le 6 octobre 1967 marque, par une fête où les hippies de San-Francisco brûlent vêtements et symboles, la fin officielle du mouvement, qui va devenir pour les « résistants » une tout autre « église » que celle de la jeunesse.

Et pendant ce temps là, « sur la route », « le vagabond solitaire » fuit l'est industriel. « Il n'est rien de plus noble que de s'accommoder des quelques désagréments que nous apportent les serpents et la poussière pour jouir d'une liberté absolue. » [60] Il découvrira lui aussi San-Francis-

---

56. ... Si l'on admet trois types de délinquance juvénile : la criminelle, qui correspond, en fait, à une forme d'insertion dans la société ; la révoltée, « blousons noirs » français, « vitelloni » romains, « halk starke » allemands, « houligans » slaves, « shintaro » japonais, « skin-knutte » suédois, et autres « démons noirs », « fils du diable », « anges de l'enfer », « enfants de satan » américains ; la démissionnaire dont les « beatniks » et les « hippies » seraient les modèles. Les deux derniers types sont « désinsérés ».
57. « Libération sexuelle pratiquement acquise, en grande partie grâce à la psychanalyse et à la « Playboy Philosophy » de Hugh. M. Hefner qui avait marqué les années 50 ». J. M. OUGHOURLIAN. Op. Cit.
58. A l'été 1966, on estime à plus de 150.000 le nombre de hippies aux Etats-Unis.
59. J. M. OUGHOURLIAN. Op. Cit.
60. J. KEROUAC — *Le vagabond solitaire*. Folio.

co, la ville délirante où dix races s'entremêlent. Mais il ne s'y arrêtera que le temps de nouer des amitiés tumultueuses. Pour repartir. Il est «beat». [61]

Etre «beat», c'est rejeter le passé et le futur, se rebeller contre toute autorité organisée, mépriser le «square», l'honnête bourgeois. Dans un voyage qui s'apparente à une fuite à travers le continent américain, le «beatman» vit l'intense recherche d'un absolu introuvable. Vitesse à bord de voitures volées, filles, alcool, marijuana, nourriront son quotidien. Enivrant cauchemar d'un encore-toujours jeune qui a tout vu, tout connu, et qui cherche encore, avec d'autres, dans une quête affective au gouffre insondable. «... parce que les seuls gens qui existent pour moi sont les déments, ceux qui ont la démence de vivre, la démence de découvrir, la démence d'être sauvés, qui veulent jouir de tout dans un seul instant...». [62] Ceux-là même «qui brûlent, pareils aux fabuleux feux jaunes des chandelles romaines explosant comme des poëles à frire à travers les étoiles et, au milieu, on voit éclater le bleu du pétard central et chacun fait: «Aaaah!» Quel nom donnait-on à cette jeunesse là dans l'Allemagne de Gœthe?» [63]

Eternels enfants désobéissants, ils portent en eux leur fin. «Hommes blancs désabusés», désespérés à force d'être lucides. Mais, avant tout romantiques écorchés. «Ma tante avait beau me mettre en garde (...) j'allais entendre l'appel d'une vie neuve, voir un horizon neuf, me fier à tout ça en pleine jeunesse; et si je devais avoir quelques ennuis, (...) qu'est-ce que cela pouvait me foutre?... J'étais un jeune écrivain et je me sentais des ailes. Quelque part sur le chemin, je savais qu'il y aurait des filles, des visions, tout, quoi; quelque part sur le chemin on me tendrait la perle rare.» [64]

Kerouac, Ginsberg, Schulberg, Burroughs, Ferlinghetti, Snyder et autres anciens de la «Beat generation», se joindront à Timothy Leary pour partager son rêve psychédélique...

«N'en déplaise aux historiens classiques, le 12 avril 1954 est une date. Ce jour-là, Bill Haley enregistra aux Etats-Unis «Rock around the clock». Le 6 juillet de la même année est plus mémorable encore: à Memphis, un certain Elvis Presley grave «That's all right, Mama» et «Blue moon of Kentucky». Le Rock'n roll est né». [65] Le titre de

---

61. En réaction contre les valeurs et le mode de vie de la société industrielle et moderne, le courant «beat» est né à San-Francisco d'un mouvement littéraire original: jeunes poètes se réunissant dans une «boîte» installée dans un ancien restaurant chinois du Saint-Germain-des-Près de l'endroit, pour y lire leurs vers, accompagnés par une batterie (le mot «beat» est emprunté au jazz).
62. J. KEROUAC — *Sur la route*. Folio.
63. Ibid.
64. Ibid.
65. M. KAJMAN — «Les musiques du peuple adolescent». *Le Monde de l'Education*, juillet-août 1983. (A propos de «Rock, pop, punk» de P. YONNET. Le Débat, n° 25, mai 1983).

Bill Haley figure au générique du film « Graine de violence », où l'on voit « une bande d'adolescents de toutes races briser sauvagement les 78 tours de jazz de leur professeur ». [66] « Une ère de rupture est ouverte. Et de conquête... » [67] Conquête des Etats-Unis, de la Grande-Bretagne, puis de l'Europe continentale.

En France, les mouvements de jeunes sont en crise et voient fondre leurs effectifs. Ils avaient été « le premier pas vers une indépendance, une existence personnelle en dehors du clan familial » [68]. Mais ils s'étaient développés sous la supervision des parents : « En un temps où la famille refusait les voisins et les copains pour n'admettre que les cousins, il fallait l'entremise de groupes légitimes à ses yeux pour pouvoir se faire des amis. » [69] Ils n'ont plus maintenant besoin de se grouper au nom d'un idéal pour revendiquer des libertés refusées individuellement, ils forment un groupe naturel, uni dans une scolarité prolongée et une mixité institutionnalisée.

C'est l'avènement des « copains », l'âge adulte du « continent adolescence » [70], dont on ne peut qu'écouter la culture. Chuck Berry, par son évocation répétée du flirt, de la danse et de l'automobile avait exprimé « le désir des jeunes noirs américains de participer à la dynamique expansive de la société blanche américaine » [71]. Au travers d'Elvis Presley et de ses cinq cents millions de disques, « les jeunes Blancs s'approprient la sexualité noire ». [72]

Le rock'n roll, c'est l'unité et la répétition. Sa structure rythmique et mélodique est simple, réduite à quelques accords. Le musicien est devenu électricien. C'est un cri, mais un cri sentimental, qui agite le cœur et le corps. C'est, avec des mots simples, le langage de la puberté.

La « Pop » le relaie. C'est, à l'inverse, un univers où les formes atteignent une extrême variété. Elle se pare de références classiques et de recherches musicales. Mais surtout, elle laisse se cotoyer deux tendances, « Soft » et « Hard », Beatles et Stones, douceur-romantique et violence-sexe, le propre et le sale. On pourra y puiser alternativement, et satisfaire ses pulsions antinomiques. C'est le langage achevé de la puberté. On s'identifie à la « vedette-copain », surtout si, française, elle porte un nom anglo-saxon. On se réunit en foules immenses à l'occasion de festivals, sur le modèle de Wood-stock et de ses trois cent cinquante mille participants ; meeting a-politiques qui sidèrent les adultes, qui ne connaissaient que ceux-ci. On danse seul. On rêve ensemble. Certains planent. De vieux « adolescents », passant du jazz

---

66. P. YONNET. Op. Cit.
67. M. KAJMAN. Op. Cit.
68. A. PROST – *Histoire de l'enseignement et de l'éducation en France*. T. IV. Nouvelle Librairie de France, G. V. Labat Editeur, Paris, 1981.
69. Ibid.
70. M. KAJMAN. Op. Cit.
71. P. YONNET. Op. Cit.
72. M. KAJMAN. Op. Cit.

au rock, animent des émissions au fulgurant succès, s'adaptant aux tendances nouvelles. Le temps des « Yé-Yé » est celui de S.L.C.

L'adolescent est introduit dans un système où plaisir et marché sont intimement liés. Il n'en perçoit -au moins le temps d'un argent de poche suffisant— que le principe de plaisir. Car il faut acheter. Ou se faire acheter. Un transistor d'abord. Avec lui « le teenager peut enfin se planquer dans sa chambre. Il a le droit de choisir sa connerie. On ne le fera plus marcher sur la musique des autres ». [73] Un électrophone et des disques, produits en grande série. Des vêtements, dont une mode active impose de fréquents changements : shetland jacquard, bas chair et demi-pointes noires ; robe princesse aux bras nus et taille haute ; minijupe. « Les sixties représentent un bond prodigieux pour l'espèce humaine dont les bas de pantalon passent de 17 centimètres de largeur à 27. » [74] « Chaussettes noires » chantantes et sponsorisées. Et pour les plus gâtés un vélosolex [75], voire une « Mini ». Et la presse pour tous. Une presse spécifique. Lancé en juillet 1962, « Salut les Copains » dépasse le million d'exemplaires. Dès 1964, « Mademoiselle Age Tendre » le suit... « Et n'oubliez pas Chouchou, notre gadget... pardon « votre » gadget. »

« Voici que se lève, immense, bien nourrie, ignorante en histoire, opulente, réaliste, la cohorte dépolitisée et dédramatisée des Français de moins de 20 ans. » [76]

A défaut d'impossibles aspirations, on se crée ses valeurs propres, sa culture. Peuple du tutoiement et de l'après-Tintin. Vague nouvelle ou « Nouvelle-vague ». Vague qui laisse des traces. [77] Les bandes se sont noyées dans la citoyenneté économique. C'est « l'ado-business ». Le marketing s'allie à la psychologie. Les « teenagers » sont à l'étude.

« Ce siècle avait 60 ans mais il paraissait beaucoup moins. Il finit même par tomber en enfance, oubliant tout ce qu'il avait appris, cassant ses plus beaux jouets, se tenant mal à table. Il n'alla plus chez le coiffeur et se promena en sabots sur la moquette. Puis il eut sa crise. On l'envoya se rhabiller en lui faisant honte. » [78]

Premiers craquements

> « Quand on ne sait plus quoi dire, on dit jeunesse, jeunesse »
>
> Tchekov, La Mouette.

Jamais comme dans les années 60, la croissance et le développement industriels et économiques n'avaient atteint, depuis l'après-guerre, un

---

73. A. SCHIFRES — « Les années 60 reviennent ». *Le Nouvel Observateur*, 6-12 mars 1987.
74. Ibid.
75. Disparu à 42 ans, le Vélosolex était « adolescent » dans les années 60, ses années-succès. 380.000 exemplaires en ont été vendus en 1964. La « Mob », l'actuelle en-attente-de-moto, était encore enfant.
76. F. Nourissier — Cité par A. SCHIFRES.
77. « Attention les années 60 reviennent ! » a titré *le Nouvel observateur* en 1987.
78. A. SCHIFRES. Op. Cit.

tel point culminant. L'essor et l'épanouissement d'une société qui reprend vie se manifestent autant dans la construction d'autoroutes ou d'immeubles que dans la progression générale du niveau de vie. Les enfants du baby boom parcourent la scolarité obligatoire sans que l'explosion démographique prévisible ne paraisse inquiéter outre mesure les gouvernants : les classes débordent d'élèves, et l'intérêt se porte plus sur le réseau routier ou sur les impôts, que sur les germes d'une mutation fondamentale, et ce, malgré les avertissements des démographes. La rupture des modes de vie par rapport à l'avant-guerre s'accentue. En l'espace d'une génération, cette rupture est consommée. La quantité des innovations et des découvertes dans tous les domaines de la recherche et de l'application industrielle est extraordinaire : on estime qu'elle est plus importante de 1945 à la fin des années 60 qu'entre la préhistoire et 1945 [79].

Le temps s'accélère. A la succession régulière des générations et à la transmission progressive des savoirs se substitue une remise en question rapide des connaissances. La discontinuité, l'immédiat, voire le « tout, tout de suite » prennent la place d'un temps linéaire, de l'anticipation, de l'attente : les jeunes toxicomanes d'après 1968 en seront l'éclatante et dramatique caricature. Et pourtant, les aspirations d'une société, au calme, au profit tranquille retiré d'une situation nouvellement gratifiante, n'ont jamais été aussi grandes. Sans qu'ils en réalisent encore réellement la portée, les usagers de l'époque vivent un développement considérable des moyens de communication mondiaux, prémisses d'une uniformisation des cultures et des idées à venir. Moyens qui diffusent instantanément à leurs enfants, pour lesquels cela paraît ordinaire, les images du bout du monde.

Les effets cumulés d'une démographie explosive et d'une scolarisation prolongée, s'ils sont conformes aux prévisions d'un petit nombre, ne sont toujours pas perçus par la majorité. Entre 1958 et 1968, alors que la population totale augmente de 10 %, le nombre d'étudiants croît, lui, de près de 250 % ! Ils sont dorénavant de plus en plus souvent et de plus en plus longtemps réunis dans de vastes ensembles scolaires et universitaires. Ils peuvent à loisir s'y constituer une culture commune, un langage commun et y trouver une identité de comportements : la « nouvelle vague » arrive avec ses idoles, ses modèles. L'identité partagée par la bande de banlieue prend sur le campus une autre dimension et provoque d'autres effets.

La séparation est de plus en plus prononcée d'avec la cité et d'avec les générations antérieures : c'est « le fossé des générations » [80]. La famille se réduit le plus souvent dans les grandes villes et leur périphérie à une famille nucléaire, c'est à dire réduite aux parents et aux enfants.

79. *Les Dossiers de l'Histoire* — « Histoire du mouvement anarchiste et des événements de mai-juin 1968 », n° 13, mai-juin 1978.
80. M. MEAD — *Le fossé des générations*. Denoël/Gonthier, Paris, 1979.

L'immigration intérieure des provinces vers les métropoles industrielles va produire une société d'où les grands-parents sont absents [81], et accentuer aussi les effets de rupture liés aux novations multiples et aux modifications des modes de vie. Même si l'adaptation à des situations inédites peut trouver avantage dans cette mobilité et cette répartition nouvelle des générations, car elle est moins lourde de continuité de réponses ou de stéréotypes transmis, l'ignorance par l'adolescent des valeurs et principes des adultes s'en trouve facilitée. Il peut ainsi se montrer aisément indifférent à leur égard, au risque d'en payer le prix par ailleurs.

Séparation d'avec leurs aînés, regroupement avec leurs contemporains, tout est prêt pour que la proximité entre individus d'une même classe d'âge, mais de classes sociales et de pays différents, soit plus grande qu'entre générations dans un même groupe social. Le sentiment d'appartenir au « peuple adolescent » et à une « communauté mondiale » [82] peut éclore. Les jeunes sont de plus en plus marginalisés, sur les plans économiques, ethniques, religieux, dans les grandes villes où ils ne peuvent trouver « qu'une maigre base pour une identité positive ». [83] Malgré toutes ces transformations profondes de la situation de la jeunesse, ce n'est qu'en 1966, en France tout au moins, que paraîtra le premier ouvrage scientifique de psychologie consacré à l'adolescence [84]. Il mettra en valeur le rôle du déterminisme social sur l'expérience adolescente, en distinguant l'adolescence bourgeoise de celle du jeune travailleur.

Dans le même temps, la contraception se banalise, facilitant les premières expériences sexuelles. Cette première dissociation dans l'histoire humaine entre sexualité et reproduction fera vivre, parfois douloureusement, à cet entre-deux-âges le profond bouleversement qu'elle représente : le savoir intellectuel et scolaire sur la sexualité et la contraception n'empêcheront pas, on le sait, l'ambivalence des désirs et des sentiments humains, et a fortiori, les grossesses et les IVG adolescentes. La difficulté de gestion de la vie affective à l'âge des premiers choix s'en trouvera paradoxalement encombrée parfois, alors même que les maladies vénériennes ne représentent plus le péril d'antan... en attendant le SIDA.

Les décalages entre savoir intellectuel et savoir affectif vont s'accentuer ; de même qu'entre maturité biologique et maturité socio-familiale, les dépendances affective et économique se prolongeant. Dans cet écart germera l'expression des difficultés à vivre d'une génération sur la crête de la vague du « progrès ».

Un autre bouleversement majeur se produit dans la deuxième moitié des années 50 : la synthèse et la fabrication des psychotropes, c'est à

---

81. La société cofigurative de M. Mead.
82. M. MEAD. Ibid.
83. E. ERIKSON – *Adolescence et crise. La quête de l'identité*. Champs, Flammarion, Paris, 1978.
84. B. ZAZZO – *La psychologie différentielle de l'adolescence*. PUF, Paris, 1972.

dire des médicaments ayant une action sur le psychisme humain. Leur consommation en est aujourd'hui tellement répandue que l'on a parfois du mal à se souvenir que leur naissance est récente. Outre leur intérêt dans la thérapeutique des maladies mentales et les transformations spectaculaires qu'ils ont permis dans les structures de soins en psychiatrie, leur distribution généralisée au moindre malaise existentiel, à la moindre inquiétude ou insomnie, à la plus petite « déprime » légitime... a engendré, l'espace d'une génération, des habitudes précoces de dépendance, préfigurant la grande vague des toxicomanes adolescents des années 70, anciens bébés « apaisés » par les sirops tranquillisants et qui n'ont jamais connu berceuses ou histoires pour s'endormir.

Les « blousons noirs », nous rappellent que les mutations brutales subies par notre société de l'après-guerre, que l'éclatement des valeurs antérieures et des conditions de leur transmission, ne s'effectuent pas sans dommages pour certains nouveaux marginalisés ou exclus, les « jeunes ». La situation de l'emploi, en particulier, est révélatrice : la préoccupation des adultes commence à faire qu'ils considèrent la génération montante comme constituée de rivaux, d'intrus ; attitude d'esprit qui ouvre la voie à une manière de concevoir la jeunesse qui sera de plus en plus marquée au fil des deux décennies suivantes, et fait dire à Alfred Sauvy [85] « il était fatal qu'aux fortifications des adultes, les jeunes répondent un jour par des barricades ».

L'intérêt que l'on trouve au maintien d'une majorité tardive à 21 ans est encore vif à la veille des « événements » de Mai 1968 :

A la question : « à votre avis, est-il souhaitable qu'en France l'âge de la majorité légale soit fixé à 18 ans au lieu de 21 ans ? », 29 % des personnes interrogées répondent qu'elles le souhaitent et 64 % qu'elles le jugent peu souhaitable ! [86]

L'accès au statut d'adulte majeur ne peut-il alors s'ouvrir que par la force ? Les « enfants-espoir » du baby boom n'auraient-ils pas dû grandir ?

Mai 1968 : ça commence comme un charivari

« La jeunesse éclatera comme la chaudière d'une machine à vapeur. La jeunesse n'a pas d'issue en France. Elle y amasse une volonté de capacités méconnues, d'ambitions légitimes et inquiètes... quel sera le bruit qui ébranlera ces masses, je ne sais, mais, elles se précipiteront dans l'état des choses actuel et le bouleverseront. » [87]

Le tribunal correctionnel ayant condamné pour outrage à la pudeur un élève de l'Ecole des Beaux-Arts et quelques jeunes femmes pour

---

85. A. SAUVY – Op. Cit.
86. Sondage réalisé en avril 1968. Cité par A. SAUVY. Op. Cit.
87. Propos prémonitoire de H. de Balzac dans *Z. Marcas,* cité par J. BERNARD in *C'est de l'homme qu'il s'agit*, Edition Odile Jacob, Paris, 1988.

port d'une tenue « trop légère » au bal des « Quat'z-Arts », une manifestation de protestation a lieu place de la Sorbonne. La police intervient pour disperser cette manifestation interdite par le gouvernement. Au cours des heurts violents un employé de commerce est accidentellement tué à la terrasse d'un café par le jet d'un porte-allumettes métallique. L'agitation s'étend alors et tourne à l'émeute : omnibus renversés, rues dépavées, barricades, becs de gaz brisés, bancs descellés, kiosques à journaux incendiés. Le gouvernement paraît débordé. Les troupes occupent le quartier de la Montagne Sainte-Geneviève. Le préfet de police ne répond plus du maintien de l'ordre dans Paris. Les troubles dureront jusqu'au 14 juillet. [88]

Cette même année, Freud, médecin autrichien de 37 ans, faisait connaître ses essais sur une nouvelle méthode d'étude et de traitement des phénomènes hystériques, Mao naissait en Chine et Marcuse allait attendre cinq années pour voir le jour à Berlin et commencer de réfléchir à la nécessaire place de l'érotisme dans la civilisation... Seul Marx était déjà mort.

Ce sont des régiments de cavalerie qui sont acheminés en hâte vers Paris. Nous ne sommes pas en 1968 mais en 1893.

Combien d'étudiants ont-ils lu en 1967 le manifeste intitulé *De la misère en milieu étudiant, considérée sous ses aspects économiques, politiques, psychologiques, sexuels et notamment intellectuels, et de quelques moyens pour y remédier ?* Ils y auraient trouvé l'annonce du charivari soixantuitard conceptualisé par des membres de l'« Internationale situationniste » [89] : « Les révolutions prolétariennes seront des fêtes ou ne seront pas, car la vie qu'elles annoncent sera elle-même créée sous le signe de la fête. Le jeu est la rationalité ultime de cette fête, vivre sans temps mort et jouir sans entraves sont les règles qu'il pourra reconnaître. » [90]

De fait, le mouvement de « l'imagination au pouvoir » doit plus aux Beatles et au « flower-power » qu'au gauchisme, qu'il soit trotskyste, maoïste ou anarchiste. Même si « la politique de l'extase » prônée par Timothy Leary s'avère générer plutôt qu'une sagesse à l'orientale, un mouvement « dur » aboutissant aux incidents des universités de Californie et du Kent quelques années avant Paris.

Crise ? L'expansion a ses « laissés pour compte ». Le chômage croît. Le jeu et l'enjeu politique s'étendent à une jeunesse. Car si « jamais, à aucun moment de l'histoire, l'étudiant ne fut si choyé », « notre législation est presque entièrement dirigée contre les jeunes, non certes en

---

88. Rapporté par P. SANIES in *Les Dossiers de l'Histoire*. « Histoire du mouvement anarchiste et des événements de mai-juin 1968. » N° 13, mai-juin 1978.
89. Constituée en 1957, sous l'impulsion d'artistes fortement influencés par la tradition dadaïste, surréaliste ou rimbaldienne. Les situationnistes, qui veulent non seulement transformer le monde mais surtout « changer la vie », selon l'expression d'Arthur Rimbaud, entreprennent une critique systématique de la vie quotidienne.
90. Cité par G. AYACHE — « Les événements de mai-juin 1968 ». In *Les Dossiers de l'Histoire*. Op. Cit.

intention, mais par oubli, par omission, leur place n'a pas été prévue.» [91] Et il leur en faut: 200.000 étudiants en 1958, 700.000 étudiants en 1968 [92], 130.000 étudiants pour la seule Université de Paris.

Que dire des «événements» eux-mêmes? A l'instigation de lycéens et d'étudiants «politisés» un mouvement s'organise. On va, pêle-mêle, réclamer la démission du ministre de l'Education Nationale, manifester en faveur du Viêtcong, contester l'Université bourgeoise. On s'entraîne à l'occupation: l'administration de la Faculté des Lettres de Nanterre, un amphithéâtre de la Sorbonne. Les exemples américains, japonais et tout récemment allemands prévalent. Un contre-mouvement se mobilise. Le recteur de l'Académie de Paris prend peur. La police pénètre pour la première fois à l'Université et fait évacuer la Sorbonne. L'interpellation des manifestants suscite une réaction d'indignation puis de colère chez les étudiants. C'est l'émeute. Les pavés volent. La Sorbonne est fermée, à trois semaines des examens. Les condamnations tombent.

Mobilisés par les «comités d'action», les lycéens se joignent aux étudiants. Les défilés se multiplient et changent de ton. On n'y rencontre plus les «Peaux-rouges» barriolés des premiers jours. [93] L'agitation se renforce, des barricades se dressent, les C.R.S. font usage de grenades lacrymogènes, on compte les blessés. Le folklore —s'il y en a eu un— est maintenant terminé. La sympathie fait place à l'inquiétude. Les organisations syndicales et politiques sont partagées [94], mais la grève de soutien devient grève tout court: «la scène se déplace des facultés aux usines». [95]

Le 13 mai, la Sorbonne est «réhabitée». Un million de personnes, selon les «organisations», 200.000 selon les «services de police» défilent entre la République et Denfert-Rochereau. Alors commence, dans les facultés occupées et les lycées en grève, ce qui a pu être comparé à un «psychodrame imprévu», faute de mot adapté à cette situation nouvelle. «Partout la parole se libère et se prend, des assemblées générales interminables se réunissent. Sur les murs, fleurissent des graffitis surréalistes, cocasses et profonds, et des affiches inimitables. Atmosphère de kermesse, avec les stands révolutionnaires dans la cour de la Sorbonne, des banderoles aux slogans enflammés, des effluves de Chopin au détour d'un amphithéâtre, des couples qui s'aiment et des enfants, dans une crèche sauvage.» [96] Des enseignants rejoignent les étudiants dans les assemblées générales. «Le tutoiement les dé-

---

91. G. Bouthoul puis A. Sauvy, cités par G. AYACHE. Op. Cit.
92. On a vu que ces chiffres correspondent à une augmentation de 250 % d'étudiants, alors que la population ne s'est accrue que de 10 %.
93. Préfiguration des «Indiens métropolitains» italiens des années 1975. G. AYACHE. Op. Cit.
94. Dès le 4 mai, le journal *l'Humanité* qualifiait le mouvement d'«aventuriste».
95. A. PROST — *Histoire générale de l'enseignement et de l'éducation en France*. T. IV. L'école et la famille dans une société en mutation. Nouvelle Librairie de France. G. V. Labat Editeur, Paris, 1981.
96. Ibid.

pouille symboliquement de leur différence statutaire.» [97] Mais «la fête de mai prend pourtant des couleurs plus sombres quand la tentative révolutionnaire se précise.» Les «groupuscules» débordent les syndicats. La discussion s'enlise. «Le bateau ivre qui dérive tente de se reprendre en main, de se donner un minimum de règles et de pouvoirs.» [98] On ré-évacue la Sorbonne. «Le gaullisme triomphe aux élections. Tandis qu'enseignants et étudiants partent en vacances...» [99]

A l'origine était un peuple, qui se nommait «adulte», si prospère qu'il enflait par ses excès de consommations matérielles et libidinales. Il n'en oubliait pas moins d'exercer une surveillance et un contrôle vigilant sur ses «petits», bien trop nombreux à son goût. Le désordre germa dans l'esprit de quelques-uns d'entre eux... Une étincelle, et la fête commence. Fête de masse du peuple adolescent qui, à la façon d'un tribunal de jeunesse, va juger dans la rue ceux qui le dépouillent.

«Notre société industrielle occidentale d'après-guerre a créé les conditions de formation d'une nouvelle pseudo-espèce : la jeunesse. La jeunesse est devenue un groupe solidaire qui estime être seul véritablement humain, qui méprise, repousse et dénonce les autres, comme les autres le méprisent, repoussent et dénoncent.» [100]

Enfants du baby-boom, frères et sœurs de la contraception, ils se découvrent un jour indispensables. Révolutionnaires malgré eux, ils ne sauront mener à terme leur éveil. Par trop capricieux et exigeants, ils seront renvoyés à l'école. Ils auront quand même eu le temps d'écrire : «Il est interdit d'interdire». Lisez par là, «Il est interdit de nous interdire».

Ils ont tout ramassé
Des beignes et des pavés
Ils ont gueulé si fort
Qu'ils peuvent gueuler encor
Ils ont le cœur devant
Et leurs rêves au mitant
Et puis l'âme tout' rongée
Par des foutues idées...

Léo Ferré, Les Anarchistes.

---

97. Ibid.
98. Ibid.
99. Ibid.
100. F. HACKER — *Agression, violence, dans le monde moderne*. Calmann-Lévy, Paris, 1972.

8

LA SENESCENCE DE L'ADOLESCENCE 1969-1989

On l'administre

L'explosion de 1968 a signé l'apogée du phénomène adolescence. Mais ce «progrès» qu'elle représente dans la façon dont se gérait jusqu'alors la succession des générations, s'il échappe à ses créateurs contrôleurs — les adultes — devient menaçant. En même temps qu'elle est désormais un «fait acquis», l'adolescence entame un processus de sénescence. La jeunesse de nouveau, comme au début du siècle, est un danger; mais un danger cette fois-ci capable d'entraîner dans sa mouvance, la société tout entière. Le repli frileux qui caractérise cette dernière dans les années 70, période où elle est occupée à profiter de l'expansion économique et de la stabilité institutionnelle, prend l'allure d'une véritable fermeture à l'égard de la génération montante. L'exemple de la tentative de reprise, puis de la suppression de vieilles traditions comme celle du Carnaval des Voyous à Strasbourg [1] dans les années suivant 1968, illustre bien le fait que, même dans la fonction festive qui lui a été octroyée jusqu'au 19è siècle, la jeunesse est maintenant ressentie comme menaçante et se trouve marginalisée.

Dans le même temps, la natalité diminue depuis 1965, ainsi que le taux de fécondité [2]. Le vieillissement de la population s'accentue [3].

---

1. E. CERF — «Le Carnaval des Voyous à Strasbourg». *Ethnologie Française*, Vol. 2, 1982.
2. Il correspond au nombre moyen d'enfants par femme en âge d'en avoir. De 2,8 en 1965 il passe à 1,84 en 1978 et à 1,82 en 1987.
3. Les moins de 20 ans qui constituent 33 % de la population en 1970, n'en représentent plus que 28,2 % en 1988.

Celle-ci continue, par ailleurs, à devenir de plus en plus «adulte»: l'âge médian (tel que la moitié de la population soit plus âgée et l'autre moitié plus jeune) de 31 ans et demi en 1976 sera de 35 à 36 ans en l'an 2000. D'autres indices comme l'élévation de l'âge au premier mariage [4] ou encore l'augmentation de 50 % des familles monoparentales, traduisent une mutation profonde.

Voici revenu, en dépit des apparences, le temps de l'indifférenciation entre enfants et adultes: les enfants n'en finissent plus de grandir dans une adolescence interminable, tandis que les adultes n'en finissent pas d'être enfants. Vieux enfants et jeunes adultes sont tous à la recherche du passage vers la maturité et forment cette grande troupe [5] que l'on appelle, en souvenir d'un temps révolu, «peuple adolescent». Cohorte envahissante et dérangeante, qui rappelle qu'elle aussi attend une place sociale, au décours d'une «puberté sociale» [6], de plus en plus aléatoire. Ce sont autant d'existences que l'on s'ingéniera à découper en petites tranches en amont et en aval de la puberté.

Cet éclatement des adolescences entre la «pré-puberté» et la «post-adolescence» (parallèle à celui du «3è âge» en âges supplémentaires) laissera bien sûr à la traîne de la société et à ses marges un nombre croissant d'exclus, à un moment où ce sont les équilibres économiques et les évolutions des technologies qui sont considérés comme des priorités. Ces mécanismes, qui rendent toujours plus flou le moment et les circonstances du passage à la maturité, déguisent mal d'archaïques réflexes de survie déjà repérés en d'autres temps sous d'autres formes: réflexes, car non élaborés de manière délibérée. C'est au coup par coup qu'on les verra apparaître dans les années 70 et 80. La crainte des adultes, si la jeunesse exerçait tout son poids et développait ses potentialités, d'être mis au rang de vieillards inutiles n'ayant plus qu'à laisser la place — car tel est bien l'enjeu imaginaire profond face à la génération suivante — les incitera durant la période contemporaine à déifier l'adolescence comme image d'avenir pour l'écarter mieux du présent.

C'en est trop. L'Adolescent-Roi n'existera pas!

Apprendre

L'ardente et enthousiaste «génération 60» n'a sans doute pas pu voir que l'idéal égalitaire qui l'animait, s'il puisait sa source dans la pureté des sentiments infantiles, servait la cause de post-pubères menacés par l'idée d'avoir à partager —voire à abandonner— les fruits d'une prospérité enfin atteinte par le modèle en vigueur de société moderne. Il s'agit donc bien de renforcer l'encadrement — c'est à dire le contrôle

4. De 26,6 ans pour l'homme et de 24,6 ans pour la femme en 1986.
5. Les 16-24 ans: ils sont 8.700.000 en 1988, soit 15 % de la population.
6. Arnold Van Gennep.

— de ce qui allait prendre nom de «bof-génération». L'enseignement-éducation est à même de jouer ce rôle, passage obligé de toute la jeunesse. Surtout s'il étend ses ramifications à des domaines, comme celui de la santé —physique et morale— qui ne lui étaient traditionnellement pas dévolus.

Structuré, organisé, l'enseignement l'est maintenant. Pour tous. Obligatoire, il se veut, par là, démocratique. «La notion fort répandue de démocratisation de l'enseignement reçoit des acceptions diverses et peut légitimer, de ce fait, des politiques scolaires contradictoires». [7] La «réforme Haby», en 1975, est, en ce temps, significative: l'abolition des filières du secondaire, uni désormais en un tronc commun, vise à «favoriser l'égalité des chances». Mais, parallèlement, on demeure attaché à la notion de correspondance d'âge et de classe, on évalue les aptitudes à un niveau donné et l'on maintient un enseignement technique à orientations multiples.

L'enfant doit entrer en cours préparatoire dans l'année civile de ses 6 ans. A 5 ans ou à 7 ans une dérogation, d'obtention difficile, est nécessaire. Trop mature, il est suspect; trop peu mature, son maintien en maternelle —les parents parlent de «redoublement»— est préoccupant. Et l'on parle déjà d'orientation. L'enfant ne doit pas être maintenu en cycle primaire au-delà de 12 ans. Qu'il en soit capable ou non, il entrera en 6è. [8] Et pour ceux qui, à l'âge dit dans la classe donnée, se croiraient à l'abri de contrôles inquisiteurs, «l'évaluation nouvelle» est arrivée. Elle prend forme d'opération d'évaluation en cours élémentaire deuxième année et en 6è, dont personne n'oserait dire qu'il s'agit là d'une simple étude de la population écolière. Ainsi, tout à la fois, on renforce l'homogénéisation des classes d'âge scolaire et l'on fait peser sur un même groupe d'âge des menaces internes, encore floues. Principe éprouvé du contrôle par le regroupement, associé à la division. Où l'on voit l'un des ressorts de l'isolement d'un «groupe adolescence».

Le législateur ne s'est pas encore préoccupé de rétablir une distinction par le sexe. Si l'on s'avise un jour que bien des aspects de la maturité d'une fille et de celle d'un garçon de 14 ans les distinguent au même âge, ne serait-ce que sur le plan de la puberté, il y aura peut-être matière à réflexion...

Dans l'enseignement technique, enfin, «on peut se demander dans quelle mesure les procédures de répartition plus ou moins précoce des élèves ne tendront pas à restaurer les anciennes filières hiérarchisées et à maintenir un réseau d'apprentissage que plusieurs décisions avaient reconstitué.» [9] De même, la réforme des collèges d'enseignement tech-

---

7. A. LEON — *Histoire de l'enseignement en France*. Que sais-je?, PUF, Paris.
8. La stricte application de ce principe vaut, en 1989, à certains élèves de cours moyens première année d'être promus collégiens.
9. Centres de formation d'apprentis (1971).
Classes préparatoires à l'apprentissage et classes préprofessionnelles de niveau (1972).
Loi d'orientation et de l'artisanat (1973).
A. LEON — Op. cit.

nique en lycées d'enseignement professionnel, en 1977, «illustre une tendance, perceptible à différents moments de l'histoire de l'éducation, selon laquelle une institution, conçue initialement pour accueillir une population non ou peu sélectionnée, élève par la suite le niveau scolaire, et du même coup social, de son recrutement.» [10]

Un tel système scolaire ne peut que créer «l'échec» et l'entretenir. Un nombre réduit d'enfants fait un parcours sans fautes du cours préparatoire à la terminale [11]. «Quelle entreprise se satisferait d'un aussi faible rendement en «produits finis»? Pourquoi l'école se donne-t-elle des objectifs qu'elle ne peut remplir? L'école est à la fois et contradictoirement un instrument de promotion sociale pour un nombre limité d'individus et un instrument de maintien de la stratification sociale pour le plus grand nombre.» [12]

L'échec scolaire atteint tous les milieux, mais inégalement. [13] Le cours préparatoire assure déjà la sélection des futurs bacheliers, «qui se recrutent presque exclusivement parmi les bons liseurs en fin C.P.» [14] C'est ainsi que l'on voit «l'enfant de six ans devenu adolescent» [15], dans une école encore «coupée de la vie». Et certains de rêver d'une école au double objectif: «école pour tous», où «tout enfant devrait avoir le droit d'être heureux à l'école et d'en tirer profit» et d'une «école pour se donner une élite intellectuelle, en permettant aux qualités individuelles de s'épanouir». [16]

Intolérance pour ceux qui n'entrent pas dans le cadre du système proposé, sentiment de culpabilité vis à vis des exclus — ou crainte de ces exclus —, tel est l'enchaînement qui préside aux très ambivalentes initiatives d'«intégration».

«Déjà le Ministère de l'Education Nationale avait constitué un important réseau de classes et d'établissements spécialisés destinés à répondre aux besoins spécifiques d'enfants et d'adolescents présentant des handicaps divers ou des difficultés d'adaptation aux exigences et aux normes jusqu'ici définies par l'institution scolaire». [17] Réduisant l'intégration

10. A. LEON. Op. Cit.
11. Sur une étude de onze générations d'enfants, nés entre 1952 et 1962, on trouve que 55 à 60 % (chiffres extrêmes) de ceux qui sont entrés à 6 ans au cours préparatoire ont été admis à 10 ans en cours moyen deuxième année. 9,6 à 17,6 % de ceux qui sont entrés à 6 ans au cours préparatoire ont été admis à 17 ans en terminale.
In «Scolarité de générations successives». *Etudes et documents de l'Education nationale*, 81-1.
12. C. CHILAND — «La problématique de l'échec scolaire». *Confrontations psychiatriques*, n° 23. Spécia, Paris, 1983.
13. Si 94 % des enfants d'enseignants ont le baccalauréat, 80 % seulement des fils et des filles des hauts fonctionnaires et 70 % des enfants de polytechniciens l'obtiennent. Dans les classes «populaires», sur cent élèves entrés en 6è, quarante sont admis en seconde. H. HAMON, P. ROTMANN — *Tant qu'il y aura des profs*. Le Seuil, Paris, 1984.
14. C. CHILAND. Op. Cit.
15. C. CHILAND — «L'enfant de six ans devenu adolescent». *Revue de Neuropsychiatrie infantile*, 1978, 26, n° 12, 697-707.
16. C. CHILAND — *La problématique de l'échec scolaire*. Op. Cit.
17. Circulaire du 29 janvier 1982, relative à la mise en œuvre d'une politique d'intégration en faveur des enfants et adolescents handicapés (co-signée par les Ministres de la Solidarité et de l'Education Nationale).

au seul domaine du handicap, les principes posés au nom d'une « lutte contre les inégalités sociales » visent à permettre aux enfants concernés de développer leur personnalité et de faire accepter leur différence en leur ouvrant les portes du milieu scolaire ordinaire.

« Elle (leur) permet ensuite de bénéficier dans de meilleures conditions d'une formation générale et professionnelle favorisant l'autonomie individuelle, l'accès au monde du travail et la participation sociale ». « ... En élargissant le champ des solutions proposées aux parents, l'intégration leur permet d'exercer plus pleinement leurs responsabilités et d'émettre un choix véritable en matière d'éducation pour leur enfant handicapé. » [18] Mais pour tenter d'atteindre ces objectifs, ne risque-t-on pas de renforcer le sentiment de différence ? En particulier par l'intervention de services spécialisés apportant leur aide — soutiens et soins — « au sein même de l'établissement scolaire. » [19] Et le texte de conclure prudemment : « Comme tout changement social, l'intégration suppose une modification profonde des mentalités et des comportements. »

Scolarité obligatoire, formation étirée —précoce et prolongée—, intégration, le champ de l'école et de sa dépendance n'en finit pas de s'étendre. Et quand elle doute, elle se charge de rappeler au petit-d'homme ses devoirs de citoyen. [20]

Mais pour élargir encore son territoire, elle va devoir déployer ses interventions éducatives à des domaines autrefois protégés, que sont la santé et ce qu'il est actuellement convenu d'appeler « la vie affective ».

« ... Innovation intéressante, dans le sens d'une éducation à la santé réellement participative, introduisant des rapports différents entre les adolescents, les enseignants et le personnel de santé » [21], la création de Clubs de santé est recommandée, en 1977, par une circulaire du Ministère de l'éducation. Ce souhait est sous-tendu par le constat préoccupant — longtemps nié par certains responsables — de l'augmentation de l'usage de drogue dans les établissements scolaires.

« Activité pédagogique originale », lieux d'animation et de rencontre, ces clubs, qui prendront différentes appellations évocatrices comme « Vie et santé », ou encore « Rencontre, Vie et santé », reposeront sur l'adhésion facultative des jeunes au projet de cohabitation d'adultes « permanents » ou « invités » et d'adolescents « participants ». « Les activités du club, par leur caractère facultatif et par le choix responsable qu'elles impliquent de la part des élèves, permettent d'instituer une relation de confiance entre les adultes et les adolescents... » [22] « ... On

18. Ibid.
19. Circulaire du 29 janvier 1983.
20. L'Instruction civique s'est muée en Education civique en 1985 et a été réhabilitée en tant que matière à part entière.
21. O. JEANNERET, E. A. SAND, J. P. DECHAMPS, M. MANCIAUX — *Les adolescents et leur santé*. Flammarion Médecine Sciences, Paris/Les Presses de l'Université de Montréal, 1983.
22. Note de service du 8 décembre 1981.

imagine la richesse éducative de tels contacts, la possibilité pour le technicien de santé de s'effacer dans une démarche d'éducation pour la santé basée avant tout sur le fonctionnement du groupe de pairs et non sur son propre message. »

L'école, en effet, a déjà en ses murs des « techniciens » de santé, dont la répartition — parfois conflictuelle — des tâches, relève d'une ubuesque conception administrative : les infirmières scolaires assurent les premiers soins ; les assistantes sociales scolaires ont fonction d'assistance et de prévention. Elles dépendent du Ministère de l'Education Nationale. Les médecins des services de santé scolaire ont quant à eux des fonctions uniquement préventives. Ces praticiennes — il s'agit en effet presque exclusivement de femmes — dépendent encore du Ministère de la Santé [23].

L'Université, également, a son service de santé, rattaché au Ministère de l'Education Nationale. « Beaucoup des étudiants inscrits dans les établissements d'enseignement supérieur sont encore des adolescents et, à ce titre, le Service de santé universitaire est concerné par les problèmes de santé de l'adolescence. » [24] La prolongation de la dépendance est, là, clairement reconnue.

Les domaines d'action vont s'étendre progressivement : lutte contre la tuberculose, mais surtout santé mentale, devant le constat d'un taux croissant de suicides chez les jeunes [25] ; planification familiale et hygiène alimentaire.

Les jeunes s'inquiètent peu de leur santé. Certaines études le confirment. [26] Et si 90 % d'entre eux se considèrent en bonne santé, la pathologie retrouvée lors d'examens systématiques n'est pas négligeable. [27] Partant de tels constats, il a été proposé, aux Etats-Unis, la « participation d'étudiants susceptibles de jouer, dans la communauté, un rôle de leader en participant eux-mêmes à la délivrance des soins de santé primaire, au conseil et à l'éducation pour la santé. » [28]

---

23. *Décembre 1989.*
24. O. JEANNERET, E. A. SAND, J. P. DESCHAMPS, M. MANCIAUX. Op. Cit.
25. Le taux de suicides des jeunes de 15 à 19 ans en France, a été, pour l'année 1980, de 7,5 pour 100.000 chez les garçons et de 2,9 pour 100.000 chez les filles.
F. DAVIDSON et M. CHOQUET – *Le suicide de l'adolescent. Etude épidémiologique.* Les éditions E.S.F., Paris, 1982.
On enregistre plus de 700 suicides par an pour la catégorie d'âge 15-21 ans.
26. Comme celle du service de santé scolaire d'Indre-et-Loire sur la situation sanitaire et le suivi médical des jeunes de 16/18 ans en stage d'insertion. Il est en outre observé, que lorsque le jeune consulte son médecin de famille il évoque le plus souvent un seul de ses problèmes et « oublie facilement de parler des autres ». *Le Quotidien du Médecin*, mercredi 31 août 1988.
27. Une enquête de l'I.N.S.E.R.M. sur trois années, auprès de jeunes de 16/18 ans, a permis de diagnostiquer 5 % d'asthme, 13 % de troubles orthopédiques, 14 % de problèmes d'allergie et 27 % de troubles de la vision. Ces jeunes se plaignaient par ailleurs, pour 22 % de difficultés de sommeil, pour 30 % d'acné, pour 36 % de lombalgies ou de dorsalgies et pour 45 % de céphalées. *Le Quotidien du Médecin*, vendredi 27 novembre 1987.
28. O. JEANNERET, E. A. SAND, J. P. DESCHAMPS, M. MANCIAUX. Op. Cit.

Une telle expérience a été tentée en France, sur les campus toulousains, sous la forme de «permanences-santé» animées par des étudiants en fin d'études de médecine, «encore proches de leurs pairs des autres disciplines par l'âge et les conditions de vie, déjà investis d'une certaine technicité», «dans une relation aussi peu personnalisée que possible.» [29] Que leur a-t-il été demandé? De traiter des problèmes classiquement médicaux (31 %), une aide et des conseils dans le domaine psychologique (6 %), mais surtout des réponses à des questions et problèmes liés à la sexualité (63 %). Confirmation d'un manque d'information sexuelle ou, plus encore, de l'intérêt qu'il y aurait à favoriser des échanges entre jeunes sur ce sujet.

1900: 133.000 élèves dans le secondaire; 1950: un million; aujourd'hui: cinq millions. Pour s'occuper de cette jeunesse 1.200.000 personnes, dont 650.000 enseignants. «La plus grande entreprise du monde après l'armée rouge.» [30] Plus de 10 % des dépenses de l'état. Un «état-prof» qui se fait discret. [31] Parents déchargés de leur rôle éducatif. Le demandent-ils vraiment? Déresponsabilisés en tout cas. L'expérience ne peut plus se transmettre. Le savoir seul se transmet. Encore qu'en un monde de permanente nouveauté... Devenez indépendants... Sous notre dépendance.

Etre et ne pas être

«Apprenons à faire l'amour».
«Car c'est le chemin du bonheur! C'est la plus merveilleuse façon de se parler et de se connaître!»

«L'homme n'est pas uniquement un corps, une tête; il est un tout et pour s'épanouir il doit se réaliser complètement. Mais peu connaissent en termes clairs et simples les aspects physiques des échanges sexuels. Certains pensent qu'il ne faut pas développer ce sujet pour la bonne raison que cela tue le charme et le mystère de l'amour. Car ils estiment que celui-ci est intime et qu'on doit le découvrir à l'âge venu. Ces mythes sont nés dans les conversations à demi mots et dans les plaisanteries. Pourtant il faut savoir qu'il n'y a pas que le plaisir physique, qu'il y a des échanges intellectuels, affectifs et sentimentaux.»

Ainsi commence un tract, signé par un «Comité d'action pour la libération de la sexualité», dont la diffusion, en juin 1972, dans plusieurs lycées de la région parisienne fit scandale. Car, au préambule succédait une description des plus précises de l'anatomie et de la physiologie des deux sexes, des conseils pour parvenir à l'état de jouissance et une conclusion ainsi formulée:

---

29. Ibid.
30. H. HAMON, P. ROTMAN. Op. Cit.
31. Le Ministère de l'Education Nationale devient, en 1974, le Ministère de l'Education.

« Au cas où vous auriez des explications à demander, interrogez vos parents et vos professeurs. Vous comprendrez d'après leurs réactions (...) Vous comprendrez pourquoi vous n'y avez pas pensé plus tôt. Vous comprendrez que vous êtes déjà « grands ». Vous savez ce qui vous reste à faire. »

Les contre-tracts fleurissent, demandant aux parents de s'opposer activement « à la dégradation morale, à l'endoctrinement subversif, à la désagrégation de l'enseignement ». Un professeur est sanctionné, le médecin-conseiller en rédaction condamné par la juridiction compétente. Mais l'opinion était déjà sensibilisée. Les procés pour avortements illégaux se multiplient. Le nombre de grossesses chez des jeunes scolarisées ne cesse d'augmenter. Car les jeunes font l'amour et, pour une majorité, trouvent ça « naturel ». En 1970, le « Rapport Simon » situe l'âge du premier rapport sexuel à 18 ans en moyenne [32]. L'information est rare. L'« Education Nationale » va s'en emparer. Les circulaires sont, à ce sujet, éloquentes :

« Il a longtemps été admis que les éducateurs devaient tenir les enfants à l'écart des problèmes de l'âge adulte, et plus spécialement à l'écart de ceux qui concernent la sexualité. Mais les fables racontées aux plus petits, le silence opposé aux plus grands paraissent aujourd'hui chargés d'inconvénients très lourds, du double point de vue de l'évolution psychologique et de la relation de l'adolescent à l'adulte... »

« La nécessité s'impose donc de substituer à une formule dépassée d'éducation protectrice, une formule nouvelle, reposant, d'une part, sur la maîtrise de l'information et, d'autre part, sur l'éveil de la responsabilité. C'est dans cette double perspective que l'école, en association avec les familles, peut contribuer à prémunir les jeunes contre les dangers de l'ignorance et à les aider à accéder à un comportement responsable. » [33]

« L'école, qui a dans ses fonctions essentielles la transmission du savoir, a une responsabilité particulière. L'information donnée en classe se différenciera de l'information parcellaire diffusée dans l'environnement de l'élève, en ce qu'elle sera scientifique et progressive... » [34]

---

32. Cet âge va s'abaisser de deux ans dans les huit années qui suivront, pour être, en 1985, de 17 ans pour les garçons et 17 ans et demi pour les filles.
La précocité de la vie sexuelle est associée, entre autres, à plusieurs facteurs : une résidence distincte de celle des parents, une mauvaise relation avec le père et... les redoublements répétés.
En 1985, l'âge des premiers rapports est ainsi réparti : 13 % avant 15 ans, 32 % entre 15 et 16 ans, 37 % entre 17 et 18 ans.
On se reportera à l'enquête effectuée en 1979 par le *Guide de l'étudiant* et *Les Dossiers de l'Etudiant* (commentée dans la revue *Parents*, décembre 1978 — Les Lycéens 79 et l'amour) et au sondage pratiqué en 1985 par *Elle* et *Les Dossiers de l'Etudiant* (— L'amour, le sexe et vous. Les 15/25 ans et l'amour. Juillet-août 1985).
33. Circulaire ministérielle n° 73-299 du 23 juillet 1973, aux Recteurs, aux Inspecteurs d'académie, aux Chefs d'établissement, aux Inspecteurs départementaux de l'Education nationale (Bulletin Officiel de l'Education Nationale, n° 30, 26 juillet 1973).
34. Ibid.

Cette information «scientifique» sera effectivement très progressive. A chaque âge son accès au savoir. Durant l'enseignement élémentaire, elle s'intégrera dans le cadre des «activités d'éveil».

«Il sera parlé aux enfants de la transmission de la vie lorsque leur curiosité paraîtra éveillée sur ce point.» [35]

En 6è et en 5è, l'enfant apprendra la «reconnaissance du vivant», dans ses fonctions de nutrition, de relation et de reproduction, et la «reproduction des vertébrés, et plus particulièrement des mammifères, y compris l'homme». En 4è et en 3è, au moment où la sexualité devient acte, les choses deviennent floues: «Etude du corps humain dans tous les aspects de son fonctionnement...» Même voile en 2nde. Les 1ères bénéficieront de «l'analyse des problèmes de la fécondation» prolongée par celle des cycles ovarien et hormonal chez la femme. La Terminale D —apanage des scientifiques— aura droit à un «enseignement de physiologie sexuelle de haut niveau» sous le titre «Les cycles sexuels des mammifères».

Le savoir intellectuel a l'ambition de remplacer l'expérience et le désir d'apprendre, mais aussi de rendre la jeunesse raisonnable et surtout docile: «L'éducation appliquée aux problèmes concernant la sexualité aura (donc) pour objet de permettre aux adolescents de réfléchir sur le sujet; de parvenir à des choix raisonnés dans leur conception de la vie personnelle, de la relation à autrui, et d'institutions comme celles du mariage et de la famille; de prendre conscience des conséquences de leurs actes vis à vis d'eux-mêmes, vis à vis d'autrui, vis à vis de la société...» [36]

Méconnaissance, oubli, ou censure du rêve et de la passion... Mais prudence par rapport à la réaction des parents, devant ce que certains ne pourront vivre que comme une intrusion: «Mais pour considérer ces conceptions, l'école ne peut se placer sur un autre plan que celui de la connaissance et du respect des diverses formes de pensée. En aucun cas, elle n'a le droit de peser sur les consciences. C'est pourquoi, en matière d'éducation sexuelle, un rôle essentiel doit revenir aux familles.» [37]

L'aspiration au contrôle l'emporte, et la famille est fustigée: «Or l'expérience démontre que, si certains parents préparent remarquablement leurs enfants à se comporter en personnes responsables, d'autres au contraire, les plus nombreux sans doute, rencontrent de graves difficultés de communication ou d'expression pour bien traiter avec leurs enfants des sujets relatifs à la sexualité...»

«C'est exclusivement dans le but d'aider les parents dans leur tâche éducatrice que les établissements pourront intervenir dans ce domaine...»

35. Ibid.
36. Ibid.
37. Ibid.

L'enfant lui-même, à qui l'information est destinée, n'est pas pleinement libre de la recevoir, et dans les réunions organisées sur le thème de l'éducation sexuelle, «Les élèves du premier cycle ne seront admis que sur autorisation écrite de leurs parents. Ceux du second cycle seront admis sur leur demande, sauf opposition de leurs parents notifiée par écrit au chef d'établissement...» [38]

Jeunes informés, adultes en formation. Mai 1968 n'a pas été une révolution. On se suicide encore pour être accusée d'avoir transgressé l'interdit d'amour avec un mineur.

Le mouvement féministe se développe. En avril 1971, 343 femmes —dont des plus médiatisées— signent un aveu d'avortement, aveu de crime au terme de la loi de 1810, encore en vigueur. L'actrice Romy Schneider est, seule, inculpée.

Faut-il tous les laisser vivre?

Les derniers décrets d'application de la loi «Neuwirth» sont publiés l'année suivante. 1.200.000 femmes utilisent déjà la pilule.

Anne-Marie Chopinet sort major de sa promotion de polytechnique et défile sur les Champs-Elysées... où sont jouées *Les valseuses*. Simone Veil devient la première femme Ministre de la santé.

Les mineurs accèdent enfin, en 1974, aux soins gratuits et anonymes, dispensés dans les centres de planning familial. La pilule, création des adultes, leur échappe, tenus qu'ils sont de reconnaître la sexualité des jeunes. Mais les lieux d'accueil ont aussi vocation de contrôle: «Restez mineurs... grâce à la pilule!»

La censure cinématographique est abolie et l'acte sexuel anatomiquement visible dans les cinémas. L'«X» n'a ici rien à voir avec un chromosome féminin libéré. Seuls les majeurs sont autorisés à voir. Le mineur ne peut que faire...

Mais quel que soit le libéralisme des lois nouvelles, l'accés à elles —leur application— ne sera pas l'affaire de tous.

En 1980, 3.000 enfants naissent de mères âgées de moins de 16 ans et 6.700 lycéennes subissent une interruption volontaire de grossesse. Le dernier chiffre est considéré comme inférieur à la réalité, dans la mesure où une partie non négligeable des avortements pratiqués par des jeunes filles restent clandestins, malgré l'entrée en vigueur, cinq ans auparavant, de la législation sur l'«I.V.G.».

13.000 grossesses et 7.187 avortements en 1986.

On parle de réticences et de «sous-information», mais aussi de la relative inadaptation des méthodes contraceptives à une vie sexuelle encore épisodique. Préservatifs, spermicides et diaphragmes sont jugés contraignants. La «vague écologique» éloigne certaines jeunes de la

---

38. Ibid.

pilule. Celle-ci amorce un déclin [39], en attendant la contraception de demain préfigurée par l'anti-pilule qu'est l'abortive molécule « RU 486 ».

S'associant au Ministère des Droits de la Femme, l'Education Nationale prend en charge l'information sur la régulation des naissances et la contraception.

« Il est nécessaire de préparer les jeunes adolescents aux changements physiologiques de la puberté pour qu'ils les comprennent et les assument, sans inquiétude ni embarras, lorsqu'ils surviendront. De même, faut-il, plus tôt et plus complètement qu'aujourd'hui, assurer l'information des élèves sur la reproduction, sur la régulation des naissances et ses techniques.

Il est du devoir de l'école de donner aux élèves, c'est à dire aux adultes de demain, les moyens de faire face aux choix d'attitudes et de convictions qu'implique nécessairement une vie sociale consciente... » [40]

L'entreprise de « conscientisation » s'étend, avec le monopole éducatif. Elle joue « l'ouverture », le dialogue, par le biais des « club santé ». En l'absence du club « santé », des permanences sont organisées, assurées par une infirmière, une assistante sociale ou un médecin du Service de santé scolaire, ou par « un professeur », un conseiller principal ou un conseiller d'éducation qui acceptera de jouer ce rôle... » Encore faudra-t-il informer au préalable les personnels volontaires sur les problèmes de contraception...

« Afin de lancer ces actions, le Ministère des Droits de la Femme mettra, par l'intermédiaire du Comité français d'éducation pour la santé, 70.000 dépliants à la disposition des collèges et des lycées, soit environ 10 par établissement... Ils devront être mis à la disposition des élèves et des familles qui en feront la demande... »

En espérant — vu le nombre — que peu se sentiront concernés.

L'étude de l'impact de l'information donnée à un groupe de collégiens de classe de 3è, avec un recul de trois ans, groupe comparé à un groupe « témoin », n'ayant pas reçu cette information, laisse perplexe : dans les deux groupes les connaissances théoriques sont nettement insuffisantes. Tout au plus le mécanisme de l'ovulation est un peu mieux connu par les élèves informés ; on note peu de différences en matière de connaissance sur la contraception, sauf quant aux moyens les plus techniques. On ne relève pas d'incidence, enfin, sur l'âge des premiers rapports sexuels, mais une limitation du nombre des « partenaires ». [41]

39. Elle demeure cependant la méthode contraceptive la plus utilisée en occident : 28 % des françaises en 1987, tous âges confondus.

40. Note de service n° 81-502 du 8 décembre 1981 adressée par le Ministre de l'Education nationale aux recteurs, aux inspecteurs d'académie, directeurs des services départementaux de l'Education Nationale, et aux chefs d'établissement, directrices et directeurs d'école normale.

41. Gemma CHAIX-DURAND — « La contraception à l'adolescence, l'impact de l'information ». Document non publié. Cité par Mickaéla BOBSCH dans l'article intitulé « A quoi sert un cours de contraception ». *Le Monde de l'éducation*, octobre 1987.

Mais quelques objectifs sont atteints : l'acquisition d'un certain « sens pratique » permet de voir réduire le nombre des M.S.T. – Maladies sexuellement transmissibles – et celui des I.V.G.

Pour ce qui est du « Syndrome immuno-déficitaire acquis » (qui le connaît sous son vrai nom ?), les « adolescents » ne sont pas considérés comme un groupe à risque. La scolarisation est censée écarter le danger... S'ils sont curieux du S.I.D.A., ils ne se sentent pas concernés par cette maladie « importée par les adultes » [42], et changent peu leurs habitudes sexuelles. [43] De même, la moitié des adolescentes ne prennent aucun contraceptif lors de leur premier rapport sexuel. [44] Goût du risque, jeu avec une maternité qu'on veut ne leur accorder que plus tard. Il ressort également de ces sondages que l'information sur le S.I.D.A. « passe » mieux par le canal des médias que dans le cadre de l'établissement scolaire. Mais les adultes sont inquiets. Films, vidéo-cassettes, brochures et plaquettes destinés aux lycéens se multiplient, aux titres plus évocateurs du danger du sexe que du danger des maladies. Certaines bandes dessinées, éditées par un très sérieux organisme, ont toutefois à subir les foudres de la censure, voire l'interdiction. Des préservatifs sont distribués aux étudiants, plus discrètement aux lycéens.

Mais qu'est donc devenue notre jeunesse ? « Il y a comme une transgression dans l'air du temps » [45]

« La jeunesse approchait ! C'était infiniment voluptueux car, sous leurs pas, un acte horrible se changeait en un acte triomphant, rafraîchissant donc... Seulement... seulement qui était-elle, cette jeunesse qui approchait à pas furtifs, était-elle pure, et vraiment fraîche et simple naturelle, innocente ? Non. Elle était « pour les adultes ». [46]

L'enfant à tout âge doit honneur et respect à ses père et mère, affirme le code civil, qui précise : « L'autorité appartient aux père et mère pour protéger l'enfant dans sa sécurité, sa santé, sa moralité. » [47] Avant 1970, on ne parlait pas d'autorité parentale mais de puissance paternelle. La loi du 4 juin 1970 a tenté de traduire dans les textes juridiques l'évolution qui s'est réalisée au cours des trente dernières années dans les relations entre hommes et femmes et entre parents et enfants. Mais si cette loi reconnaît à l'enfant autre chose que des devoirs, elle donne aux parents le pouvoir sur l'enfant. Certes, le caractère artificiel de la majorité légale à 18 ans est renforcé par des déroga-

42. Selon une enquête de « motivation » réalisée par l'agence « Insight » auprès de 5.000 lycéens de la région parisienne.
43. Selon un sondage réalisé auprès de lycéens par l'hebdomadaire *Le Point* et le mensuel *Phosphore* en mai 1987, 71 % des garçons et 61 % des filles n'ont pas peur du SIDA.
44. 24 % seulement, chez les 15-25 ans.
45. C. LEGER – « Une invention ». *L'Ane*, n° 22, juillet-septembre 1985.
46. N. GOMBROWICZ – *La pornographie*. Cité par C. LEGER. Ibid.
47. Article 371-2.

tions [48] mais les droits des parents sont suffisants pour réduire à bien peu l'autonomie qu'elles sont susceptibles de donner [49]. La maturité, le «discernement» sont appréciés par les tribunaux, en matière de responsabilité civile, mais la responsabilité ouvrant droit au châtiment pénal intervient dès 13 ans [50].

«De par son statut en mutation, le jeune est socialement difficile à classer: à la fois dépendant et jouissant déjà d'une certaine autonomie, il fait l'objet d'une législation ambivalente partagée entre les mesures de «discrimination positive» qui le protègent, et les autres qui le reconnaissent comme un adulte à part entière.» [51]

Il était grand temps pour ces parents, législateurs ambivalents, de recourir à une «Ecole des parents et des éducateurs» [52], eux qui, «Instituteurs immoraux» [53], dignes du divin Marquis, ne trouvent pas matière à délit en la prostitution — hétérosexuelle — des enfants de 15 ans...

Produire

Alors même que pour un meilleur «progrès social» la palette des offres faites à la jeunesse ne cesse, en apparence, de croître et de se diversifier, son accés au monde du travail est de plus en plus différé.

Il semble que plus la société se sent menacée dans ses propres positions, plus la gestion du passage au statut d'adulte se sophistique et donne lieu à des mises en place institutionnelles complexes, «pour la jeunesse». «Alors qu'autrefois l'embauche succédait naturellement à la sortie de l'école, l'insertion professionnelle s'analyse désormais comme un processus et non plus comme une rupture entre deux états clairement distincts.» [54] C'est dire que le dernier rite initiatique d'entrée dans la vie adulte que représentait l'exercice d'un travail, cède à notre époque sous les coups des aléas économiques et des déséquilibres démographiques entre générations.

Il y a en effet, depuis les années 70, environ deux fois plus de jeunes (15/24 ans) en âge d'entrer dans la vie active qu'il n'y a d'«anciens» (55/64 ans) en âge de la quitter! Dans le même temps, le fait que la

---

48. Dérogations en amont, pour l'obligation scolaire, la contraception, la procréation (mais avortement et mariage demeurent impossibles sans l'accord des parents). Dérogations en aval, pour l'aide matérielle aux études prolongées.
49. Avec, en particulier, le droit de retenir le mineur au domicile, de contrôler ses relations —visites et courrier—, de donner ou non l'accord pour un travail léger pendant les vacances et pour conclure un contrat d'apprentissage.
50. Paradoxalement, si l'enfant est «malade mental», il est, de droit, responsable civilement.
51. J. COMMAILLE — «Les jeunes et le droit: autonomie ou dépendance?» in *Jeunes d'aujourd'hui. Regards sur les 13-25 ans en France.* Notes et études documentaires. La Documentation Française, Paris, 1987.
52. Cette «Ecole» a été créée en 1929.
53. Marquis de SADE — *La philosophie dans le boudoir ou les instituteurs immoraux.* Folio.
54. *De l'adolescence à la vie adulte: les 15/24 ans.* INSEE. Ecoflash. Juin 1988.

jeune génération aille de plus en plus longtemps à l'école, modifie en profondeur les modalités de cette entrée. Ceci est particulièrement marquant pour les jeunes filles qui, entre 1954 et 1982 sont quatre fois plus nombreuses à être scolarisées. L'ensemble de ces paramètres contribue à transformer le parcours qui sépare l'enfance de l'âge adulte en « une multitude de situations plus ou moins définies aux frontières de la formation et de l'activité, de l'emploi et du chômage ». [55]

Face à ce qui, de ce fait, peut artificiellement apparaître comme une nouvelle génération intermédiaire, cœxistent le désir d'endiguer cette marée menaçante et celui de s'ouvrir ce nouveau marché (comme, d'une autre manière, on peut l'observer à l'égard du Tiers-Monde). Les premières mesures, mises en place dès 1981, s'adressent d'abord aux 16-18 ans en proposant des voies spécifiques de stages et d'insertion sociale. Devant leur incapacité à régler, à l'écart du monde adulte, le problème de la place des jeunes, on recule leurs limites aux 18-21 ans, puis aux 16-25 ans.

Malgré cette ample organisation des marges de la société professionnelle, la situation des 15-24 ans demeure très préoccupante : un tiers d'entre eux est scolarisé et un autre tiers a un emploi. Pour les autres, un sur treize bénéficie d'une situation plus ou moins bien définie (stage, apprentissage, formation en alternance, T.U.C.), tandis que le quart restant, privé d'emploi, représente 36 % des chômeurs officiels. Ce souci d'organiser un aussi grand nombre de solutions pour la jeunesse n'aboutirait-il pas à la constitution progressive de sortes de « réserves » civilisées, destinées à maintenir des potentiels à distance des postes de travail, provisoirement tenus par des « grands » désemparés ?

Une question identique peut se poser à propos des « petits boulots » ou des travaux d'utilité collective (les TUC) : de quelle utilité collective s'agit-il là ? Est-ce le travail qu'ils proposent ou la marginalisation qu'ils opèrent qui est utile ? La collectivité en question ne se réduirait-elle pas à celle des adultes ?

Ce ne sont cependant pas ces mesures, éventuellement convenables sur un plan technique, ni les intentions explicites qui les animent, qui sont par elles-mêmes critiquables. Mais, l'enfer, dit-on, est pavé de bonnes intentions. Aussi, faut-il se poser la question de leur application particulière à la jeunesse : toutes révèlent en effet, avec plus ou moins de netteté, une intention implicite de contrôle ou de mise à l'écart.

Seuls quelques uns [56], mal entendus jusqu'au bout de la logique de leurs propos, tentent de ne pas séparer les exigences de la formation des jeunes de celles des plus âgés : « La prise en compte des problèmes des jeunes est inséparable de la prise de conscience par les adultes de leurs propres problèmes » [57], propos qui insistent sur le nécessaire ac-

55. Ibid.
56. Bertrand SCHWARTZ en particulier (*Revue de la FCPE* n° 187, Décembre 1981 — Janvier 1982), mais aussi Jacques DELORS (*Revue Echange et Projets* n° 20, Octobre-Décembre 1979).
57. B. Schwartz, Op. Cit.

cueil parmi les autres et sur le partage qui doivent être offerts à la génération suivante, comme la société pré-industrielle pouvait à sa manière l'offrir. Sinon : « c'est dans une certaine mesure, leur exclusion de la société qui, en premier lieu, les unit ». [58]

Or, cette unité apparente du « peuple adolescent », qui a depuis longtemps déjà débordé dans une « post-adolescence » interminable de dépendances, serait-elle sans utilité et ne comporterait-elle que des désavantages ?

Les professionnels de la santé du sujet jeune répondront sans conteste par l'affirmative. [59] Mais qu'en est-il des fabriquants de biens de consommation et des financiers ? Il n'est besoin que de lire les dépliants publicitaires qu'ils mettent en circulation pour saisir l'intérêt qu'ils y trouvent. Comme si la fonction économique de l'adolescence était proportionnellement inverse à la place qui lui est réservée dans la cité : « Les adolescents, ce peuple extraordinaire » pourraient-ils renchérir en regard des 200 milliards de francs de pouvoir d'achat que représentent les 15-24 ans [60], des 2.712 francs par mois que dépensent en moyenne pour leur « consommation plaisir » les 18-24 ans, ou encore des 48 % de 15-24 ans qui possèdent un compte bancaire.

La « bancarisation » des jeunes est bien engagée : c'est à partir de 13 ans, le compte épargne « Multilion junior » [61] dont la publicité s'adresse simultanément aux juniors et à leurs parents. C'est aussi le compte « Jeans Epargne » : « il n'est jamais trop tôt pour prendre son argent au sérieux » ! puis le compte « objectif 18 » pour les 14-18 ans ! « Les jeunes apprennent la banque » ! [62] « Vos enfants nous intéressent, leur argent est adulte », voilà bien un slogan qui pourrait résumer ce déploiement de séduction à l'égard de ceux qui sont, par ailleurs, tenus à la lisière...

Les publicitaires et les médias exploitent en outre non seulement l'influence que les enfants ont sur la consommation de leurs parents — influence d'autant plus grande qu'ils vivent plus tardivement ensemble — mais aussi l'autosuggestion des parents eux-mêmes, capables d'imaginer tel produit plus conforme que tel autre aux aspirations de leurs enfants.

Le paradoxe entre des désirs et des besoins qui se croient originaux mais sont, par nécessité naturelle à ces âges, une recherche de conformisme, peut alors être exploité : les adolescents achètent, pour être originaux, des articles qui paraissent créés par leurs goûts, alors même que des produits sont lancés par des commerciaux utilisant leur conformisme naturel pour vendre plus. Les promotions de vedettes de la

58. Ibid.
59. Cf. chapitre « L'adolescence se suicide ».
60. Cité dans l'émission *La Marche du Siècle* « 30 ans en l'an 2000 » Antenne 2, le 30 septembre 1987.
61. Crédit Lyonnais.
62. B.N.P.

chanson, de gadgets, de modes vestimentaires... sont en cela exemplaires.

Le caractère international de ces mouvements, depuis la fin des années soixante particulièrement, renforce leur effet. Ce qui s'observe sur la clientèle juvénile comme mécanismes de conquête d'un marché économique nouveau dans tout l'occident [63] n'anticipe-t-il pas les concurrences mondiales à venir ? Ne doit-on pas, dans cette logique, tirer parti le plus tôt possible de ce conformisme du consommateur, alors même qu'il ne possède encore que rarement une source de revenus personnelle ?

En plus d'une appétence régressive plus générale à notre société contemporaine — c'est-à-dire le retour à des formes orales de satisfaction — n'y a-t-il pas là une explication partielle du développement préoccupant du tabagisme [64], de la consommation des psychotropes [65] et de l'alcool chez les jeunes ?

Ainsi dans une visée à moyen terme, seront formés des consommateurs soumis, leur situation d'attente prolongée aux portes de l'âge adulte n'ayant pas été inutile pour tous.

Diriger, gérer

L'adolescence, qui se meurt de trop d'enflure, fait ainsi l'objet d'une attention que l'on accorde volontiers à ceux dont on craint la disparition. La technique employée pour sa survie artificielle paraît être celle du découpage en tranches de plus en plus fines, comme si l'on espérait à terme, en sauver quelques unes à défaut de l'ensemble. A chaque âge ses droits, droits marquant l'accession à un statut nouveau reconnu par tous, tel était jusqu'au siècle dernier le chemin qui menait à la majorité pleine et entière.

L'éclatement des repères d'une chronologie de la maturation est flagrant de nos jours : à chaque âge ses droits toujours, mais dispersés sur une quantité de voies, le plus souvent parallèles, ne se recoupant qu'exceptionnellement : quel chemin emprunter pour devenir officiellement adulte ? Chacun de ces chemins permettra l'acquisition de droits nouveaux mais jamais, à lui seul, l'obtention d'un statut nouveau.

L'exemple du code de la route, par les droits qu'il ouvre à chaque âge, montre bien comment a été balisé le chemin d'une « conduite autonome ». La bicyclette se pratique dès le plus jeune âge, première prise de distance significative par rapport aux parents. Puis à 14 ans — âge moyen de la puberté chez le garçon (!) — on est en droit de se déplacer jusqu'à 45 km/h sur un cyclomoteur, sans permis ; l'âge seul ouvre le droit. L'« adolescence » a commencé. A 16 ans, la croissance

63. Ce que l'économiste Marc Guillaume dénomme « l'adobusiness ».
64. 35 % des 12-17 ans fument contre 43 % des adultes.
65. Consommation induite souvent dès les premiers âges sous forme de sirops tranquillisants pour endormir les bébés.

est déjà bien engagée, la scolarité obligatoire est terminée, c'est le temps du premier permis pour une vitesse bridée sur motos de 80 cc. Mais c'est aussi le temps de l'apprentissage de la conduite automobile accompagné d'un parent. La majorité légale à 18 ans signe, en même temps que la fin de l'enfance, le droit à une conduite de motos et d'automobiles, après passage d'un permis dont on peut considérer que la fonction est initiatique.

Ce déroulement chronobiologico-juridique, en lui-même, est cohérent. Mais suffit-il aujourd'hui d'avoir le permis de conduire une automobile ou une moto, pour prétendre à une conduite autonome de sa vie? Le décalage entre ce parcours bien jalonné et les incertitudes concernant l'accès à la maturité et au monde adulte est criant. La quantité d'accidents de la route graves, chez les 14-24 ans, ne provient-elle pas, entre autres, de cette incohérence? Comment vivre en ayant les droits de l'« adulte roulant » sans être vraiment, par ailleurs, reconnu comme adulte?

Si l'on s'aventure dans d'autres domaines que ceux de la conduite, on peut aisément vérifier les variations dans les âges, repérés comme étant âges de changement de statut ou de droit. Ainsi, à titre anecdotique, les exonérations du droit d'entrée dans les expositions [66] sont applicables aux jeunes de moins de 13 ans. D'autres limites se rencontrent, fixées à 18, voire à 25 ans.

Autres lieux, autres âges: à l'hôpital, c'est jusqu'à 15 ans et 6 mois que le malade est considéré comme un enfant et bénéficie d'une prise en charge en pédiatrie ou en pédo-psychiatrie. Passé cet âge, il relève d'un service de médecine ou de psychiatrie de l'adulte!

Il serait aisé de multiplier ainsi les exemples. Tous montrent l'embarras d'une société qui, héritière d'âges et de rites de passages anciens, a grand mal à les maintenir vivants en-dehors de leur aspect formel, vidé de sens. Elle en fait néanmoins perdurer mais côte à côte et bien souvent en contradiction les uns avec les autres.

Au-delà du rôle de critique de la société qui a toujours été le leur, les adolescents ont eu, en 1968, une fonction contestataire qui, par les initiatives politiques qu'elle entraîna et les secousses profondes qu'elle provoqua, atteignit une sorte de point culminant. La société adulte, face à ce qu'elle ne peut considérer que comme des débordements inacceptables, va alors proposer une participation sous contrôle et édifier ses propres barricades. Le domaine de la gestion des jeunes s'étend rapidement à l'ensemble de leur vie quotidienne; qu'il s'agisse de sexualité, de situation économique, de participation à la vie publique ou encore de santé.

Dans le même temps où les hommes politiques se transforment en « courtisans de l'âge bête » [67], ils peaufinent la manière de l'administrer

---

66. Depuis le 1 janvier 1986.
67. Alain FINKIELKRAUT — *Le Monde*, Vendredi 4 septembre 1987.

au mieux : tout en objectivant à l'aide de sondages, d'informations et de discours, la façon dont les « moins-de-25-ans » aiment, pensent et choisissent —ou doivent le faire— ils jalonnent d'obstacles le parcours qui mène à l'autonomie.

La question de la sexualité offre un bon exemple de fonctionnement de ces mécanismes. Jusqu'à ces dernières années, hormis les raisons morales et religieuses, et malgré les possibilités de contraception orale, c'est surtout le spectre de la grossesse qui était brandi par nombre de parents. L'apparition et le développement du SIDA viennent renforcer l'idée des dangers que fait encourir une sexualité non apprise, et posent comme préalable la nécessité d'une formation : utilisation de préservatifs, contraception orale, nouvelles techniques d'interruption très précoce de la fécondation ou de la grossesse... Or, l'évocation, omniprésente dans les médias, des dangers guettant ceux qui s'aviseraient de vivre trop tôt comme leurs aînés, n'a de cesse d'avoisiner les sacro-saints sondages déterminant l'âge précoce auquel les relations sexuelles s'exercent [68]. Autant de discours contradictoires.

Contradiction qui se retrouve dans le domaine de l'indépendance économique. Grandissez, soyez indépendants, adultes responsables..., tels sont les messages fréquemment adressés aux jeunes majeurs, tandis que dans le même temps leur est rendue de plus en plus inaccessible l'indépendance financière nécessaire à la réalisation de ces vœux : en 1978, moins de 40 % des filles et moins de 20 % des garçons avant 19 ans habitent chez leurs parents [69] ; en 1987, 75 % des jeunes de 20 ans [70] y demeurent encore !

Les années 80 voient en particulier décupler les manœuvres institutionnelles qui visent à récupérer ce flou d'un entre-deux-âges ; flou dont il faut bien s'aviser qu'il a été au préalable engendré par d'autres manœuvres qui les ont précédées... toute nouvelle logique institutionnelle recevant ainsi l'aval de la précédente — ou l'inverse ! — la boucle de l'autojustification d'un artifice est bouclée, mais pour quelle autre fin que la brisure ?

Le secteur social fabrique des solutions particulières pour la jeunesse que l'on a du mal à intégrer ; l'hôpital « invente » des unités de soins spécialisées pour elle ; certains conseils municipaux créent des « conseils des jeunes » à voix consultatives — comme celles des immigrés dans certaines communautés progressistes — ; les partis politiques tentent de ralentir un flagrant désinvestissement de la politique traditionnelle

---

68. A 15 ans en moyenne pour les filles,
à 16 ans en moyenne pour les garçons. *Mémo 0-25 ans*.
Etude réalisée par l'institut de l'enfance et l'association Presse-information jeunesse, 1988.
69. INED, 1978.
70. Chiffres cités dans l'émission *La Marche du Siècle* « 30 ans en l'an 2000 ». Antenne 2, le 30 septembre 1987.

en promettant l'accès à une maturité politique — « être jeune socialiste signifie être déjà adulte » — [71] moyennant une participation à tel ou tel mouvement... mais dans des organisations situées « à côté » (jeunesses socialistes, jeunes R.P.R., jeunes centristes, jeunesses communistes...) ; les revues, les colloques, les congrés, les livres consacrés à l'adolescence fleurissent, contribuant, à leur insu, à organiser et à gérer la fonction de cet artifice.

Cependant, d'autres jeunes, marginaux par le nombre, mais rendus emblématiques par l'exploitation médiatique qui en est faite, viennent renforcer l'idée que le sort réservé à leurs contemporains n'est pas une fatalité. En se lançant dans des créations d'entreprises, l'invention de nouvelles performances informatiques... dans une course poursuite avec le modèle adulte du « battant », ils tentent d'ouvrir la brèche et d'acquérir leur place ; place tolérée parce qu'ils sont peu nombreux, dans le monde des actifs et des productifs ; place reconnue ? marginale ? ou exposée dans la vitrine de l'ouverture du monde aux jeunes ? [72]

Mais, dans le même temps où l'attention publique se porte sur eux, le désinvestissement de la politique qu'ils manifestent, à la mesure de la fermeture qui leur est opposée, inquiète et préoccupe. On les sonde, on les analyse, on les questionne. Et il n'apparaît plus possible d'en déduire qu'ils sont indifférents, comme paraissaient l'être leurs aînés de la « bof-génération » : leurs priorités sont ailleurs ; priorités de plus en plus partagées par une classe d'âge qui estompe les différences sociales et les différences nationales. Cette homogénéité dans les préoccupations explique en partie leurs capacités de mobilisation autour de sujets sensibles tels que les mouvements de novembre et décembre 1986, les manifestations contre le racisme, pour l'Ethiopie, les restaurants du cœur... Cette « génération morale » [73], plutôt prête à s'enflammer pour les causes humanitaires et à inventer de nouvelles formes d'expression politique, doit-elle inquiéter par ses investissements idéologiques, à côté du discours classique ? ou ne préfigure-t-elle pas d'autres formes à venir, plus moralistes, révélant en l'anticipant le désinvestissement croissant des électeurs adultes pour les sujets politiques qui leur sont proposés ?

L'adolescence internationale ou l'Internationale adolescente ? Faut-il y voir une voie à suivre pour les adultes ? Est-ce une représentation d'avenir ? Un rêve ou une peur d'adulte ?

On l'achève

Depuis les années 70, ce caractère quasi mondial du phénomène adolescence a fait s'accroître encore dans chaque pays questions et

71. « Le Militant de Paris » n° 18, mars 1984.
72. Cf. « Avoir 20 ans et entreprendre ». *Autrement* n° 50, mai 1983.
73. L. JOFFRIN — *Un coup de jeune, portrait d'une génération morale*. Ed. Arléa, 1987.

problèmes. Sans distinguer culture ni civilisation, l'artifice que constitue la création de ce groupe d'âge s'étend, il faudrait dire se distend ; c'est presque de distorsion dont il s'agit dorénavant. On avait, en effet, assisté jusqu'alors, au dépassement des limites juridiques et socio-culturelles traditionnelles pour le voir se prolonger largement au-delà de la fin de la croissance. Mais récemment, la distorsion dans l'échelle des âges semble avoir atteint un point de non retour. Jusqu'à il y a peu de temps, la puberté avait toujours précédé et accompagné les transformations psychiques ; la « puberté sociale » n'intervenant de même qu'à la suite de modifications physiologiques. Or, aujourd'hui, il n'en est plus ainsi chez un nombre croissant de jeunes. Les manifestations extérieures traduisant les bouleversements internes de la psyché apparaissent avant même la première pilosité. C'est le cas pour des conduites préoccupantes comme le tabagisme, l'alcoolisme, la violence et le racket... que l'on voit se développer parfois dès le cycle scolaire primaire et pour l'approche desquelles l'Education Nationale a le souci de former ses personnels.

On voit comment cette anticipation comportementale d'une adolescence qui, n'ayant déjà plus de fin, se trouve n'avoir plus de début physiologiquement repérable... renforce l'idée de son caractère artificiel. De cauchemar des adultes, la voici devenue leur fantôme... bien vu mais pas pris...

Les discours aussi s'organisent

Quoi de mieux que les discours pour circonvenir les fantômes ? Rationalisation secondaire — ils viennent souvent après les lois déficientes et les mesures inefficaces... — les discours ont l'extrême avantage d'être protéiformes, exactement comme les fantômes, dont ils tentent d'exorciser la peur.

Quand il choisit de « faire-bref », le discours a l'efficacité d'un slogan publicitaire ; étiquetage facile qui nous vaut de voir entrer dans le lexique quotidien des expressions comme la « bof génération », la « boss génération », et qui permet de contourner la complexité des questions.

Quand il choisit le quadrillage rassurant, le discours a recours au genre bien éprouvé du catalogue. C'est ainsi qu'il est, par exemple, possible dorénavant, grâce au labeur de certains spécialistes, de distinguer « trois types de processus » et de répartir les adolescents en trois groupes : un groupe à « croissance continue », un groupe à « croissance par vagues » et un groupe à « croissance tumultueuse » [74]. D'autres spécialistes encore nous offrent la possibilité d'avoir recours aux notions classificatoires de « pré-adolescence », « première adolescence », « adolescence proprement dite », « fin de l'adolescence », « post-adolescence ». [75]

74. Travaux évoqués par A. BRACONNIER et D. MARCELLI. In *L'adolescence aux mille visages*. Editions Universitaires, Paris, 1989.
75. Ibid.

Quand il choisit la prolixité, le discours en vient à l'élaboration de thèses et de systèmes théoriques. Il donne naissance à des «sciences», sinon nouvelles du moins toutes neuves, telle l'hébélogie, dont on se félicite qu'elles élargissent leur «champ d'action» grâce «à l'observation et à l'enquête» et qu'elles permettent de mettre en place «un programme d'exploration» [76]... méthode et dénomination que l'on avait plutôt l'habitude de rencontrer dans le domaine de l'éthologie animale...

Discours sur le discours, c'est sans doute dans l'exercice de la glose que s'offrent les possibilités les plus vastes... pour rassurer le glossateur. Comment expliquer autrement la prolifération des sondages qui anatomisent les 12-17, les 13-25, les 14-24, les moins de 25... Finalité avouée: mieux les connaître, mieux les comprendre, mieux les aider (les aimer?); finalité cachée, souvent enfouie dans l'inconscient, vérifier qu'ils sont bien conformes à la norme-projection, à l'image-fantasme. Et tel commentaire de se féliciter, en filigranes, que leur priorité soit l'apprentissage d'un métier, tel autre que leur valeur la plus sûre soit la famille, tel autre encore que l'union libre ne soit plus à la mode... Et l'ensemble des lecteurs des glossateurs de s'extasier. Ultime traitrise de ce type de discours, il est fondamentalement globalisant. Qui se soucie, une fois survolée une introduction annonçant 52.290 jeunes sondés [77], que ce qui se cache derrière un chiffre se présentant comme un garant de vérité, c'est une pluralité de biographies et de cultures et non une adolescence?

Mais quoi de plus commode que la globalisation pour celui qui tâche d'englober? C'est à ce prix seulement que ceux qui ont dépassé l'âge des sondages peuvent se parer de ses atours! Et quel meilleur moyen pour neutraliser le fantôme que de revêtir les siens propres... parler jeune, s'habiller jeune, penser jeune. Certains y voient une «idolâtrie des valeurs juvéniles» [78], un «délire collectif» qui «peut nous avoir fait considérer comme des maîtres dépositaires de toutes les vérités, des garçons de quinze ans» [79] et stigmatisent le «triomphe du cucul sur la pensée» [80]. Ne faut-il pas plutôt y voir une vaste entreprise de déplacement des responsabilités, faisant des jeunes les façonneurs d'un «cucul» qui n'a pas eu besoin d'eux pour s'insinuer dans les valeurs des adultes... A moins qu'ils n'aient eux-mêmes fait que singer les symboles exangues qu'une société leur proposait?

C'est sans doute, en tout cas, venant d'eux que l'on attend la réponse à cette interrogation. Comment interpréter autrement le fait que l'un des sujets proposés au commentaire littéraire du baccalauréat en 1985 ait été un texte intitulé «Les jeunes et les petits messieurs»? [81]

---

76. M. DEBESSE — *L'adolescence*. Que sais-je?, PUF, Paris.
77. Sondage réalisé par la S.O.F.R.E.S. entre le 15 novembre et le 19 décembre 1987 pour la délégation à la Condition Féminine.
78. A. FINKIELKRAUT — *La défaite de la pensée*. Gallimard, Paris, 1987.
79. *Fellini par Fellini*, cité par A. FINKIELKRAUT. Op. Cit.
80. A. FINKIELKRAUT, Op. Cit.
81. Expression de R. Barthes pour désigner les lycéens des années 50 dont l'attitude singeait celle de «messieurs».

Aux jeunes, à présent, de disserter sur la jeunesse !

Squatters d'une culture qui se vide

«L'homme est l'avenir de l'homme.»
Francis Ponge

A défaut d'être certains qu'il y ait un «au-delà» et un «après», les hommes se rassurèrent en structurant l'«ici» et le «maintenant». Et ils répartirent leurs congénères, en ceux qui grandissent et ceux qui sont grands, ceux qui apprennent et ceux qui savent. Entre eux, une initiation, aux formes aussi variées que les civilisations, venait marquer le moment désigné du passage. «Les rites initiatiques «de papa» étaient essentiellement centrés sur la religion et le sexe.» [82] Le christianisme et ses jeunes prêtres sont en crise. Carence d'autorité. La psychanalyse a démystifié le sexe. Dans la société permissive qu'ils habitent, les jeunes ne connaissent plus la transgression du fruit défendu.

Père absent, défaillant, impuissant, forclos.

«Ils sont toujours énervés... Ils n'écoutent pas... mais faut pas leur en vouloir...» «Protecteurs, résignés, «adultes», les enfants d'aujourd'hui nous regardent sans révolte et nous jugent sans indulgence.» [83] Le tutoiement n'est plus une affaire d'âge. Les cartes sont brouillées. A défaut d'être instruits par leurs parents, les enfants donnent des leçons aux adultes. Eux qui ne pensent qu'à réduire l'ici et le maintenant à une exigence, un principe de satisfaction immédiate, se voient investis sans le vouloir de la réinvention de la culture. Car la culture, traditionnel apanage de l'âge adulte, s'est appauvrie, vidée. Ere des stéréotypes et du conditionnement, de Santa Barbara et du Minitel Gay, qui ose s'appeler «3615 ADO». Culture désenchantée, qui a perdu le sens de la fête pour satisfaire les sens des fêtards.

Ce qu'il est convenu d'appeler «la culture jeune», n'est en fait que la forme «actuelle» de la «tradition» de la jeunesse. «A l'intérieur de chaque génération, les groupes successifs qui parviennent à l'âge de la jeunesse s'approprient des éléments de cette tradition en les ajustant à la situation du moment.» [84] Et cet ajustement passe inéluctablement par une forme de récupération. Les artistes «situationnistes» de l'avant-68 n'ont pas changé la vie. L'«imagination au pouvoir» a rempli l'escarcelle de bien des impresarii. Les mouvances de la culture donnent les mouvements de mode. Peu importe que l'on soit Pop, Néo-Pop, Baba-Riche, Baba-Cool ou Baba-Hard, B.C.B.G., Néo-B.C.B.G., Minet,

---

82. J. M. OUGHOULIAN — *La personne du toxicomane*. Privat, Toulouse, 1974.
83. G. JURGENSEN — «Comment ils nous voient». *Elle*, 16 avril 1984.
84. J. Ch. LAGREE — «Y-a-t-il une culture jeune ? Pratiques culturelles des jeunes, âges de la vie et générations.» In *Jeunes d'aujourd'hui. Regards sur les 13-25 ans en France*. Notes et études documentaires. La Documentation Française, Paris, 1987.

Minet-Pop, Loden, Majorité-Silencieuse, Disco, Fun, Rasta, Pirate, Punk, After-Punk, New-Wave hard ou New-Wave cool, Rétro 30, Rétro 50, Rétro 60, Ringard ou Décadent, l'essentiel est d'être branché. [85]

Alors on parlera de néo-culture, de sous-culture, de contre-culture pour ce qui n'est qu'expressions ritualisées et nouveaux rites initiatiques.

Ainsi en est-il de la drogue.

« Celui qui par la mescaline a été agressé, qui par le dedans, à l'état naissant et presque météoriquement, a connu l'aliénation mentale, qui, devenu soudain en mille choses impuissant, a assisté aux coups de théâtre de l'esprit après quoi tout est changé, qui, de façon privilégiée, s'est trouvé à sa débandade et à ses dislocations et à sa dissolution, sait à présent... Il est comme s'il était né une deuxième fois. » [86]

L'autodafé de la culture hippy signait la mort d'un rêve communautaire. La réalité est donc adulte? Mais alors, comment exister? Comment faire pour être vraiment reconnus? A défaut de le savoir ou de pouvoir le faire demander par sa silencieuse-majorité, la jeunesse va signifier sa quête à l'aide de messagers désignés qui se devront d'être dérangeants. « Junkies » désespérés, « clodos camés de 18 ans menacés par le Sida » [87], fins de galère, mais surtout caricatures, comme les « Skin ». Blousons d'aviateurs, « Doc Martens » à bouts ferrés, crânes rasés, ils sont propres et virils. « Pour la première fois depuis trente ans un mouvement de jeunesse se développe hors cadre, c'est-à-dire puisant ses références et sa mythologie dans ce qui est totalement tabou: fascisme et nazisme. » [88] Violence aussi, non plus raciale mais économique, les « nouveaux sauvages » sont arrivés: gangs de jeunes californiens avec leurs rituels d'initiation, leurs tabous et leurs lois, qui se livrent la guerre pour contrôler la marche de la drogue. [89] Plus « explicites » sans doute, sont les « Punks ». Ils sont issus d'un courant musical britannique « anarchisant » des années 70. « Dans la musique, finie la fête... On s'éclate quelques heures pour se vider de ses violences... Dans les textes, c'est l'inéluctable d'un quotidien poisseux qui se répète sans fin. » [90] Overdose d'énergie, rythme primitif, équivalent masturbatoire. Habillés pour être vus, leur vêture — bricolage récupéré

---

85. Pour en savoir plus sur ces modes et les autres: H. OBALK, A. SORAL, A. PASCHE — *Les mouvements de mode expliqués aux parents*. Robert Laffont, Paris, 1984.
86. H. MICHAUX — *Connaissance par les gouffres*. Gallimard, Paris, 1967.
87. A. SCHIFRES — « Les années 60 reviennent ». *Le Nouvel Observateur*, 6-12 mars 1987.
88. M. MULLER — « Ces jeunes qui vous font peur ». *Le Nouvel Observateur*, 19-25 août 1988.
89. Dans le comté de Los Angeles, 600 gangs regroupent 70.000 jeunes. La plupart ont entre 12 et 20 ans. 387 meurtres et 3.000 blessés graves à leur actif en 1987.
J.P. MARI — « USA : les nouveaux sauvages ». *Le Nouvel Observateur*, 19-25 août 1988.
90. Confédération francophone des Ligues de santé mentale. Rencontres internationales, Bruxelles, 21-22-23 avril 1983. — *L'adolescence. Un temps, un discours, un acte. Rencontres ou rendez-vous manqué?*

— en fait des consommateurs à temps-plein. Ils provoquent le regard mais leur vêtement est un écran. Le groupe est un refuge, le drogue une défonce. «Sex-Pistols», «The Clash», «Stranglers» ou «Suicide», anglo-saxons. «Cadavres» ou «Souris déglinguée» français, ils sont «destroy».[91] Les «Bérus» — entendez Béruriers noirs — «pratiquent un rock moral. Ils se veulent gravos du rock franchouillard, tribuns hystéro-destroy voués à la cause des squatts et de la jeunesse internationaliste.»[92] Bouffons ou révolutionnaires en représentation, messagers abominables de la jeunesse, ils sont bien tolérés des adultes qui trouvent en eux un modèle barbare à désigner. Mais la barbarie punk n'est que le miroir du vide de la culture adulte, tel un «miroir de sorcière», déformant. Nouveau portrait de Dorian Gray. Et ils écrivent sur les murs, marquant leur territoire. L'identité qu'ils défendent — celle de leur âge — est en péril. «Tagers» désespérés, ils n'ont comme seule issue que d'apposer, multipliées, leurs signatures sur toutes les surfaces qui s'offrent à eux. Nouvelles fiches d'état civil. Frein à leur disparition. Les murs continuent d'avoir la parole. Laissons-les décorer les restes du mur de Berlin.

Dans les stades, les caméras sont maintenant braquées sur la jeunesse pour fixer l'image d'une violence qui n'a rien de gratuite. «No future». C'est de mort qu'il s'agit. Seule face à son angoisse, «l'adolescence» aspire à «la grande initiation».

L'«adolescence» se suicide

«Les adultes ne détestent rien tant que l'immaturité et rien ne leur répugne davantage. Ils supportent facilement les révoltes les plus agressives pourvu qu'elles se déploient dans le cadre de la maturité, ils ne s'effraient pas d'un révolutionnaire qui combat un idéal d'adulte par un autre idéal d'adulte, comme lorsque, par exemple, il renverse la Monarchie au profit de la République ou, vice versa, il entame la République grâce à la Monarchie. Ils contemplent avec plaisir l'agitation qui se fait autour d'affaires d'adultes, raffinées. Mais s'ils flairent l'immaturité chez quelqu'un, s'ils subodorent un blanc-bec ou un gamin, ils se jettent aussitôt sur lui, ils le piquent à coups de bec, comme font les cygnes pour un canard, ils l'assassinent de sarcasmes, d'ironie, de moqueries, ils ne laisseront pas attaquer leur nid par l'orphelin d'un monde qu'ils ont depuis longtemps rejeté.»[93]

«Période d'une quête essentielle de l'initiation et d'une image de soi dans laquelle pouvoir exister, l'adolescence est d'abord un temps fonda-

91. Sur les mouvements culturels «branchés» des années 1977-1983, on pourra lire: B. COUTURIER — «Une scène-jeunesse. Cultures-jeunes: état des lieux». *A ciel ouvert. Autrement*, Paris, 1983.
92. M. Nemmiche in *Le Nouvel Observateur*, 2-8 septembre 1988.
93. W. GOMBROWICZ — *Ferdydurke*. 10.18.

mental du développement émotionnel de l'individu qui se joue dans un rapport nécessairement nouveau avec la famille et avec les groupements qui en sont l'extension en même temps qu'ils peuvent aider à s'en dégager. Les remaniements identificatoires se déploient au prix de douloureux rejets impulsifs et d'angoissantes expériences de conflits. Ces bouleversements considérés à l'échelle d'une société ont des incidences considérables et la plupart du temps insoupçonnées sur le mouvement de la culture et des représentations sociales. A ce point que le refus d'accueillir le phénomène de crise, ou l'illusion de dispositions qui en supprimeraient les effets avant même de les déchiffrer et d'y entendre à la fois une nécessité individuelle et le poids des carences institutionnelles correspond à la forme la plus simpliste de l'expression des résistances au changement. » [94]

« Saison des attentes, l'adolescence est aussi le temps de la vulnérabilité et de la sensibilité la plus vive aux carences. La définir revient toujours à se référer au négatif : ce n'est plus l'enfance et ce n'est pas encore l'âge adulte. L'absence de statut social entre en raisonnance particulière avec les manques de réponses entretenus par les finalités du système social à l'égard des besoins urgents de poésie, d'images, de perspectives, de valeurs éthiques neuves et du droit plein à la parole et à la citoyenneté ». [95]

Après avoir créé la fonction, n'a-t-on pas trop souvent tendance aujourd'hui à considérer l'organe comme malade et à traiter l'adolescence comme une maladie ? Les signes qui devraient, à l'âge de la croissance pubertaire, être plutôt tenus pour des manifestations de bonne santé sont de moins en moins bien tolérés. La crise, dont l'absence manifesterait plutôt une adolescence pathologique [96], donne lieu à des désignations nouvelles : ici, symptômes, pathologie, troubles des conduites et du comportement, tendances anti-sociales, maladie..., ailleurs, menées contre révolutionnaires, dont la valeur et le sens premier se trouvent alors perdus, enfouis sous les apparences. Il en va ainsi des avatars officiellement recensés de l'adolescence :

Les tentatives de suicide [97], si fréquentes, n'ont presque jamais pour visée la mort, mais bien plutôt l'espoir d'une « autre vie » : comme une nouvelle naissance ? Celle d'un être sorti de l'enfance ? L'espoir d'un regard différent porté sur celui ou celle qui en sort.

La prise de drogues illicites [98], ne représente-t-elle pas l'exagération

---

94. P. HUERRE, T. LAINE — « L'adolescence et la crise ou la saison des attentes ». *Revues « POUR »*, n° 110/111. Privat, Toulouse, 1987.
95. Ibid.
96. D. W. WINNICOT — *De la Pédiatrie à la Psychanalyse*. Payot, Paris, 1971.
97. Troisième cause de décés chez les adolescents, après les accidents et les tumeurs ; on en dénombre 5 pour 1.000 chez les filles. (M. CHOQUET, S. LEDOUX, H. MENKE — *Evolution de la santé des adolescents*. INSERM U 169, Villejuif, 1987) 40.000 tentatives de suicide par an chez les moins de 25 ans dont 1.100 aboutissent à la mort.
98. On consultera à ce sujet : A. BIRON, P. HUERRE, J. M. REYMOND — *Drogues. Toxicomanes et toxicomanie*. Hermann, Paris, 1979.

spectaculaire et dramatique de nos propres tendances socialisées à la dépendance et à la fuite ? [99]

Son associée obligée, la délinquance, qui continue de croître tant en quantité d'actes [100] que dans les préoccupations qu'elle engendre, suscite des réactions et des tentations contradictoires d'une législature à l'autre. Entre l'envie d'enfermer [101] et celle de réinsérer se trouvent mis en évidence les extrêmes de nos propres mouvements à l'égard d'une jeunesse qui dérange.

Les fugues [102], l'errance, la galère [103] ne traduisent-elles pas l'espoir que l'absence soit mieux perçue que la présence ?

L'anorexie mentale, ou la boulimie son opposée, ne marquent-elles pas dans le corps même du sujet, le retournement contre soi, dans un mouvement agressif très archaïque, de la violence impossible à adresser à l'autre au temps de l'émergence de la féminité et du désir sexuel ressenti en soi et suscité chez l'autre ?

Ne peut-on lire bien souvent, ces apparences comportementales que revêtent les adolescents en crise, comme une parole impossible à dire ou à faire entendre, véritables appels à la communication parlée ; or, en retour, c'est fréquemment une ré-action qui survient : actes des adolescents face aux actes des adultes, posant en termes de rapports de force les relations entre deux générations désemparées. « L'attribution d'une identité pathologique (drogué, délinquant, fou, handicapé...) vient alors clore l'interaction. Cette identité soulage à court terme, mais à quel prix, les doutes à propos de l'identité personnelle, mais aussi de l'identité sociale du jeune. Quelle place leur est alors faite dans l'espace social ? celle de la marge, de la maladie, de la dépendance prolongée ? »

« Le code explicite et reconnu par tous, régissant les rites initiatiques dans les sociétés dites primitives (même si, bien entendu, ces rites essentiellement destinés à la reproduction d'une situation sociale immobile ne constituent pas un modèle que l'on devrait retrouver) que pouvaient représenter dans notre culture il y a peu encore, la nuptialité, le service militaire, l'entrée en apprentissage... sont actuellement défaillants, absents. Rien du côté des adultes ne permet d'identifier précisément les conditions du passage de l'enfance à la maturité. Les manifestations spectaculaires et parlantes des jeunes en rupture ne sont-elles pas des équivalents initiatiques dont ils prendraient l'initiative ; leur caractère dangereux, risqué, marquant, intense, n'est-il pas proche de celui du passage des épreuves nécessaires pour être reconnu adulte dans d'autres sociétés ? » [104]

---

99. 7 % des adolescents en 1978, 13 % en 1984, 9 % en 1989, en ont fait l'expérience. (M. CHOQUET, S. LEDOUX, H. MENKE. Op. Cit.
100. Augmentation de 4 à 5 % entre 1986 et 1987.
101. La détention des 18-24 ans : de 20 pour 10.000 en 1982 à 26,9 pour 10.000 en 1985.
102. A 18 ans, 4 % des garçons et 3 % des filles disent fuguer de temps en temps (M. CHOQUET, S. LEDOUX, H. MENKE. Op. Cit.) 100.000 mineurs fugueraient chaque année (Pr LEAUTE in *La Revue de MGEN*, n° 78, janvier 1984).
103. F. DURET — *La Galère : jeunes en survie*. Fayard, Paris, 1987.
104. P. HUERRE, T. LAINE. Op. Cit.

Ainsi peut-on sans doute entendre les risques pris dans la conduite d'engins motorisés et leurs issues parfois fatales [105]. Ainsi encore en est-il souvent des grossesses chez l'adolescente [106], espoir d'être reconnue comme femme et non plus comme petite fille, de montrer sa capacité à être mère elle aussi, à changer en quelque sorte de génération.

L'échec et l'absentéisme scolaires marquent volontiers l'anticipation d'un échec d'inscription socio-professionnelle à venir, ou répondent au désintérêt des adultes en ce qui concerne leur propre vie professionnelle. C'est malheureusement parfois le seul « symptôme » susceptible de faire réagir des parents ou des éducateurs étrangers aux préoccupations d'adolescents dont ils s'occupent.

Enfin, les prises de médicaments psychotropes [107], l'alcool [108], mélangé ou non aux précédents, et le tabagisme [109] témoignent probablement en partie d'une identification aux toxicomanies banalisées des adultes : le conseil de ne pas fumer, pas boire et de ne pas consommer de médicaments est-il crédible venant de ceux qui ne le respectent pas eux-même ?

« Ne nous demandent-ils pas, à côté des soins et rééducations, de considérer la valeur d'actes qui, par leur dangerosité même, justifieraient que nous reconnaissions leurs auteurs comme des adultes, ne les incitant pas ainsi à poursuivre plus loin et plus fort » [110] leurs tentatives de forcer le passage ?

Tant que « la crise », c'est l'autre qui la vit, c'est l'adolescent, — c'est à dire a contrario que les adultes, eux, ne sont pas en crise —, alors s'installe la différence, rendant impossible toute familiarité, toute proximité dans les préoccupations et les questions. Alors croissent dans le même temps où l'adolescence se suicide, les créations institutionnelles qui donnent formes aux différences posées et les officialisent. « Elles trouvent leur justification apparente dans une crise grandissante aux manifestations préoccupantes. Elles ont en fait rapidement été conduites à jouer, plus ou moins à leur insu, un rôle et une fonction qui dépassaient leur objectif premier d'aide aux jeunes en difficulté. Parmi ces rôles, à défaut d'une interrogation sur les effets qu'elles exercent par leur seule existence, risque de figurer celui d'inducteur de formes nouvelles de crise. Le marquage officiel opéré par l'institution

---

105. Première cause de mortalité chez les 15-24 ans, les accidents occasionnent 75 % des décés chez le garçon et 60 % chez la fille. (La Santé en France. La Documentation Française. 1985).
106. 13.000 grossesses par an chez les moins de 18 ans, dont plus de 7.000 donnent lieu à I.V.G.
107. 10 % des garçons et 20 % des filles en consomment (M. CHOQUET, S. LEDOUX, H. MENKE. Op. Cit.).
108. Les recherches réitérées d'ivresses concernent 25 % des garçons et 16 % des filles. L'usage bihebdomadaire d'alcool fort est en augmentation ; il touche 18 % des garçons et 8 % des filles (Ibid).
109. 15 % des adolescents fument plus de 10 cigarettes par jour (Ibid).
110. P. HUERRE, T. LAINE. Op. Cit.

sur le symptôme qu'elle a pour charge de traiter, peut être suffisamment attractif pour une jeunesse en déroute». [111]

«Quelle que soit sa forme, et sans préjuger d'une responsabilité qui devrait être conférée à tel ou tel adulte ou structure de son environnement, la situation de crise traduit toujours chez un adolescent une difficulté à s'assurer une place dans le milieu parental, scolaire, professionnel ou social (...)

Sans pour autant renoncer à ses codes et ses valeurs, la société a le devoir d'entendre les aspirations de ceux qui n'ont pas encore de responsabilités, et d'accepter d'être secouée par elles.» [112]

Secousses dont plusieurs événements récents, géographiquement proches ou lointains, nous rappellent, quelles que soient la variété de leurs formes, le caractère universel.

Ainsi, chez nous, lorsqu'en novembre et décembre 1986 les lycéens et étudiants, enfants des soixante-huitards, à l'inverse de leurs parents qui revendiquaient une jeunesse différente, autonome, triomphante, réclamèrent une place parmi les adultes dans la société. Ils apprirent rapidement à leurs dépens, l'inacceptable de leur requête.

Ainsi, en Chine, en Mai et Juin 1989, lorsque les étudiants, place Tien An Men demandèrent plus de démocratie et de liberté à des gérontaucrates, un premier temps perplexes, qui envoyèrent chars et armes faire taire l'intolérable dérangement causé par la jeunesse. Ce que système politique muselant, contraception, limitation imposée des naissances et retard de l'accès à l'âge du mariage n'avaient pu endiguer, fut alors étouffé... Pour combien de temps?

L'adolescence, dans la société adulte contemporaine, a pour fonction principale d'en être le symptôme, la maladie, le danger uniforme, visible et désignable, d'en être l'insupportable reflet; reflet d'une société sénescente et close, qui, pour s'en défendre, le désigne comme différent d'elle, fondamentalement: l'«adolescence».

Les adolescents rescapés, ceux qui n'éprouvent pas la nécessité d'un «suicide», sont ceux qui parviennent à passer au travers des mailles du filet qu'ont tressé à leur intention les institutions des adultes. Certains choisissent éventuellement de prolonger une enfance coconnante dans le giron familial, ce qui leur permettra un accès à l'âge adulte direct et tardif. Bien souvent ces adultes rechercheront dans leur vie sociale et professionnelle, voire affective, des substituts parentaux aptes à faire durer pour toujours une enfance perdue.

---

111. Ibid.
112. Ibid.

CONCLUSION

Conclure ? Le propos de cet ouvrage, on l'aura compris, n'est ni d'apporter des solutions, ni de clore une question.

Son ambition, bien au contraire, est d'ouvrir des voies au questionnement ; celui de notre histoire humaine, comme celui de notre quotidien.

Il essaie, sans craindre, à l'image de son sujet, le mélange des tons et des genres, de rendre compte des tribulations d'un phénomène qui trouve sa source à la fois dans la physiologie, la psychologie, l'histoire, les mouvements sociaux et culturels, voire l'animal. Et il ne vise, ce faisant, qu'à entresoulever le voile de ce qui est admis comme évidence.

En adoptant une progression qui va de la naissance à la sénescence, il tente symboliquement de montrer que parler d'« adolescence », c'est forcément parler de l'alpha et de l'oméga, des jeux de la croissance et du déclin, de la naissance, de la reproduction et de la mort.

Et l'on sait comment ce sont tous ces mouvements, il faudrait dire ces pulsions, qui se mettent en œuvre, au cours de processus plus ou moins conscients, pour la conception, la fabrication d'un « état-d'âge ». Pourquoi alors ne pas imaginer pour demain, puisque l'on a vu le bébé devenir une personne, et ses grands-parents entrer dans le troisième puis le quatrième âge, d'autres tentations encore, se muant en tentatives, pour l'invention de nouveaux états intermédiaires, sortes de garde-fous d'une société fragilisée ?

Il semble bien, pourtant, que la seule façon de se prémunir de tels excès, soit d'accepter le profond dérangement, la souvent douloureuse remise en cause, que tout âge peut induire chez celui qui ne l'a pas encore ou, et surtout, chez celui qui ne l'a déjà plus...

Or, pour ce qui concerne les âges où l'individu remet le plus en question la société — et le monde entier — dans lesquels il vit, ces âges où les enfants sont désormais des pubères, ne serait-il pas grand temps que l'on s'avise de les décharger — la puberté et ses bouleversements étant pour eux déjà bien assez lourds — du fardeau d'une adolescence socialement fabriquée, puis gérée, par d'autres (et trop souvent pour d'autres !) que par eux ?

N'est-ce pas seulement, en acceptant d'être « dérangée » par eux, qu'une société s'avère capable de juguler ses craintes originelles, de dépasser ses frustrations et de mériter ses poètes ?

Paris, Moigny sur Ecole, Vernou sur Brenne,
Mollans sur Ouvèze, Saint-Georges de Didonne, Coutances.
1979-1989

BIBLIOGRAPHIE

ACADEMIE FRANCAISE *Dictionnaire de l'* — Première édition, Paris, 1664.

ADAM J. — «La crise — réservoir». *L'Ane*. n° 22, juillet-septembre 1985.

AICHHORN A. — *Wayward Youth*. 1925.

AJURIAGUERRA (DE) J. et MARCELLI D. — *Psychopathologie de l'enfant*. Masson, Paris, 1982.

ALLAROUSSE J. — *Relations mère-jeunes et interjeunes chez le cobaye. Evolution temporelle et répercussions éventuelles sur le statut social ultérieur*. D.E.A. de Neurobiologie, option éthologie, 1977. Laboratoire d'éthologie expérimentale. Lyon I.

ALPHANDERY P. — *La chrétienté et l'idée de croisade. L'Evolution de l'humanité*, Albin Michel, Paris.

ARIES Ph. — *L'enfant et la vie familiale sous l'ancien régime*. Le Seuil, Paris, 1973.

ARIES Ph. — *Histoire des populations françaises*. Points, Le Seuil, Paris, 1979.

ARISTOTE — *Politique*. IV. Garnier, Paris.

ARISTOTE — *Art rhétorique*. Garnier, Paris.

ARMENGAUD A. — *La population française au XIXè siècle*. Que sais-je?, P.U.F., Paris.

ARMENGAUD A. — *La population française au XXè siècle*. Que sais-je?, P.U.F., Paris.

ARTHUS-BERTRAND A. — «Masaïs, par le lait et par le sang.» *Géo-Magazine*, n° 22, décembre 1980.

ASSOCIATION Le Peletier de Saint Fargeau. *89, voilà la Révolution*. Bulletin n° 1, octobre 1988, Chronique du Bicentenaire.

AYACHE G. — «Les événements de mai-juin 1968». *Les Dossiers de l'Histoire*, n° 13, mai-juin 1978.

AZEMA J.P. : — «Les beaux jours de la Révolution nationale». *Le Monde*, 19 août 1989.

BAETEMAN — *La formation de la jeune-fille*. 1922.

BALZAC H. de — *Le Père Goriot*. Paris, 1834.

BALZAC H. de — *Le lys dans la Vallée*. Paris, 1835.

BALZAC H. de — *Les Illusions perdues*. Paris, 1837.

BARILLE E. — «Le destin biologique des Romaines de l'Antiquité». *Tonus* n° 831, 20 avril 1984.

BATESON G. — *La cérémonie du Naven*. Editions de Minuit, Paris, 1971.

BAYET J. — *Littérature latine*. U, Armand Colin, Paris.

BEAUJEU-GARNIER J. — *3 milliards d'hommes. Traité de démo-géographie*. Hachette, Paris, 1965.

BEAUVOIR (de) S. — «Je suis partout». 1942.

BERNARD J. — *C'est de l'homme qu'il s'agit*. Editions Odile Jacob, Paris, 1988.

BERTRAND J., FOREST M. — «La vie sexuelle du fœtus». *Sciences et Avenir*, Hors série n° 48, La nouvelle sexualité.

BINET A. — *Les idées modernes sur les enfants*. 1910.

BIRON A., HUERRE P., REYMOND J.M. — *Drogues. Toxicomanes et toxicomanie*. Hermann, Paris, 1979.

BLAYO Y. — *Population. Démographie historique*. I.N.E.D., novembre 1985.

BLOCH H., NIEDERHOFFER A. — *Les bandes d'adolescents*. Petite Bibliothèque Payot, Paris, 1974.

BOBSCH M. — «A quoi sert un cours de contraception» *Le Monde de l'Education*, octobre 1987.

BOMPEZY R. — *Etude psycho-sociale de la délinquance juvénile à Tahiti*. Papeete, 1969.

BRACONNIER A., MARCELLI D. — *L'adolescence aux mille visages*. Editions Universitaires, Paris, 1989.

BRUDEVOLL J.E. — «Menarcheal age in Oslo during the last 140 years. *Annals of human biology*, vol. 6, n° 5, 1979.

BRUYERE J. de la — *Les Caractères*. ch. XIV. De quelques usages. Paris, 1696.

BUFFON G.L. — *Histoire naturelle*. Paris, 1749.

BURNHAM W.H. — The study of Adolescence. 1891.

CABANIS P.J.G. — *Rapports du physique et du moral de l'homme*. A Paris, chez Béchet Jeune, 1824.

CAHIERS d'un volontaire de 91. Gerin-Roze, Paris, 1910.

CASBA — *La vie en fleurs, ce qu'une adolescente doit savoir*. 1937.

CATALOGUE de l'exposition (juin-novembre 1979) Modes enfantines 1750-1950. Musée de la Mode et du Costume, Palais de Galliéra, Paris.

CATALOGUE de l'exposition (15 décembre 1981 — 18 avril 1982) La mode et les poupées du XVIIIè siècle à nos jours. Musée de la Mode et du Costume. Palais de Galliéra, Paris.

CERF E. — «Le Carnaval des Voyous à Strasbourg». *Ethnologie française*, vol. 2, 1982.

CHATEAUBRIAND (de) A. — *Atala. René*. Garnier Flammarion, Paris.

CHATEAUBRIAND (de) A. — *Mémoires d'Outre Tombe*. II, I, 11. Les Grands Mémoires, Flammarion, Paris.

CHAUCHARD P. — *Sociétés animales, sociétés humaines*. Que sais-je ?, PUF, Paris.

CHAUNU P. — *Le temps des réformes. La crise de la chrétienté. L'éclatement, 1250-1550*. Fayard, Paris, 1976.

CHAUVIN R. — *Le comportement social chez les animaux*. PUF, Paris, 1961.

CHILAND C. — «L'enfant de six ans devenu adolescent». *Revue de Neuropsychiatrie infantile*, 1978, 26, n° 12.

CHILAND C. — «La problématique de l'échec scolaire». *Confrontations psychiatriques*, n° 23. Spécia, Paris, 1983.

CHOQUET M., LEDOUX S., MENKE H. — *Evolution de la santé des adolescents*. INSERM U 169, Villejuif, 1987.

CLAES M. — *L'expérience adolescente*. Pierre Mardaga, Bruxelles, 1983.

COMMAILLE J. — *Les jeunes et le droit : autonomie ou dépendance ? Jeunes d'aujourd'hui. Regards sur les 13/25 ans en France*. Notes et études documentaires. La Documentation Française, Paris, 1987.

COMPAYRE G. — *L'évolution intellectuelle et morale de l'enfant*. 1893.

COMPAYRE G. — *L'Adolescence*. 1910.

CONFÉDÉRATION FRANCOPHONE DES LIGUES DE SANTÉ MENTALE. RENCONTRES INTERNATIONALES. BRUXELLES, 21-22-23 avril 1983. — *L'Adolescence. Un temps, un discours, un acte. Rencontres ou rendez-vous manqué ?*

COTTET S. — « Puberté catastrophe ». *L'Ane*, n° 22, juillet-septembre 1985.

COUTURIER B. — « Une scène-jeunesse. Cultures-jeunes : état des lieux ». *A ciel ouvert*. Autrement, Paris, 1983.

CRUBELLIER M. — *L'enfance et la jeunesse dans la société française*. Armand Colin, Paris, 1979.

DALADIER N. — « Les mères aveugles ». *Nouvelle Revue de Psychanalyse*, n° 19, *L'Enfant*, Gallimard, Paris, 1979.

DAUDET A. — *Le petit Chose*. 1868.

DAVIDSON F. et CHOQUET M. — *Le suicide de l'adolescent. Etude épidémiologique*. Les Editions E.S.F., Paris, 1982.

DEBESSE M. — *La crise d'originalité juvénile*. P.U.F., Paris, 1936.

DEBESSE M. — *Comment étudier les adolescents*. P.U.F., Paris, 1936.

DEBESSE M. — *L'adolescence*. Que sais-je ? P.U.F., Paris.

DEBRE R., LESNE E., ROHMER P. — *Pathologie infantile*. Doin/Masson, Paris, 1954.

DELAGE — *Les coiffes de France*. Bibliothèque du Travail, n° 65, Cannes, 15 février 1949.

DELORS J. — *Revue Echange et Projets*, n° 20, octobre-décembre 1979.

DESCAMPS M.-A. — *Psychologie de la mode*. P.U.F., Paris, 1979.

DOSSIERS de L'ETUDIANT (Les) — « L'amour, le sexe et vous. Les 15/25 ans et l'amour ». Juillet-août 1985.

DOSSIERS de L'HISTOIRE (les) — *Histoire du mouvement anarchiste et des événements de mai-juin 1968*. N° 13, mai-juin 1978.

DRUSCH J. et ROPERT R. — « Aspects psychiatriques de la Papouasie Nouvelle-Guinée ». *Annales médico-psychologiques*, 1984, 142, n° 5.

DUCHATELLIER M.A. — *Des lois d'Howel-dda, Mab. Cadell, Bernin Cymru (fils de Cadell, chef du pays des Kymris)*. Roret, Paris, 1840.

DUHAMEL G. — *La Chronique des Pasquier. Le Jardin des bêtes sauvages*. 1934.

DUPANLOUP (Mgr). — *Lettres sur l'éducation des filles*. 1879.

DUPAQUIER J. — *La population française aux XVIIè et XVIIIè siècles*. Que sais-je ? P.U.F., Paris.

EDUCATION NATIONALE (Etudes et documents de l') — *Scolarité de générations successives*. (81-1).

ELWIN V. — *Maison des Jeunes chez les Murias*. Gallimard, Paris, 1959.

ENCYCLOPEDIE ou Dictionnaire raisonné des sciences, des arts et des métiers pour une société de gens de lettres. Paris, 1775.

ENCYCLOPEDIE des Gens du Monde. 1833-1845.

ERIKSON E. — *Adolescence et crise. La quête de l'identité*. Champs, Flammarion, Paris, 1978.

ESCAICH R. — « La démocratie sous la IIIè République ». *Les dossiers de l'Histoire*, n° 10, novembre-décembre 1977.

FARB P. et ARMELAGOS G. — *Anthropologie des coutumes alimentaires*. Denoël, Paris, 1985.

FAUVET J. — *Les étapes de la médecine*. Que sais-je ? P.U.F., Paris.

FINKIELKRAUT A. — *La défaite de la pensée*. Gallimard, Paris, 1987.

FLANDRIN J.L. — *Les amours paysannes. XVIè — XIXè siècle*. Archives, Gallimard-Julliard, Paris, 1975.

FLANDRIN J.L. — *Le sexe et l'occident*. Points, Le Seuil, Paris, 1981.

FLAUBERT G. — *L'Education Sentimentale*. Paris, 1869.

FONTANEL J. — « Psychologie de l'adolescence. Nos Lycéens ». *Etudes documentaires*. 1913.

FOUCAULT M. — *Histoire de la sexualité* — I — La Volonté de savoir. Gallimard, Paris.

FOURNIER A. — *Le Grand Meaulnes*. 1913.

FRANKLIN A. — *La Vie privée d'autrefois*. Plon, Paris, 1895.

FREUD A. — *L'enfant dans la psychanalyse*. NRF, Gallimard, Paris, 1976.

FREUD S. — *Trois essais sur la théorie de la sexualité*. Folio.

FREUD S. — *La vie sexuelle*. P.U.F., Paris, 1969.

FREUD S. — *Malaise dans la civilisation*. P.U.F., Paris, 1971.

FURETIERE A. — *Dictionnaire universel contenant généralement tous les mots français tant vieux que modernes*. Amsterdam, 1690.

FURGAULT M. — *Nouveau recueil historique d'antiquités grecques et romaines en forme de dictionnaire*. Paris, 1787.

GATEAUX-MENNECIER J. — *Bourneville et l'enfance aliénée. L'humanisation du déficient mental au XIXè siècle*. Centurion, Paris, 1989.

GAULTIER P. — *L'Adolescent*. 1914.

GAUSSEN F. — *Le Monde du Dimanche*, 29 novembre 1981.

GAUTHE J. C. — « Réflexions sur quelques conduites polynésiennes ». *L'Information Psychiatrique*, vol. 58, n° 7, septembre 1982.

GERBE (la), 16 Août 1940.

GIRAUDOUX J. — *Juliette au pays des hommes*. 1924.

GODEFROY F. — *Dictionnaire de l'ancienne langue française et de tous ses dialectes, du IXè au XVè siècle*. Paris, 1880.

GODELIER M. — *La production des Grands Hommes*. Fayard, Paris, 1982.

GOMBROWICZ W. — *Ferdydurke,* 10/18.

GONCOURT J. et E. de — *Renée Mauperin*. 1864.

GOUSTARD M. — *Les singes anthropoïdes*. Que sais-je ?, P.U.F., Paris.

GRECO J. — *Jujube*. Stock, Paris, 1982.

HACKER F. — *Agression, violence, dans le monde moderne*. Calmann-Lévy, Paris, 1972.

HAIM A. — *Les suicides d'adolescents*. Payot, Paris, 1969.

HALL G.S. — *Adolescence*. Appelton, New-York, 1904-1905.

HAMON H., ROTMAN P. — *Tant qu'il y aura des profs*. Le Seuil, Paris, 1984.

HENRIOT E. — « A quoi rêvent les jeunes gens ? » *Le Temps*. 1913.

HERVET E. — *La Revue du Praticien*. « Régulation des naissances ». Tome XXX, n° 57, 11 décembre 1980.

HUERRE P. ; LAINE T. — « L'adolescence et la crise ou la saison des attentes » *Revue POUR*, n° 110/111, Privat, Toulouse, 1987.

HUGUET E. — *Dictionnaire de la langue française du XVIè siècle*. Paris, 1925.

HOWLETT M. V. — « Puberté anticipée, puberté subie ». *L'Ane*, n° 22, juillet-septembre 1985.

HUMBLET — *Pour l'âge des fleurs*. 1925.

INSEE — « De l'adolescence à la vie adulte ». *Ecoflash*, juin 1988.

ITANI J. — «La vie sociale des grands singes». *La Recherche* n° 134, juin 1982.

JACOB F. — *La statue intérieure*. Editions Odile Jacob, Le Seuil, Paris, 1987.
JEANMAIRE H. — *Couroï et courètes. Essai sur l'éducation spartiate et les rites de l'adolescence dans l'antiquité hellenistique*. Lille, 1939.
JEANNERET O., SAND E.A., DESCHAMPS J.P., MANCIAUX M. — *Les adolescents et leur santé*. Flammarion Médecine-Sciences, Paris, Les Presses de l'Université de Montréal, 1983.
JOFFRIN L. — *Mai 68. Histoire des événements*. Points, Le Seuil, Paris, 1988.
JORION P. — «Castaneda et Newton». *L'Ane*, n° 22, juillet-septembre 1985.
JUNIORSCOPIE — Larousse/Bayard, Paris, 1986.
JURGENSEN G. — «Comment ils nous voient». *Elle*, 16 avril 1984.

KAJMAN M. — «Les musiques du peuple adolescent». *Le Monde de l'Education*, juillet-août 1983.
KEROUAC J. — *Sur la route*. Folio.
KEROUAC J. *Le vagabond solitaire*. Folio.
KLINEBERG O. — Aspects sociologiques de l'adolescence. *Confrontations psychiatriques*, n° 7. Spécia, Paris, 1971.
KOEPPEL B. — *De la pénitence à la sexologie. Essai sur le discours tenu aux jeunes filles*. Le Sycomore, Paris/C.F.R.E.S., Vaucresson, 1982.

LA CHATOLAIS L. R. de — *Essai d'éducation nationale*. 1763.
LACRETELLE J. de — *La vie inquiète de Jean Hermelin*. 1920.
LAGREE J. Ch. — «Y a-t-il une culture jeune? Pratiques culturelles des jeunes, âges de la vie et générations». In *Jeunes d'aujourd'hui. Regards sur les 13-25 ans en France*. Notes et Etudes documentaires. La Documentation Française, Paris, 1987.
LANGEVIN-DUVAL — *Vahiné Tahiti. Petite étude sur la femme tahitienne*. Dossier des Etudes océanniennes.
LAPLANE R. et D. LASFARGUES G. — *La puberté*. Que sais-je?, P.U.F., Paris.
LAROUSSE — *La Vie des Animaux*. T.2, avril 1969.
LAROUSSE P. — *Grand dictionnaire universel du XIXè siècle*. Paris, 1866.
LAROUSSE P. — *Grand dictionnaire encyclopédique*. Paris, 1982.
LAUDENT F. — «Enquête sur la jeunesse». *Revue Hebdomadaire*, mars-avril 1912.
LAURENT J. — «Le Sexe des jeans». *Elle*, 23 novembre 1981.
LEBRETON A. — *L'adolescence illettrée* — Editions Universitaires, Paris, 1989.
LEGER C. — «Une invention». *L'Ane*, n° 22, juillet-septembre 1985.
LEMAITRE A. — *La vie mentale de l'adolescent et ses anomalies*. 1910.
LEON A. — *Histoire de l'enseignement en France*. Que sais-je?, P.U.F., Paris.
LEVI-STRAUSS C. — *Tristes tropiques*. Plon, Paris, 1955.
LION — Mode vestimentaire et psychologie des peuples. *Revue de Psychologie des Peuples*, 20è année, n° 3.
LITTRE E. — *Dictionnaire de la Langue Française*. Paris, 1872.
LORENZ K. — *L'agression, une histoire naturelle du mal*. Flammarion, Paris, 1969.
LUTTE G. — *Supprimer l'adolescence? Essai sur la condition des jeunes*. Vie ouvrière, Bruxelles, 1982.

MAERTENS J.Th. — *Dans la peau des autres*. Aubier Montaigne, Paris, 1978.

MALINOWSKI B. — *La vie sexuelle des sauvages du Nord-Ouest de la Mélanésie*. Petite Bibliothèque Payot, Paris, 1970.
MALINOWSKI B. — *Trois essais sur la vie sociale des primitifs*. Petite Bibliothèque Payot, Paris, 1980.
MARCELLI D., BRACONNIER A. — *Psychopathologie de l'adolescent*. Masson, Paris, 1983.
MARCHAND Ph. — « L'enseignement secondaire au XVIIIè siècle ». *L'Ecole des lettres,* n° 9, 1975/76.
MARCHAND Ph. — « Etudiants parisiens au Moyen Age ». *L'Ecole des lettres,* n° 12, 1975/76.
MARI J. P. — « USA : Les nouveaux sauvages ». *Le Nouvel Observateur*, 19-25 août 1988.
MARROU H. I. — *Histoire de l'Antiquité*. Seuil, 7ème édition, Paris, 1965.
MARTIN du GARD R. — *Les Thibault. Le pénitencier*. 1922.
MARTIN du GARD R. — *Le lieutenant-colonel de Maumort*. La Pléiade, Gallimard, Paris, 1983.
MASSIS H. et TARDIEU H. (sous le pseudonyme d'AGATHON) — « Les jeunes gens d'aujourd'hui » *L'Opinion*, 1913.
MAURIAC F. — *Le jeune homme*. Hachette, Paris, 1926.
MAYBURY-LEWIS D. — *Akwê — Shavante Society*. Clendon Press, Oxford, 1971.
MAYEUR R. — *L'enseignement secondaire des jeunes-filles sous la IIIè République*. Fondation nationale des sciences politiques, Paris, 1977.
MAZOYER L. — « Jeunes générations françaises de 1830 ». *Annales d'histoire économique et sociale*, Paris, 1938.
MEAD M. — *Mœurs et sexualité en Océanie*. Plon, Paris, 1963.
MEAD M. — *Une éducation en Nouvelle-Guinée*. Payot, Paris, 1973.
MEAD M. — *Le fossé des générations*. Denoël/Gonthier, Paris, 1979.
MENDOUSSE P. — *L'âme de l'adolescent*. P.U.F., Paris, 1909.
MENDOUSSE P. — *L'âme de l'adolescente*. Alcan, Paris, 1928.
MEYER P. — *L'enfant et la raison d'Etat*. Points, Le Seuil, Paris, 1977.
MICHAUX H. — *Qui je fus ?* N.R.F./Gallimard, Paris, 1927.
MICHAUX H. — *Connaissance par les gouffres*. Gallimard, Paris, 1967.
MOHR R. — « Ricerche sull'etica sessuale di alcune popolazioni dell' Africa Centrale e Orientale ». *Archivo per l'antropologia.*
MONCHAUX M.C. — *Les enfants bretons*. Ouest France Edition, Rennes, 1977.
MONTESQUIEU Ch. de — *L'Esprit des lois*. Garnier, Paris.
MONTESQUIEU Ch. de — *Les Lettres Persanes*. Garnier, Paris.
MORALI-DANINOS A. — *Histoire des relations sexuelles*. Que sais-je ?, P.U.F., Paris.
MULLER M. — « Ces jeunes gens qui vous font peur ». *Le Nouvel Observateur*, 19-25 août 1988.

OBALK H., SORAL A., PASCHE A. — *Les mouvements de mode expliqués aux parents*. Robert Laffont, Paris, 1984.
OBSERVATEUR (Le Nouvel) — 6 au 12 Mars 1987.
OUGHOURLIAN J.M. — *La personne du toxicomane*. Privat, Toulouse, 1974.
OURLIAC P. et de MALAFOSSE J. — *Histoire du droit privé*. Tome III. Le droit familial. P.U.F., Paris, 1968.

PAGES E. Jeu et socialisation : « Aspect descriptif et théorique de l'ontogénèse chez un microcèbe prosimien malgache ». *Journal de Psychologie*, n° 3, 1982.
PAGES E. « Identification, caractérisation et rôle du jeu social chez un prosimien nocturne, Microcebus coquereli ». *Biology of behaviour,* vol. 8, 1983.
PARENTS — « Les lycéens et l'amour » Décembre 1978.

PAUCHET V. — *L'Enfant*. 1929.
PEREZ B. — *La psychologie de l'enfant: les trois premières années*. 1882.
PERNOUD R. — *Histoire du peuple français*. T. I. Des origines au Moyen Age. Nouvelle Librairie de France, Paris, 1951.
PERROT M. — «Dans le Paris de la Belle Epoque, les Apaches, premières bandes de jeunes, les marginaux et les exclus de l'histoire». *Cahiers Jussieu* n° 5, 10/18, Bourgeois, Paris, 1978.
PERROT M. — «Sur la ségrégation de l'enfance au XIXè siècle». *Psychiatrie de l'enfant*, XXV, 1, 1982. P.U.F., Paris.
PERROT M. — «La fin du charivari». *L'Ane*, n° 22, juillet-septembre 1985.
PERROT M. — «La peur de la jeunesse au XIXè siècle». *Le Groupe Familial* n° 113, octobre-décembre 1986.
PERROT M., SCHMITT J.C., FARGE A. — «Adolescences. Un pluriel à l'étude des historiens. Discussions avec A. BRACONNIER, P. GUTTON, A. TASSEL» *Adolescences*, 1985, 3, 1.
PINEL Ph. — *Traité Médico-Philosophique sur l'Aliénation Mentale*. Antoine Brosson, Paris, 1909.
PLAUTE M. — *Captivi*. Université de France, Belles Lettres, Paris, 1933.
POL S. — *De Robespierre à Fouché. Notes de police*. Flammarion, Paris, 1906.
PONZO A. — *L'acculturazione dei popoli primitivi*. Bulzoni, Roma, 1967.
POPULATION — N° spécial, Démographie historique. I.N.E.D., novembre 1975.
PRAX F. — «Boom sur l'information sexuelle». *Le Monde de l'éducation*, juin 1988.
PROST A. — *Histoire générale de l'enseignement et de l'éducation en France*. Tome IV, Nouvelle Librairie de France, Labat, Paris, 1981.

QUELLIEN J. — *Etre élève du collège-lycée de Coutances au XIXè siècle*. Revue du Département de la Manche, octobre 1984.

RAPPAPORT R. — L'horloge physiologique. *L'Ane*, n° 22, juillet-septembre 1985.
REICH W. — *La révolution sexuelle*. Plon, Paris, 1968 et 10/18.
RENAULT — *Nos adolescents*. 1936.
RICHELET C.P. — *Dictionnaire français contenant les mots et les choses*. Genève, 1680.
RIOU G. — *Aux écoutes de la France qui vient*. 1913.
ROBIQUET J. — *La vie quotidienne aux temps de la Révolution*. Hachette, Paris, 1939.
ROHEIM G. — *Psychanalysis of primitive culture types*. Int. J. Psych. anal., 1932, 13, 1.
ROUMAJON Y. — *Enfants perdus, enfants punis. Histoire de la jeunesse délinquante en France: huit siècles de controverses*. Robert Laffont, Paris, 1989.
ROUSSEAU J.J. — *Emile ou de l'Education*. La Pléiade, Gallimard, Paris.
ROYER P. — «Les différences sexuelles dans la croissance post-natale et le développement pubertaire». In *Le fait féminin*. Fayard, Paris, 1978.
ROYER P., ZAZZO R. — «A propos de la puberté». In *Le fait féminin*. Fayard, Paris, 1978.

SADE (Marquis de) — *La philosophie dans le boudoir ou les instituteurs immoraux*. Folio, Gallimard, Paris, 1976.
SAGAN F. — *Bonjour tristesse*. Julliard, Paris, 1954.
SAUVY A. — *La prévention des naissances*. Que sais-je?, P.U.F., Paris.
SAUVY A. — *La Révolte des Jeunes*. Calmann-Lévy, Paris, 1970.
SAUVY A. — *Malthus et les deux Marx*. Médiations, Denoël/Gonthier, Paris, 1971.

SCHERING (Laboratoires) film : « Les années pilule racontées à Charlotte ».
SCHIFRES A. — « Les années 60 reviennent ». *Le Nouvel Observateur*, 6-12 mars 1987.
SCHWARTZ B. — *Revue de la F.C.P.E.* n° 187, Décembre 1981 — Janvier 1982.
SHORT R.V. — « L'Evolution de la reproduction humaine ». In *Le Fait Féminin*. Fayard, Paris, 1978.
SHORTER E. — *Naissance de la famille moderne*. Le Seuil, Paris, 1977.
SIZONENKO P.C. — « La puberté ». *La Recherche*, n° 149, novembre 1983.
SORIA G. — *Grande histoire de la Révolution*. Tome III, Bordas, Paris, 1988.
SOURDILLE A. — « La vie en tranches ». *Tonus* n° 451, Paris, 1980.
STENDHAL — *Le Rouge et le Noir*. Paris, 1830.
STENDHAL — *La Chartreuse de Parme*. Paris, 1839.
STIRNER M. — *L'unique et sa propriété*. Stock, Paris, 1899.
STOLLER R. J., HERD G. H. — *Theories of origin of male homosexuality*. Arch. Gen. Psychiat., 1985, 42.
SURBLED — *La vie de jeune-fille*.

TANNER J.M. — *Growth at adolescence*. Blackwell, Oxford, 2è éd., 1962.
TODD E. — *La troisième planète. Structures familiales et systèmes idéologiques*. Le Seuil, Paris, 1983.
TOTH — *La chaste adolescence*. 1936.
TURNBULL C. — *Forest people*. Simon et Schuster, New-York, 1961.

USUELS sur les costumes, La Mode. Bibliothèque du Musée des Arts Décoratifs de Paris.

VACANT et MANGENOT — *Dictionnaire de théologie catholique*. Letouzey, Paris, 1921.
VALLIN J. — *La mortalité par génération en France depuis 1899*. Cahier n° 63, P.U.F., Paris.
VAN GENNEP A. — *Manuel de folklore français contemporain*. Picard, Paris, 1943-1958.
VAN GENNEP A. — *Les rites de passage*. A. et J. Picard, Paris, 1981.
VOISIN F. — *De l'idiotie chez les enfants et des autres particularités d'intelligence ou de caractère qui nécessitent pour eux une instruction et une éducation spéciales. De leur responsabilité morale*. J.B. Baillière, Paris, 1843.

WINNICOT D.W. — *De la Pédiatrie à la Psychanalyse*. Payot, Paris, 1971.
WALKER K. — *Histoire de la médecine*. Marabout Université, Gérard, Verviers, 1962.

YONNET P. — « Rock, pop, punk ». *Le Débat*, n° 25, mai 1983.

ZAZZO R. — *Le colloque sur l'attachement*. Textes de base en psychologie, Delachaux et Niestlé, Neuchatel, Paris, 1983.
ZAZZO B. — *La psychologie différentielle de l'adolescence*. P.U.F., Paris, 1972.
ZELDIN T. — *Histoire des passions françaises, 1848-1945*. T 1, Ambition et Amour. Points — Histoire, Le Seuil, Paris, 1980.

REMERCIEMENTS

Les auteurs remercient Catherine COLOMBIER qui, depuis plusieurs années, assure avec une diligente amabilité, la dactylographie de leurs manuscrits.

Ils associent, pour son aide, à ces remerciements Maryvonne LECARPENTIER.

TABLE DES MATIERES

QUATRIEME PARTIE
L'HABIT NE FAIT PAS L'« ADOLESCENT »

CINQUIEME PARTIE
LA PUBERTE, UNE TRANSFORMATION NATURELLE : L'HOMO PUBIS

SIXIEME PARTIE
L'ADOLESCENCE : UN ARTIFICE

CREDIT PHOTOGRAPHIQUE

Les documents iconographiques sont issus :
— de *L'Encyclopédie illustrée de la mode,* éditions Gründ, Paris, 1970, planches 178 (c) et 413 (q).
— de la Bibliothèque du Musée des Arts Décoratifs, pour le reste des illustrations.

Achevé d'imprimer en mars 1990 par les Presses de Gedit, Belgique.

N° d'édition : 90022
1ère édition.